【福建省教育学研究生教育创新基地成果】

电影教你当老师
——60部中外电影的教育意蕴

梦山书系
新教育文库/主编 朱永新

张荣伟 等◎著

海峡出版发行集团
福建教育出版社

图书在版编目（CIP）数据

电影教你当老师：60部中外电影的教育意蕴/张荣伟等著. —福州：福建教育出版社，2015.10（2019.9重印）
（新教育文库／朱永新主编）
ISBN 978-7-5334-6998-6

Ⅰ.①电… Ⅱ.①张… Ⅲ.①教师素质－师资培养 Ⅳ.①G451.1

中国版本图书馆CIP数据核字（2015）第234270号

新教育文库／主编 朱永新

Dianying Jiaoni Dang Laoshi

电影教你当老师
——60部中外电影的教育意蕴

张荣伟 等著

出版发行	福建教育出版社
	（福州梦山路27号　邮编：350025　网址：www.fep.com.cn
	编辑部电话：0591—83726908　83727542
	发行部电话：0591—83721876　87115073　010—62027445）
出 版 人	江金辉
印　　刷	福州泰岳印刷广告有限公司
	（福州市鼓楼区白龙路5号　邮编：350003）
开　　本	710毫米×1000毫米　1/16
印　　张	17.5
字　　数	268千字
版　　次	2015年10月第1版　2019年9月第2次印刷
书　　号	ISBN 978-7-5334-6998-6
定　　价	36.00元

如发现本书印装质量问题，请向本社出版科（电话：0591—83726019）调换。

总序

追寻理想　记录精彩

我有这样一个信念：一个没有理想的人，不可能走得多远；一个没有理想的学校，也不可能走得多远；一个没有理想的教育，更加不可能走得多远。教育的理想境界是：成为学生享受成长快乐的理想乐园，成为教师实现专业发展的理想舞台，成为学校提升教育品质的理想平台，成为学生、教师、学校共同发展的理想空间。中国教育呼唤一种追寻着理想、着眼于未来的精神。

波兰教育哲学家苏科多斯基说得好："着眼于未来的教育表达了这样一种信念：目前的现实不是唯一的现实，因而不能构成教育的唯一要求。着眼未来的教育精神超越了目前的范围，以共创明天的现实为目标。"但是，仅有理想是不够的。1950年元旦，约瑟夫·熊彼特在弥留之际，曾对前去探望他的彼得·德鲁克及其父亲阿道夫说了一番这样的话："我现在已经到了这样的年龄，知道仅仅凭借自己的书和理论而流芳百世是不够的。除非能改变人们的生活，否则就没有任何重大的意义。"（杰克·贝蒂：《管理大师德鲁克》，上海交通大学出版社，1999年版，第153页）这个故事给我们很深的启发，或者可以说是反思：我们的理想、教育的理想能变成现实吗？我们能不能构建出属于教育的今天而不是明天的实践蓝图？

于是有了我们的"新教育实验"。

2002年10月，"新教育实验"在江苏省昆山市玉峰实验学校正式启动；2003年，"新教育实验"参与学校达到了上百所，遍及江苏、安徽、山东、上海、吉林、广东等10多个省市，2004年，全国21个省市的217所学校参加实验，其中挂牌学校130所，这些学校包括了清华大学附属小学、北京中关村第一小学、哈尔滨南马路小学、山西省运城人民路小学、吉林市第一实验小学、江苏省常熟实验小学、江苏省如东实验中学等名校，并形成了苏州张家港、泰州姜堰、河北石家庄桥西区等实验区。

"新教育实验"为什么能如此快速发展并且受到广泛的关注？江苏教育杂志社的张俊平先生在一次会议上以一个媒体记者的眼光这样阐述："新教育实验"是一面旗帜，它用理想的方式向当下的中国教育说"不"；"新教育实验"是一种追求，它在力所能及的范围内营造中国教育的"桃花源"；"新教育实验"是一种自觉，它用行动告诉人们，中国教育到了返朴归真的时候了。

我们不能说它是"旗帜"，也不敢说它已"自觉"，但它的的确确是在追求着，用它的行动。只要行动，就有收获。我常常和我自己，也和我们实验学校的老师说，不要坐而论道。你去做，你就行；你去做，你就有可能成功。不要瞻前顾后，不要犹豫彷徨。从加入实验这一天开始，就要真正地行动起来，实践我们的"六大行动"，即营造书香校园、师生共写随笔、聆听窗外声音、培养卓越口才、建设数码社区、构筑理想课堂。

"营造书香校园"就是创设浓郁的阅读氛围，整合丰富的阅读资源，开展多彩的读书活动，使学校成为传承优秀文化的阵地、师生共同成长的乐园。

"师生共写随笔"就是倡导师生立足于每一天的教育、学习生活，在写随笔（日记）的过程中，体验生活，反思自己，促进超越自我。

"聆听窗外声音"就是开展学校报告会活动，充分利用校外的教育资源，引导学生学会关心社会，激发学生形成多元的价值观，培养他们创造的激情。

"培养卓越口才"就是开展中英文听说活动，培养学生讲一口流利的中文和英文，培养学生具备终生受益的口头表达能力。

"建设数码社区"就是加强学校内外网络资源的整合，建设学习型网络社区，让师生进行网络学习、交流，在操作与实践中培养师生的信息应用能力。

"构筑理想课堂"就是创设一种平等、民主、安全、愉悦的课堂气氛，应由知识本位、学科本位转向以学生的发展为本，真正对知识、能力、态度进行有机整合，因材施教，充分体现课堂的生活性、生命性和发展性。

中国教育现在是有许多弊端，但仅仅是怒目金刚般的斥责和鞭挞，虽然痛快却无济于事。不如通过建设来进行批判，只有建设才是真正深刻而富有颠覆性的批判，新教育就是要寓批判于建设中。而重行动，就是不空谈，就是"用事实说话"。"新教育实验"不求无懈可击的"理论"体系，而是先动起来再说，在实践中完善思考。

为了记录我们的思考和我们的行动，在福建教育出版社的大力支持下，我们用文库的形式全面记录"新教育实验"的探索之路，记录"新教育实验"的精彩。"新教育文库"是一个开放的体系。它将出版"我的教育故事"系列，记录发生在"新教育实验"背景下真实的教育故事；出版"我的教育随笔"系列，让我们的教师形成教育反思的习惯，形成坚韧的意志品质，形成自己的教学风格；出版"我的教育实验"系列，探索新教育理论，总结"新教育实验"阶段性的成果，指导"新教育实验"的开展；出版"新生代名师课堂探索"，关注课堂生态，探求课堂效率，推出名师；出版"域外课程故事"，让一线老师从细微处了解域外教育与课程实践的具体情况，探讨值得我国新课程改革实验借鉴的教育思想及行动策略；出版"教育成长故事"，真实记录名校、名师的成长故事，以提升学校的办学水平，激发教师的专业发展……

有人曾经追问："新教育实验"能走多远？我不可能给一个明确的回答。但是，只要我们还有梦，只要我们在行动，我们就会不断地前行。只要我们不断地前行，我们就会实现我们的梦想。从另一个角度来说，教育永远没有最好的，教育只有在永无止境的探寻中构建自我，在永不停步的发展中壮大自我，教育永远是一个美丽的梦。

我们希望，读过文库的朋友和老师们，也能够拿起你们的笔，从今天开始书写属于你们自己的历史，记录属于你们自己的精彩。我们同时欢迎你们加盟我们的"新教育实验"，参与我们的教育论坛，欢迎你们登录"教育在线"（www.eduol.cn）！

2004 年 6 月于姑苏滴石斋

序

从电影中汲取教育力量

  张荣伟教授寄来《电影教你当老师——60部中外电影的教育意蕴》书稿，希望我能够写点文字。

  荣伟是我的学生。在苏州大学攻读博士学位期间，他就非常勤奋，撰写过多篇有关基础教育改革的论文，为新教育事业的早期发展做出了重要贡献，担任了新教育研究中心的第一任主任。那个时候，他就对影视作品在教育中的特殊作用有独到见解，也希望研发新教育的电影课程。他告诉我，自己一直注重影视资源的开发与利用，早在中学工作时，无论是担任班主任工作还是课堂教学，都会有计划地组织同学们一起观赏一些具有教育意义的电影。

  2006年博士毕业后，荣伟回福建师大教育学院工作，电影又成了他承担的本科生、研究生课程必不可少的教学辅助。不仅如此，他还专门开设了一门"中外教育电影赏析"公选课。这门课程围绕"教育理想""教育激情""教育智慧"和"教育良知"四大主题，精选了60部中外电影为教学资源，旨在帮助学生深入理解教育的基本问题，全面认识教师职业的主要特点，全面提升教育理解力和教师职业素养。据说这门选修课非常受学生欢迎，不仅教育学院的学生选修，全校其他学院的学生也纷纷选修这门课程。

  大家看到的这本书，就是荣伟以这门课程的教学大纲为基础编写的。全书精心选择了60部中外教育电影，分为四大主题，各15部。以"教育理想"为主题的电影有《孔子》《自由作家》《中国合伙人》《凤凰琴》《蒙娜丽莎的微笑》等。以"教育激情"为主题的电影有《弦动我心》《麻辣教师》《地球上的星星》《伟大辩手》《浪潮》等。以"教育智慧"为主题的电影有《音乐之声》《心灵捕手》《国王的演讲》《相约星期二》《三傻大闹宝莱坞》《放牛班的春天》等。以"教育良知"为主题的电影有《高考1977》《入殓师》《一个都不能少》《烛光里的微笑》《看上去很美》等。

荣伟告诉我,他选择的这些电影是有其内在逻辑的:教育理想是教师职业的内在动力,教育激情是教师职业的精神风貌,教育智慧是教师职业的创新之本,教育良知是教师职业的道德底线。这四者是教师美好心灵的标志,也是其专业精神的四大支柱,更是成为一名好教师的重要前提。事实上,这60部电影本身就非常生动地演绎了一个好教师的方方面面。

新教育非常重视电影在教育中的作用。许多新教育教师研发了适合不同教师与学生的"新教育电影课",我们的新教育网络师范学院也曾经开办过"网师电影院"。现在,荣伟已经担纲起新教育研究院副院长和新教育网络师范学院副院长的重任,并在网师开设了"中外教育电影赏析"这门课程,本书也将成为该课程的主要教材。不难发现,这本书对中外电影中所塑造的教师形象特别关注,所凸显的是"电影教你当老师"的教师教育意义,那些虽然没有直接触及教育基本问题,但具有比较广泛的人文教育意义的好电影,并没有被选进来,如《肖申克的救赎》《阿甘正传》《甘地传》等等。希望荣伟通过网师课程继续完善丰富书稿内容,争取收录100部优秀中外教育电影。

电影课是新教育的重要课程门类,是综合课程。我一直说,一个人的精神发育史就是他的阅读史。阅读的形式,会随着时代的发展不断调整改变,从当初的竹简到后来的纸张,如今的观赏影像从其本质来说也是一种阅读。电影以其独特的视觉魅力给人以直观、感性的力量,与经典著作相辅相成,更加完整地塑造着我们的精神世界。由电影走向书本,本身也是培养阅读兴趣,加深对于经典作品理解的重要途径。让教师从电影中汲取教育的力量,是一种潜移默化、润物无声的教育办法,值得我们更多地尝试与推广。

朱永新

2015年9月4日晨写于北京滴石斋

目　录

一、教育理想是教师职业的内在动力

《孔子》：有梦最美 …………………………………………… 4

《黑板》：为教育招魂 …………………………………………… 8

《录取通知》：乌托邦式的大学 ………………………………… 12

《凤凰琴》：大山沟里洋溢着不灭的教育理想 ………………… 16

《美丽的大脚》：追寻理想　燃烧岁月 ………………………… 20

《考试》：教育理想的最美诠释 ………………………………… 24

《包裹》：理想撑起未来 ………………………………………… 28

《心灵渡口》：心灵的守望者 …………………………………… 32

《城市广场》：爱情诚可贵　真理价更高 ……………………… 36

《自由作家》：打开心扉　拥抱希望 …………………………… 40

《叫我第一名》：相信种子　相信岁月 ………………………… 44

《天那边》：小理想大境界 ……………………………………… 49

《中国合伙人》：教育"新梦想"的起航 ……………………… 53

《铁腕校长》：爱而有度　严而有格 …………………………… 57

《蒙娜丽莎的微笑》：微笑背后的力量 ………………………… 62

二、教育激情是教师职业的精神风貌

《热血教师》：释放激情　成就自我 …………………………… 70

《洋妞到我家》：教育的冲突与和解 …………………………… 74

《女教师与女学生》：重燃激情走出职业倦怠 ………………… 78

《麻辣教师》：有智慧更有激情 ………………………………… 82

《地球上的星星》：未来的尼康老师 …………………………… 87
《弦动我心》：用激情点燃激情 ………………………………… 91
《伟大辩手》：为理想与希望而辩 ……………………………… 96
《摇滚校园》：激情的燃烧　生命的唤醒 ……………………… 100
《霍兰先生的乐章》：启迪生命的声音 ………………………… 104
《春天不是读书天》：重塑魅力课堂 …………………………… 108
《非常教师》：心随生动　情系教育 …………………………… 112
《我的教师生涯》：一个都不能少　一课都不能落 …………… 116
《光辉岁月》："独裁者"的冠军梦 ……………………………… 120
《乡村女教师》：一切为了教育 ………………………………… 124
《浪潮》：教育激情与教育智慧的力量 ………………………… 128

三、教育智慧是教师职业的创新之本

《高三》：风雨同舟　破茧成蝶 ………………………………… 135
《全城高考》：教育拯救心灵　教师拯救人生 ………………… 139
《心灵捕手》：卸下心灵的枷锁 ………………………………… 143
《国王的演讲》：定生慧　慧纳百川 …………………………… 147
《音乐之声》：教育奏响幸福之歌 ……………………………… 151
《心灵访客》：窗内的世界很精彩　窗外的世界很无奈 ……… 155
《相约星期二》：一门最后的课程　一位终生的教师 ………… 159
《女生向前翻》：魔鬼教练演绎教师权威的柔与刚 …………… 163
《孩子王》：农人型教师的教育艺术 …………………………… 167
《新来的李老师》：智慧照亮未来 ……………………………… 172
《三傻大闹宝莱坞》：做敢于创新的智慧型教师 ……………… 176
《小猪教室》：没有标准答案的选择 …………………………… 181
《放牛班的春天》：音乐感化心灵 ……………………………… 186
《草房子》：老师，请摘下您的"有色眼镜" ………………… 190
《死亡诗社》：让每朵生命之花自由绽放 ……………………… 194

四、教育良知是教师职业的道德底线

《鲁冰花》：慧眼才能识天才 …………………………… 202
《我的老师》：爱心即教育 ………………………………… 206
《高考1977》：转折年代的良知坚守 …………………… 210
《入殓师》：生如夏花　死若秋叶 ……………………… 215
《天堂的颜色》：重燃生命之光的教育 ………………… 219
《一个都不能少》：都是贫穷惹的祸 …………………… 223
《烛光里的微笑》：好教师唤醒一代人 ………………… 227
《小孩不笨》：给我阳光　我就灿烂 …………………… 231
《超越》：教师内心深处那一抹瑰丽 …………………… 236
《苗苗》：你的坚持　点亮希望 ………………………… 240
《吾爱吾师》：为人师表　身正为范 …………………… 245
《老师你好》：真善美的回归 …………………………… 249
《看上去很美》：其实是假、丑、恶的教育 …………… 253
《十三棵泡桐》：光鲜外表下的腐朽 …………………… 258
《赵氏孤儿》：教之善　教之恶 ………………………… 262

后记 ……………………………………………………… 266

一、教育理想是教师职业的内在动力

在从事教师教育尤其是对在职教师进行培训时，我们经常将教师、医师、律师、牧师、厨师、工程师、会计师、魔术师、美容师、广告师、入殓师等一系列有"师"字的职业排列在一起，呈现给学习者，用以探讨教育理想和教师职业特性问题。在具体讨论的过程中，我们会要求参与者依次回答这样3个问题：1. 你最喜欢其中的哪个职业？2. 教师职业的独特性有哪些？3. 你的教育（职业）理想是什么？

每次讨论都会出现类似现象：针对问题1，绝大多数参与者会毫不犹豫地选择"教师"这一职业，而针对问题2和问题3，却往往理不清头绪，很难说出个子丑寅卯。同时，当被问及"你为什么选择教师职业"时，参与者大都会强调教师职业比较稳定、有寒暑假、时间自主、收入还可以这样几点。不难发现，很多人之所以愿意当教师，看重的往往是工作环境和物质待遇，而对教师职业本身的独特性，尤其是对个人的教育（职业）理想，缺乏比较系统、自觉和有深度的思考。

或许，教师职业与其他"师"类职业一样，乃至与其他任何职业一样，都可视为谋生的手段，都可当作"饭碗"，而且择业时权衡不同职业的个人收益也没什么不对。但很多人似乎没有意识到，任何职业都有其与众不同的职业内涵和职业特性，而且对于任何职业的从业者而言，都可能受到外在和内在两种驱动力的影响（可分别简称为外驱力和内驱力）。其中，一般的、普通的从业者，往往因外驱力而工作，特别在意职业的工资待遇，即工作给个人带来多少实惠；而那些勤恳的、优秀的从业者，往往因内驱力而工作，他们在意的是职业本身的意义和乐趣，特别看重的是职业特性、职业理想以及该职业社会价值的实现程度。

就教师职业而言，其外驱力和内驱力有何根本区别？美国利哈伊大学（Lehigh University）教授贝德乐（Peter G. Beidler）在《我为什么当教师》（Why I Teach）一文中给出了具体而生动的阐释："很多美国人受的教育是长大成人后应该追求金钱和权力，而我却偏偏不在乎明明是朝着这个'目标'迈进的工作……当教师给予我平静、变化、挑战以及保持学习的机会。不是因为教书容易，也不是因为好为人师，而是喜欢教书的节奏，喜欢思考问题，喜欢做自己的主人的感觉，更喜欢看着学生成长以及体验与学生一起成长的快乐……我教书，是因为教学是建立在'变'这一基础上的职业。教材还是原来的教材，但我自身却变了，更重要的是，我的学生变了……我的学生在我面前成长、发展、变化。有些学生成了成就斐然的博士，找到了好工作；有些对城市贫民发生了兴趣，当了维护公民权利的律师；有些决定读完高中后继续上大学……当教师可以获得金钱和权力以外的东西——爱，不仅是爱学习、爱书本、爱思想，而且还有对出类拔萃的学生的爱。我教书，是因为与正在成长的学生朝夕相处，我常常能感到自己也和他们一起在成长。"在我看来，这段话中所提到的作为"目标"的金钱和权力，对教师职业乃至所有职业而言，无疑是最具代表性的外驱力，而所提到的"成长""发展""变化""爱"等，则比较全面地揭示了教师职业的本质特征和精神价值，无疑是表征教师职业内驱力的核心词汇。一个教师对"成长""发展""变化""爱"等概念的理解深度，直接决定其教育理想的高度以及对待本职工作的整体态度。遗憾的是，现实中有不少教师在这方面不尽如人意，常常因为理想模糊、目光短浅甚至自私自利，丧失了教育工作者应有的理想与情怀。

在回答"中国教育缺什么"这个问题时，中国教育学会副会长朱永新教授曾经说："从整个中国的教育现状来看，我觉得教师们往往缺少了一点诗人的气质，缺少了一点生命的追求，缺少了一点青春的活力，缺少了一点创造的冲动，而这一切都与理想有关。一个没有理想的人，不可能走得很远。一所没有理想的学校，也不可能走得很远。一种没有理想的教育，更是不可能走得很远。教育在本质上就是一个理想的事业。"我们经常看到，没有理想的教师往往把职业当作谋生的手段，而有理想的教师则把职业当作事业来做，充满热情、不断创造。我们还看到，失去了教育理想的教师往往在思想上偏于保守，在行动上安于现状。更可怕的是，一个失去了理想的教师，同时也失去了超越自我的发展意识以及教书育人的激情和活力。

  法国作家雨果说过："世上有一种东西比所有的军队都强大，那就是恰逢其时的一种理想。"我国"情感教育"的代表人物朱小蔓教授曾经感叹："人活着太需要支撑我们生活的东西，太需要为我们每一天的生活提供鼓励和依据的东西，所以我们需要寻找自己为人做事的原则、信念乃至方式。"事实上，一个教师具有怎样的教育理想，便具有怎样的为人做事的原则、信念和方式。回望中华几千年教育史，真正有影响的教育家，无不具有明确的教育理想和人生追求：孔子践行"有教无类"，最早唱响了教育公平的华美乐章；朱熹力推"涵养、致知、力行"，确立了治学修身的优良传统；蔡元培倡导"思想自由，兼容并包"，塑造了至今广为推崇的北大精神；陶行知"捧着一颗心来，不带半根草走"，用实际行动演绎了一代师魂……高山仰止，景行行止。虽不能至，然心向往之。要成为一名好教师，不能没有教育理想的支撑。我们深信，一个教师只有深刻理解了自身职业的独特性和独特价值，才可能拥有远大的教育理想和深厚的教育情怀，才可能获得专业发展的持久动力，才可能成为一名真正的好教师，或成为一名即使平凡但绝不平庸的教师。

《孔子》：有梦最美

【片名】《孔子》（Confucius）

【导演】胡玫

【主演】周润发/周迅/陈建斌/任泉

【国家/地区】中国

【片长】125 分钟

【发行时间】2010 年

【获奖情况】2011 年第 30 届香港电影金像奖最佳摄影

剧情简介：

电影以孔子濒死之前对自己一生的回忆为主线，演绎了他的一生。电影前半部分讲述了孔子在鲁国的政治作为：由鲁国的中都宰升为大司寇，最后升为代理国相。孔子奉行周礼，推行"礼治"，他的观念得到鲁君的支持，提出铲除"三桓"，"堕三都"的政策，最终引发了佞臣的叛乱，孔子失去了鲁君的宠信，被迫离开鲁国和家人，与他的学生开始了周游列国的颠沛流离之旅。电影这部分不仅突出了孔子"礼乐仁和"的治国理想，还通过齐鲁的"夹谷会盟"凸显了孔子的"勇"和"谋"。电影的后半部分讲述了孔子和他的学生的流亡之旅。孔子秉持着"朝闻道，夕死可矣"的信念，提出"以德治国"的政治思想，一边遭受诸国的排挤，承受着世人的不解和嘲弄，一边广收弟子，开堂授业。后经历弟子冉求为鲁国所用、子路为卫国所用的欣慰，子路、颜回相继逝去的悲痛。公元前484年，67岁的孔子回到鲁国，从此不问政事，专心讲学，73岁卒于鲁国，他编纂的《春秋》流传于世。电影中，孔子对弟子的爱护与教诲，弟子对孔子亦师亦友的拥戴，师生间的教学相长令人动容。另外，电影也重现了不少《论语》中记载的典故。孔子开创教育普及平民的先河，其弟子遍布于天下，故有"万世师表"之称。

由周润发、周迅、陈建斌、任泉等人主演的电影《孔子》一经上映便受到极大的关注，究其原因，一是因为众多实力派演员的加盟，二则因为这部电影将中国人心中神一样的人物——孔子，搬上了荧屏。电影界专业人士和观影人对这部电影褒贬不一，但若对这些评价的内容进行归类，则主要集中在两个方面：演员的诠释及编剧、导演的功过。无论好坏，电影创作的意图总是好的，让人们再次认识并探讨起这位历史伟人。纵观整部电影，让人最为感动的应该是孔子对教育理想的坚持与实践，套用现在的话就是：孔子才是真正的 Iron Man。

幸运：拥有理想

理想是人生的色彩。孔子比许多人幸运，因为他拥有彩色的人生。孔子最初是将自己的人生付诸他的政治理想上的，他的一生都在致力于实现"礼乐仁和"的政治理想，建构"大同社会"。这在影片伊始便有说明，尤其是孔子与鲁君的一段对话——"选贤能，修信用。贼不作，谋不用。（选拔品德高尚、能干的人来做官，人们都讲求诚信，培养和睦的气氛。盗窃、造反和害人的事情不发生，奸邪之谋也不会发生。）人不但只爱护自己的父母子女，也爱护别人的。男人安本分，女人有归宿。不论是孤儿寡母，老弱病残，都能得到照顾和供养，这样老百姓才能安居乐业，才是天下大同啊"，直观形象地向世人展现了孔子的政治理想。只是孔子的这一宏伟理想并未得以实现。在自己遭受诸国的排挤以及受弟子颜回"如果人不能改变世界，那么就应当去改变自己的内心"的点醒后，孔子终于意识到要实现"礼乐仁和"，建构"大同社会"，需要的是民众的齐心协力，需要一批人而不是仅仅一个人的努力。

于是他将自己的政治理想融入到教育理想中,希望通过教化使人们有所觉悟,能够"才"为国所用,所以他的教育理想便是培养"君子",能够"学而优则仕"。这一点从电影中孔子支持冉求、子路分别为鲁国、卫国献智献力可窥探一二。

正如孔子那般,作为一名教育工作者,或有志于成为教育工作者的每一个人都应有自己的教育理想。教师只有有了教育理想,才能把教育当作一项事业而不仅仅是职业来做,才能在教育工作中充满激情,发挥自己的教育智慧和教育良知,认真对待每一个未来之星,才能真正成为一个好的教育工作者。现代教师经常会出现职业倦怠感,这正是因为没有理想的支撑。拥有理想是实现卓越的先驱条件,否则就如同一潭死水,毫无生机。

磨练:坚持理想

拥有理想是幸运的,坚持理想则是一场磨练。理想总是高于现实却又不是幻想,是能够通过努力而实现的,只是这个实现过程也许并不那么容易。然而孔子坚持下来了。许多看过《孔子》这部电影的人都认为这部电影的不足之处就在于电影后半段,孔子周游列国才是孔子一生中收获最多的时段,也正是展现孔子对理想的坚持的时段,但电影在这部分只局限于描写孔子糟糕的境遇,集中于孔子肉体受到的折磨而忽略了孔子内心受到的磨练。

孔子有培养"君子"的教育理想,也正是在这一理想的指引下,他开创了"有教无类""因材施教"的华美乐章。从电影《孔子》的演绎中可以看到孔子的弟子有很多,却也类型各异,参差不齐。有"一箪食,一瓢饮,在陋巷"也不改其乐的颜回,也有富足如子贡者;有为人伉直鲁莽、好勇力的子路,也有多才多艺、谦逊退让的冉有,孔子针对他们每个人的好恶施以不同的教育。最著名的典故当如孔子回答颜回、子贡、子路、冉有四人关于"仁"的问题,针对这四人的脾气秉性,孔子作出了不同的回答。在电影中,当子路要出仕卫国时,孔子道"为政不能急于求成……为政应有张有弛,务实务本",这就是针对子路鲁莽个性的劝导。这一点是非常值得当代教师去学习的,教师必须相信每一个学生都是不同的种子,允许他们开出不同的花朵,结出不同的果实。

孔子对教育理想的坚持贯穿其一生，即使在他生活窘迫，颠沛流亡时期也是如此。电影中，孔子在流亡之时也坚持着收徒讲学，"学而不厌，诲人不倦"大抵就是如此吧。孔子对理想的坚持精神深值人们学习。人们对理想的追寻过程就像《西游记》中师徒四人西去取经一样磨难重重，虽不至于降妖除魔，经历九九八十一难，但也要与外部环境、与自己的心魔对抗。每当人们身心俱疲、精疲力竭时，只要想起孩子们的希望和未来，想起自己的理想，就会相信每一天都会是风和日丽的一天。

升华：实现理想

坚持理想是一场磨练，但人生必将因为理想的实现而充实而升华。孔子的一生是幸运的，因为他有自己的理想并不断地坚持追寻；他的一生也是不幸的，因为最终他的梦想也没有实现。他也曾用"丧家之犬"来形容自己。正如在电影的开篇，孔子垂老之时的诉说——"礼乐仁和的梦想，只能托付给未来了"。但孔子的人生是精彩的人生，是丰富、升华的人生。虽然孔子的理想并未得以实现，但在坚守理想的过程中孔子已经到达了另一种至高的境界，套用电影中南子对孔子说的一句话——"世人也许很容易了解夫子的痛苦，但未必能体会夫子在痛苦中所领悟到的境界。"孔子对政治、教育所做的巨大贡献是历史无法磨灭的，是仍值得现在的人们去学习的。

作为一名教育工作者或有心从事教育事业的人，也许你的理想是让每一届的学生都能够学有所成，各得其所；也许你的理想是改变当今应试教育的现状，使素质教育得以真正地实施；也许你的理想是学有所教，实现真正的教育公平。但无论你的教育梦想是什么，只要你能够坚持它，努力实现它，只要在追寻理想的过程中你真正地享受了，获得了，成长了，那么结果就是好的。因为你要相信每一次的付出都会有收获，每一次的成长都会超出你的想象。

理想，因坚持而展翅，因实现而升华。在提倡"中国梦"的今天，每个人都应有属于自己的梦，尤其是在教育这一充满无限可能的领域，梦想是尤其必不可少的。一个教师有怎样的教育理想，就会有怎样的教育理念、方法和行为方式，并将影响一代代的学生。他也许无法达到孔子的境界，但只要有了教育理想的支撑，他就不会一直保守、安于现状，就能不断地充满激情和活力，不断地创造。毕竟教育在根本上就是一项理想的事业。

（王延冉　执笔）

《黑板》：为教育招魂

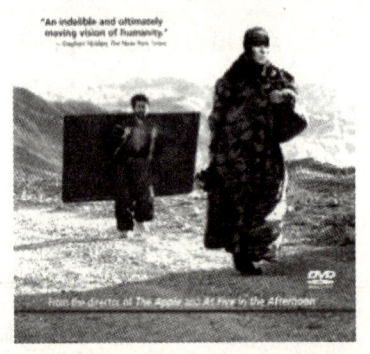

【片名】*Blackboards*（《黑板》）

【导演】莎米拉·玛克玛尔巴夫

【主演】赛德·莫哈玛蒂/巴赫曼·戈巴迪

【国家/地区】伊朗

【片长】85 分钟

【发行时间】2000 年

【语言】波斯语

剧情简介：

这是一群在战乱中流离失所的教师和平民的故事。影片中一群逃亡的教师行走在风沙弥漫的崎岖山路上,他们每个人肩上都扛着黑板,一边前进,一边交谈。有的教师走在十字路口不知何去何从,其中有两位教师选择了截然相反的方向,一个朝北走,一个往南走。他们都有一个共同的心愿和目标,希望能够遇到学生,教他们识字、造句、算术和阅读。朝北走的教师,路途中遇到了一群当搬运工的孩子,他们每个人背上都扛着沉甸甸的货物。在如此花样的年华,他们理应是坐在教室里轻松快乐地学习,而现在却干着成年男子的体力活。这位教师仔细观察后,冲上前去拦住他们的去路,情绪激动地问:"你们要不要学习认字、算术和阅读?"片刻哑然后,孩子们不屑一顾地径直往前走,但这位教师没有就此放弃,一直紧跟在孩子们身后。终于有一个孩子愿意跟他学习,首先练习自己名字的发音,一遍又一遍……突然,震耳欲聋的枪炮声响起,惊慌失措的孩子们四处躲藏,不幸发生在了这个刚学会自己名字的孩子身上,一个稚嫩的生命永远离开了他的同伴。在同一段时间里,往南走的那位教师遇到了一群心念故土的伊拉克难民,他们步履蹒跚地走着,由于战争的破坏,他们找不到正确的路线。于是,这位教师以 40 个核桃作为带路的条件,成为了这个队伍的一员。途中,他和名叫 Halaleh 的女子在一个中间人几句话问答的情况下结为了"夫妻"。路上,枪炮声一阵又一阵,回家心切的难民幸免于难,终于到达了故土边境,他们齐声欢呼,唱歌跳舞。此时,Halaleh 和他的婚姻也就此中断,黑板是他留给 Halaleh 唯一的财产,她那背着黑板的身影渐行渐远。

德国哲学家雅斯贝尔斯在《什么是教育》中提到:"所谓教育,是人对人主体间的灵肉交流活动,因此教育的原则,是通过现存世界的全部文化导向人的灵魂觉醒之本源和根基,而不是导向由原初派生出来的东西和平庸的知识。"灵魂,在某种意义上可以视为"心灵",灵魂教育即心灵教育,关注灵魂的教育应是教育的永恒追求。学者张英浩在《触动心灵的教育才是真正的教育》一文中讲到,灵魂教育实质是一种回归本性的教育,是教育的返璞归真,是教育继续的源泉。

影片首先映入眼帘的是一群逃亡的教师行走在风沙弥漫的崎岖山路上,他们每个人肩上都扛着黑板,一边向前,一边交谈。在十字路口,其中有两名教师选择了截然相反的方向,一个朝北走,一个往南走。当朝北走的教师,在途中遇到一群当搬运工的孩子时,看到他们每个人都扛着沉甸甸的货物,他惊愕了。这样的年华,正是读书学习的好时期,却干着摧残身体的苦力活。他急忙冲上前去拦住孩子们的去路,情绪激动地问他们要不要学习识字、算术和阅读。片刻哑然后,孩子们不屑一顾地径直往前走。但他并没有放弃,不停地对孩子们说,学会了阅读就能知道世界发生了什么,就能获得更多的外界信息;学会了写字就可以给家人写信报平安,传递彼此内心的牵挂和温暖;学会了数学中的加减乘除就可以理清自己的财务,甚至可以避免被人欺诈愚弄⋯⋯这样的话他不厌其烦地重复强调,重复着教育能带给人最真实朴素的感受;教育与人们的生活息息相关,只要有人就有需求,教育便与人同在、与生活同存;击中灵魂的教育是人与人之间心灵的坦诚交流;生活的继续绕不开教育,知识可以改变命运!

教师慢慢地走进了孩子们的内心。终于有一天,有一个孩子愿意跟他学习,首先练习自己名字的发音,于是,山路上有了不同的声音。教师背着一张黑板在前面边走边教,孩子背着货物在后面边看边念。关注灵魂的教育,就是满足学生成长过程中的需要,并让他们感受到快乐和幸福。伟大的德国哲学家康德提出"人只有通过教育才能成为人"。接受教育是人天性成长的基本需要。如果这些卖苦力的孩子们不学习,他们的生活也许就永远定格在了崎岖危险的山路上,也许就一直穿梭于这山与那山之间,甚至连自己的名字都不知道如何书写。岁月无声,时不我待,美好的青春年华就这样从指间流失殆尽。

另一位往南走的教师遇到了一群心念故土的伊拉克难民,他们步履蹒跚地走着,由于战争的破坏,他们找不到正确的路线。同样,这位教师苦口婆心地劝说那些难民跟他一起学习阅读和写字,但没有一个人愿意跟他学习。后来,他以40个核桃作为带路的条件,成为了这个队伍的一员。此时,我们可以看到教育也是一种生存的工具。人只有在最基本的生存需要得到满足后,才有可能去追求更高的实现人生价值的理想。

教育本身就意味着一个人带动另一个人,就好比一棵树滋养周围的幼木花草,归根结底就是一个灵魂唤醒另一个灵魂。如果一种教育未能触及人的灵魂，无法引起人内心的蜕变，那就不成其为教育。而教育最重要的是选择合适的教育内容唤醒受教育者的灵魂。在战火纷飞、人们流离失所的时候，人与人之间的牵念有时就靠着一封宝贵的信来传递。剧中那位不停扬土的老人，对参军打仗的儿子怀着无以言表的思念，每天都在默默祈祷儿子平安归来，每天都期待着从战场传来的好消息，即使儿子进了监狱，他也依旧耐心地等待着、盼望着。不识字的他，怀里紧紧地藏着一封关于儿子的信，路过的那位教师，帮他逐字逐句地朗读着，在信中教师看到死神撒下的善意谎言，而那位孤独可怜的老人嘴角露出了丝丝微笑，因为他听到的是儿子的平安和祝福。他等待着、守候着，希望的火焰在他心中重新燃起。在这里，我们感受到了语言的厚重，道一句平安，报一声安好，就能让生活的希望熊熊燃起，这也是教育所赋予我们的，感动就流露在字里行间。

李政涛教授在《有灵魂的教育意味着什么》一文中指出，有灵魂的教育意味着追求无限广阔的精神生活，追求人类事业永恒的终极价值，让公正自由充满社会，让智慧本真充盈教育，让希望和爱充分体现。教师要有教育的信仰和理念，在教与学的过程中，使学生也成为有灵魂有信仰的人，而不是成为拥有一技之长的学习匠。始终背着黑板行走的教师背上背负的不仅仅是一块黑板的重量，还有属于一个民族未来理想的分量。

教师应理解孩子内心的感受，乐之所乐，悲之所悲，仔细感觉孩子心灵的颤动，低下头去观察他们的内心世界。面对战争带给孩子们幼小心灵的恐惧和不安，这些背着黑板四处游行的教师不厌其烦地与他们耐心交流沟通，即使面对误解甚至谩骂，他们仍旧反复强调教育的力量，坚信教育能够带给这个民族走得更远的能量。一名叫 Reeboir 的男孩，努力练习自己名字的发音，字正腔圆地一遍又一遍地重复着。不幸的是，当他刚学会书写自己的名字时，一声震耳欲聋的枪炮声夺去了他幼小的生命。一瞬间的命运转变，让所有人内心溢满了酸涩和痛楚，忧伤在血液里蔓延……

苏联著名教育家苏霍姆林斯基曾说："请你记住，教育首先是关怀备至地深思熟虑地小心翼翼地去触及年轻的心灵。"教育，是一种灵魂的教育，而灵魂的教育需要心灵的沟通与交流。学者张林波、李英在《交流——走进心灵的教育》中讲到，教育应该走进学生的心灵，只有走进学生心灵的教育才是真正的教育，而交流是一门艺术，交流的目的是走进学生的心灵，赢得学生的心灵。传统意义上的教育或多或少忽视了对学生"心灵"与"精神"的陶冶与培育，真正意义上的教育必须回归到对"心灵世界""精神境界"的关心与关切。

（王竹梅　执笔）

《录取通知》：乌托邦式的大学

【片名】*Accepted*（《录取通知》）

【导演】斯蒂夫·平克

【主演】贾斯汀·朗/乔纳·希尔/布蕾克·莱弗利/玛丽亚·泰耶尔/汉娜·马克斯

【国家/地区】美国

【片长】90分钟

【发行时间】2006年

【语言】英语

剧情简介：

高中毕业生巴特比被八所大学拒之门外，面对父母的压力，巴特比及几个有同样遭遇的小伙伴，在一栋废弃的神经病医院大楼，虚办南哈蒙工业大学（S.H.I.T）。原本只是为了蒙混父母，结果误打误撞引起几百名没有学校念的毕业生前来报到。巴特比深深明白自己和其他同学的处境，不忍心打碎他们的梦，于是巴特比和小伙伴们只好硬着头皮，聘请教师、完善教学设施等。无心插柳柳成荫，构造出了一所别具一格的乌托邦式的大学，因名气越来越大，被发现这是一所有名无实的大学后被勒令停办。巴特比与他的小伙伴们破除一系列障碍，最终使得学校准许试用一年。

电影《录取通知》（*Accepted*）是由美国著名导演斯蒂夫·平克（Steve Pink）拍摄，于 2006 年上映的一部美式校园青春喜剧。电影讲述了几个"被大学拒之门外"的年轻人齐心打造出一所乌托邦式的大学——南哈蒙工业大学的故事。

那年我们还是教室里一名埋头苦读的高中学生，当高考压力大得使我们无处逃生，内心的焦躁无处安放时，我们便把自己未来生活的愿望、理想寄托在了大学——这一桃花源似的地方。未上大学前，大学在我们心里，是近乎绝对的自由，而按时修满学分完成学业后我们又将成为一个满身本领的工程师、教师、律师……而现实却不是这样，徒有一本毕业证书却对所学专业并不熟知。毕业的学生总会说这样一句话，"大学课本里没有""大学里没有教过"，大学变成职业养成所又妄为职业养成所。

大学究竟怎么了？是不是机械地在学习理论知识，机械地在塑造职业人？是不是真正变成了影片中巴特比所说的欺压处于弱势的同学、羞辱看不惯的同学、给孩子过大的压力？这就是我们所期待的"桃花源"吗？是我们用教育理想构筑的大学吗？

大学究竟是什么样的？亚历山大博士说，真正的大学必须有三个标准：设施、课程、教员。施瑞德说，真正的大学，必须经过适当的法律途径，需要公众认可。在维基百科中，大学（University）是为提供教学、研究条件和授权颁发学位的高等教育机构，由三个以上学院所组成。大学作为一种服务机构与教育研究中心，主要功能是开展教学活动、科学研究、技术开发和社会服务，提供强有力的人才保证和智力支撑，促进改革创新，推进文化传承创新。南哈蒙看似称不上定义中的大学，但真正的学习却产生在这所大学中。

那真正的学习又是什么呢？真正的学习是自主的、充满激情的、符合兴趣爱好的，真正的学习并不一定来自死气沉沉的课堂中，并不只有看密密麻麻枯燥的教科书、工具书这一个途径。南哈蒙里没有传统的教学设施、课程，仅仅只有一个正式教师，但真正的学习存在其中。好似影片结尾部分巴特比对所有人说的那样："真正的学习发生在南哈蒙，无论你是否喜欢，它是事实。不需要老师、教室以及虚浮的传统或者金钱来学习，只需要大家有提高自己的愿望，而这在南哈蒙已经拥有。"

南哈蒙没有具备一般大学里应有的设施、课程、教员，但似乎比一般大学更受学生欢迎。在电影里，亚历山大博士质疑南哈蒙工业大学所开设的课程价值。可是巴特比曾到哈蒙学习考察，看到了教授在课堂中似复读机般照本宣科地念课本，学生在课堂中死气沉沉，打瞌睡、玩手机、交头接耳无所不有的场景；看到了学生因为考试精神紧张；看到自己的好伙伴因为想拿到相应的学位证书而勉强上不喜欢的课，这难道是有价值的课程吗？这些早已不是南哈蒙工业大学所宣称的"提供经过时间考验的高质量的课程编排来训练年轻人的思维"。经过实地考察后巴特比说："一直以来我们被传授如何学习，今天，我们反行其道：你想学什么？"一切不现实的东西在理想主义面前都变得那么可爱而实际。于是巴特比根据学生的兴趣、理想让学生自己选择课程、自己开设课程、自己做老师。于是，课程既贴近实际又富有哲理。在"散步和思考"中，在一个减压的环境中思考人生要做什么；"让他对你说202"是门艺术课，通过调查个人经历发现自身才华；"滑板234"通过建斜坡，来教工程、物理、空气动力学；"摇滚222"通过聆听音乐，抒发对迷失一代的担心。古语云，三人行必有我师焉。每个学生既是学生又是老师，自己选择喜欢的课程上课，开设擅长的课程与同学共同学习。这样独立自主的学习并没有因为谁的任性而停滞，它依旧存在且伴随着欢乐。

这所乌托邦似的大学，承载着许多人的梦，让我们认识到了一种不一样的学习方式。乌托邦 Utopia 这一词可以读成 U-topos，意思是"一个不存的地方";当念成 Eu-topos 时则是"一个美好的地方"。影片结尾,南哈蒙工业大学在州认证机构的听证会中完胜,被准许试用一年,学生们面带喜悦地将嘴型转变发出"Eu-topos"的音,"一个不存在的地方"便变成了"一个美好的地方"。南哈蒙工业大学是一个美好的地方,这里的气氛是欢乐的充满激情的,这里的学习是自主的积极的,这里的笑声是发自内心的轻快的,这里的学习模式是新颖的贴合实际的。这里没有在课堂上对着课本像复读机般机械讲课的老师,没有为了考试而硬着头皮学习的学生,没有因为要拿学位而勉强选课的学生。南哈蒙工业大学似乎成了孩子们理想的大学,它自由、开放、创新。

教育不仅仅存在象牙塔内,也存在新式的教育机构、教育形式里。教育作为一种教人、育人、关涉人类进步的社会实践活动,必然关注人与现今社会的关系;同时教育又被一定的价值取向所引导,必然关注人与社会未来的生存关系。这也是教育经久不衰,充满活力与战斗力的表现。教育所要培养的人是一个合格的社会人,能不断地提升自我,为社会服务。通过教育,人们成为一个个合格社会人,许许多多这样合格的社会人促成了一个合格的社会形态,缔造出了一个美好的社会。而理想作为一种对未知世界的渴望,对现有事物的升华。理想与现实世界相依相傍又相异相斥。教育理想是教育之基,是人们对教育价值取向的追求和对教育发展的方向性选择。教育理想是建立在对教育现实的批判性和否定性评价基础之上的,是人们所构想的、有实现可能的、指向未来的教育蓝图。教育理想作为人们对于未来教育的完美状态的预设和期待,通常以教育目的和关于未来的教育形式而存在。

时值大学花季的青年男女,处于思想转变最迅速最激烈的时期,他们不断尝试新事物,不断从生活中累积经验,在这段成长旅途中他们渐渐从年少轻狂走向成熟稳重,担负起自己应承担的责任义务,真正成为一个合格的社会人。许金梅的《永恒的教育之魅》中说道,"教育作为生成人、提升人、关涉人类美好生活的社会活动,本身就是一项理想早已天然地深深嵌入其中的事业,我们更应该关爱生命、呵护灵魂、陶冶精神、涵养心性,给予人希望、赋以人理想"。教育理想总是包含着人的理想和社会理想两个层面的内容并成为促其实现的有力手段。

当然，影片通过南哈蒙工业大学塑造的学校形象很多方面也太过于理想化，并不是一个完全合理的大学，我们应该批判性地对待这些新鲜的事物。比如整个学校过度自由化的管理，学校规章制度受到了很大的挑战。如何把握好度，让年轻人能自由地在学校里成长又不至于脱离轨道，这是一个要探讨的问题。回归教育的本质，是知识的传播，学校的主要任务是育人，南哈蒙提倡从每个人身上汲取自己所需知识，某种程度上来说是一把双刃剑。毕竟对涉世未深，没受过训练的年轻人而言，大部分年轻人是不懂沟通及教导他人的，更别提要择其善者而从之，其不善者而改之。

最后以贺来在其《现实生活世界——乌托邦精神的真实根基》书中的两句话来结束这篇文章："理想是美好的，理想主义是崇高的。人之区别于禽兽，就在于人有理想与理想主义的追求。"

（乐丽婷　执笔）

《凤凰琴》：大山沟里洋溢着不灭的教育理想

【片名】《凤凰琴》（*Country Teachers*）

【导演】何群

【主演】李保田/剧雪/王学圻/丁嘉丽

【国家/地区】中国

【片长】120 分钟

【发行时间】1994 年

【获奖情况】1993 年上海国际电影节"金爵奖"最佳影片提名；1993 年中国广播电影电视部优秀影片奖最佳故事片；1994 年朝鲜第 4 届平壤国际联欢节铜火炬奖；1995 年第二届北京大学生电影节组委会特别奖

剧情简介：

影片主要讲述了一群乡村民办教师坚守教育理想，无私奉献的故事。张英子第二年高考落榜后，舅舅给她在山区界岭小学找了个代课老师的工作。界岭小学除了她，已有四名老师：余校长、邓有梅副校长、孙四海教导主任、余校长的爱人明爱芬。他们都期盼着有一天能从民办教师转成正式教师。因为一次县里的扫盲事件，这些老师都重新审视了自己，张英子成长了，其他教师更加坚定了教育坚守的理想。

大山沟里什么也没有，土砖盖的房屋是破的，不但是学校教室还要住人，深夜里是狼嚎和病人的哭喊声。山里没有路，都是走着走着就踩踏出了一条山路。而这里，却有着暖心的人和事。在这里，唯一带给人一丝视觉冲击的便是每天飘扬在山中的学校里的国旗，唯一的听觉冲击便是清晨伴随国旗升起的笛声和白天的读书声。这一切视觉的、听觉的感受，都带给我巨大的心灵震撼。飘扬的国旗是理想，是一群大山人送子孙走出山沟的希望，是一群可爱的学生坚持学习的动力，是五个乡村民办教师坚守的理由。

凤凰琴本是伏羲用玉石、天蚕丝以及千年桐木所制，表面泛着温柔的白光，琴音拥有支配万物心灵的神秘力量，能使人心宁静祥和。而教师正如凤凰琴一般，集天地之精华授予学生，用温情感化学生，制造宁静的氛围与向上的力量鼓励引领学生。用凤凰琴来比喻影片中的五位教师再合适不过了，他们在艰苦的环境中坚守着教育理想，因为他们相信，总有一天，这里的教育会像城里那样欣欣向荣。他们做着城里教师无法想象的工作。余校长每天除了要巡查教学情况还要给路远的孩子们做饭、提供住宿，照顾病患的妻子。孩子们每天放学后要跟孙四海上山采药，凑书本费。没有音乐设备，孙老师和邓老师吹笛子奏国歌。每天教师们要护送学生回家，山里危险重重，一不留神就被狼群包围。五位教师，说他们为了教育无私奉献也好，为了转正打小算盘也罢，但在他们身上，我看到的远不止这些，最吸引我的便是扎在他们心中对教育深深的渴望与不灭的教育理想。

"理想是石，敲出星星之火；理想是火，点燃熄灭的灯；理想是灯，照亮夜行的路；理想是路，引你走到黎明……理想使你微笑地观察生活，理想使你倔强地反抗命运……"做任何事，都需要理想的支撑。做教育，更需要理想的牵引。正如《麦田里的守望者》中的主人公霍尔顿一样，他说："有那么一群孩子在一大块麦田里玩。几千几万的小孩子，附近没有一个大人，我是说——除了我。我呢，就在那混账的悬崖边。我的职务就是在那里守望。要是有哪个孩子往悬崖边上来，我就把他捉住——我是说孩子们都在狂奔，也不知道自己是在往哪儿跑。我得从什么地方来，把他们捉住。我整天就干这样的事，我只想做个麦田里的守望者。"其实这是一位教育者在表达他的教育理想，他所期盼要做的事便是将来当一名麦田里的守望者。这是霍尔顿的教育理想，那么你的教育理想是什么呢？作为教师的你，是否有坚定的教育理想呢？正如霍尔顿想做教育的守望者一样，影片中的五位教师做了几十年的穷教育，却始终没有放弃，因为心中有理想的支持，即对教育的那份守望与坚守的精神。这便是他们的教育理想，影片饱含深情地向我们展示了这一点。

一、余校长用瘦骨嶙峋的身体托起了大山里的教育，用一辈子的坚守等待着大山教育的繁荣。

影片中的余校长腰总是直不起来，脸上没有厚实的脂肪，除了皱皱的皮就是青筋。不知道是年纪大了的缘故，还是因为背上挑起的教育担子太重，多年操劳过度落下了病。小张老师来这里的第一个早晨，因为没来得及参加升旗仪式，便询问他为什么没有人通知她，余校长平静地告诉她参不参加是自愿，没有强制要求。作为一个校长，他的管理模式就是这样自由。我想，这应该是源自于他内心对教育的信心、尊重。这么多年，学生们和老师已经习惯了升旗仪式，他们也热爱这种神圣而光荣的时刻，因为在他们心中，升起了国旗便放飞了梦想,点燃了希望,便与山外的教育连成了整体,国家总有一天会关注这里,然后给孩子们和老师带来希望。坚守与坚信不一定会成功,但如果没有理想,不坚信理想会实现,就不会成功。余校长自身生活已经很困苦,但是他却每天坚持当学校里的伙夫,杂活、累活他都干。为了给学生营造舒适温暖的教室,他造假入学率,争取到 3000 块奖金修补校舍,让孩子们安全过冬。在转正名额投票中,他没有投给自己,而是将自己的理想与希望寄托给了年青的小张老师。这一切举动,都寄托了他改变界岭小学教育窘境的理想,同时也饱含了乡村教师对我国当时所有落后地区教育繁荣景象的渴望。一辈子,可以很长,也可以很短。一辈子在一个穷山沟里教书,工资经常被拖欠,还被冠以民办教师的称号,你说余校长的一辈子是长还是短呢?是值得还是不值得呢?

二、小张老师用青年人的激情展现了年轻教师渴望改变落后教育的理想,用实际行动给大山教育注入了活力与希望。

小张老师最大的特点就是年轻而富有激情。她自己在受教育者这条路上也走得很坎坷,两次高考都未能如愿,心不甘情不愿地来到这个山沟里教书。理想与现实的差距给她的冲击非常大,界岭小学的窘况让她有过抱怨、想过放弃,处理得略微尴尬的人际关系也使她对这里的生活很是失望。但是,当她面对这里的学生时,她又总是割舍不下。她慢慢成长,成长到愿意留下来守护这群学生,守护大山里的教育。

停课期间,她深知自己的冲动给孩子们造成了伤害,每天站在窗户前看国旗缓缓升起,心中满是愧疚与不甘,她想给孩子们上课,想给其他老师道歉。于是她凭借着自己的智慧写了一篇《大山·小学·国旗》的文章投给了省报,省里派人来关心界岭小学,拨了款,还特批了转正名额。这是她为界岭小学做的很伟大的一件事。转正名额是给她的,但是她想让给其他老师,后来大家投票,她毫不犹豫地投给了余校长。她看见其他老师在这里艰苦地守了一辈子,却没有得到公办教师的称号,也许他们就是自己的将来,但这一切对她的决定丝毫没有影响。她有着美好的年纪美好的前途,面对这样的机会,却甘愿放弃。是什么触动了她年轻的心,又改变了她对大山的态度?我看见的是她对教育的热爱,对大山里教育发展的信心。她坚信,通过他们的努力，总有一天，界岭小学的入学率会光明正大地达到百分百，这里的教师也会受到公正的待遇。有了理想的支撑，便能乘风破浪。作为教育者，小张老师渐渐坚定了自己做教育的方向，明确了自己的教育理想，即为更多上不起学的孩子送去知识，为大山里的教育注入活力。大山的教育改变了她，她渐渐喜欢上了这里，余校长的教育理想、激情、坚守也传承给了她，她离开界岭之前余校长告诉她："只要你记住，在这里还有很多上不起学的学生。"临走时她久久凝视学校升起的国旗，她带走的是充满渴望的眼神，那是一群孩子和老师的希望。我们知道她还会回到这里，继续坚守农村教育，实现余校长的教育理想——繁荣大山里的教育，关注贫穷地区的孩子们。

只要心中有理想，乐观坚定地审视教育，像影片中的教师一样，无论多艰苦，都要守护教育，守护学生，在乎的是繁荣大山教育的理想，而不仅仅是个人荣誉的获得，那么，离理想的教育便会越来越近。

（陈雅春　执笔）

《美丽的大脚》：追寻理想　燃烧岁月

【片名】《美丽的大脚》（*Pretty Big Feet*）

【导演】杨亚洲

【主演】倪萍/袁泉

【国家/地区】中国
【片长】103 分钟
【发行时间】2003 年

剧情简介：

影片以其貌不扬的乡村教师张美丽和北京志愿者夏雨老师为主角，讲述张美丽的教师生涯以及两人之间发生的动人教育故事。张美丽真诚、乐观、善良，对学生既有慈母般的关怀，又有严父般的教导。她凭借自己仅有的一些知识和能力教孩子们遣词造句、加减乘除；同时，她也是一个活泼开朗、快乐自在的"孩子王"，她教孩子们做游戏、唱歌跳舞。在教育极其落后的乡村，面对困难和挫折，她用胆识和谋略给孩子们赢来了资助买电脑。年轻貌美的女老师夏雨是从北京来的志愿者，当她看到孩子们在泥堆里打滚、嬉戏时，惊讶、不解的表情挂在她的脸上。村里严重缺水的情况更让她难以置信，穷乡僻壤的艰苦生活使夏雨很不适应。由于成长经历的差异，两个女人之间的矛盾冲突不断。在生活中，张美丽知道城里人很讲究，便不辞辛劳跑到很远的地方挑水，悄悄地帮夏雨洗了所有衣服，然而却好心办了坏事，洗坏了夏雨的名贵大衣，这让夏雨苦恼烦心。后来，丈夫来接夏雨回北京，她却选择了留下，因此跟丈夫不欢而散。当夏雨怀孕后，张美丽劝她回北京，可是她却悄悄地做掉了孩子，并重返学校。经历完全不同的两个女人，都经历过失去孩子的痛苦，都对生命有着同样的渴望，因为这件事情两人的距离拉近了。志愿活动结束后，夏雨怀着感激之情带领张美丽和孩子们来到北京。面对都市的现代化和一些都市人的傲慢与偏见，张美丽情绪激动，语重心长地教育孩子们，要用知识改变贫穷，改变命运。在世俗和道德的束缚下，张美丽和电影放映员王树之间微妙而心酸的地下恋情也无疾而终。一次偶然事故，张美丽命在旦夕，面对死亡，她很平静。孩子们用凄婉伤感的歌声为她送行；夏雨痛哭流涕地和她告别；王树痴情痛苦地坐在村口，默默无语地为她守墓。黄土地上的生活不仅改变了夏雨的人生轨迹，同时也改变了"美丽的大脚"的一生。

她，一个典型的山东女人，有着一双大脚，脸上时常洋溢着热情的微笑。冥冥之中，她来到了西北一个农村。这里没有江南水乡的诗情画意，有的只是风沙弥漫的黄土和高原；这里没有鳞次栉比的高楼大厦，有的只是破烂不堪的矮屋；这里没有现代通讯设备，有的只是一名放映员每天奔走在这山与那山；这里没有人际的隔膜，有的只是大家庭的和谐、友好，还有乐在其中、憨厚淳朴的村民。

影片中张美丽曾自我调侃，说自己长得并不美丽，竟然还叫"张美丽"。的确，她只是一个普通的人，一个相貌平平的女人，然而却是可亲可敬的人！法国作家雨果说，世界上有一种东西比所有的军队都强大，那就是恰逢其时的一种理想。张美丽身上所显现的就是一种教育的关怀和精神最终凝聚的教育理想。她从走上三尺讲台到生命的尾声，始终都走在孩子们教育的路上，不曾懈怠，不曾放弃，一直努力着，一直坚持着。她也曾是一位幸福的母亲，儿子聪明可爱、乖巧懂事，在她的耐心教导下，孩子很小就认识很多字。可命运却给了她当头一棒！幼小的儿子早早地离开了人世。从此，她把爱播撒到每一个学生身上，与教育结下了不解之缘。村里再次响起了琅琅书声和欢笑声，这片沉寂的天空从此拥有了生机和活力。

她是一个赶路者，步履沉重，在教育的路上；也是一位守望者，平凡而伟大，在教育理想上。村里没有丰富的教学资源，她只能凭借口耳相传教孩子们朗读，手把手地教孩子们写字。她的脸上始终带着笑容，因为她的心中充满了阳光和希望。教育理想于她而言是为了一切孩子，为了孩子的一切。她曾说，自己最大的愿望就是看着孩子们取得成功。这样的理想是神圣崇高的，是让张美丽前进向上的动力。因为有了理想，张美丽更有目标，村里的教育事业才有持久的生命力。

要成为一名合格的好教师，需要有教育理想的支撑。孔子有"有教无类"的教育理想；王阳明有"心外无物，格物致知"的教育理想；蔡元培有"思想自由，兼容并包"的教育理想；苏格拉底有"未经省察的生活，是不值得一过的"教育理想。学者孙元涛、许建美在《论教育理想》一文中提出，教育理想可以分为两个层面，具有实践意义的现实关切之理想和作为教育精神所寄托的终极关怀之理想。张美丽的教育理想简单而真切，就是把不可能的东西当作仿佛是可能的来对待。在偏僻贫穷的村里，信息闭塞、设备匮乏，孩子们没见过电脑，更别说学习网络课程。张美丽，一个平凡普通的人，却使这件事成为可能并实实在在做到了。在众人面前，她和村里的一位"大亨"打赌，大碗白酒一饮而尽，"赢"来了买电脑的钱。从此，孩子们每天都可以学习不同的课程，也能够像城市孩子一样领略知识的魅力、信息科技的发达。这，一直是她作为一名乡村教师的愿望和理想。

在教育的过程中，她也学会了等待。孩子们就如同在春天里播下的一粒粒种子，等待着春的甘露。教育是一种人对人的关怀，即教人成"人"。所谓成人，就是要让人由幼稚到成熟，由愚昧到知之，由野蛮到文明，这是对受教育者未来命运和幸福的关怀。在志愿者夏雨的帮助下，张美丽和村里的孩子来到了首都北京，这趟旅行带给他们的震撼不言而喻。他们按捺不住内心的激动，一起在游乐场观赏玩耍。孩子们见识粗浅、单纯可爱，却被有钱人戏谑捉弄学驴叫，这深深地触动了张美丽的内心。她泪流满面地教育孩子们要好好学习，将来不被城市人耻笑，朴实无华的语言让人感到锥心之痛。教育的理想应是指向人的解放，人性的解放，从而获得自由，获得尊严。

也有研究者指出，教育理想是一种支配着受教育者生存和发展，体现教育精神和信仰的观念系统；是人们对教育应然的价值追求，引导着人们改变不合理的教育现象，使之走向真、善、美。张美丽一生的教学生涯完美地诠释了教育理想的内涵。她在平凡的教学中创造奇迹，谱写了一个美丽真实而又暖人心扉的传奇。夏雨曾问过张美丽："这儿条件这么差，为什么你不回到自己的家乡山东？"她简单而从容地回答："我走了，这些孩子怎么办？谁来教他们读书识字？"教育，于她而言是一场持续一生的赛跑，不能半途而废。她以自己的青春为赌注，与教育谈了一场始终不渝的"恋爱"。

朱永新教授在《我的教育理想》一书中讲到，没有理想的教育者不可能具有不懈追求的毅力，更不可能在教育活动中始终保持激情和活力；没有教育理想的学校，更不可能有长远发展前途。张美丽作为一名农村教师，在艰苦教学的过程中，用良知感染孩子，带领他们畅游书海，翱翔知识的蓝天。在这里，她既彰显了自我的人生价值，也为村里培育了更多的人才。当今社会的人总有些浮躁功利，能够坚持在偏远山区的学校真正坚持自己教育理想的教师屈指可数。张美丽，这个有理想、有激情、有毅力的乡村教师教会我们的东西太多太多。

　　果戈理曾说："如果有一天，我能够对我们的公共利益有所贡献，我就会认为自己是世界上最幸福的人。"对张美丽来说，最简单最真实的幸福是引导孩子们走上知识之路。人，一旦有了理想，有了对未来的憧憬，即使在最艰苦、最痛苦，甚至面临死亡的时候，也会感到幸福。因为一场车祸，张美丽生命垂危，躺在病床上不能动弹，而她依然选择用微笑告别这个世界。遗憾中有幸福，她的幸福在哪里？在她的泪水和汗水里，在电影放映员王树刻骨铭心的爱恋里，在孩子们幼小的心灵里。教育是张美丽的挚爱，是她生命的组成部分，她享受着教育带来的痛苦与幸福。她启示千万教师和父母如何教育，启迪千万学生如何学习。花开花落之间，她的教育传说还在被一代代的教育同仁续写。

（王竹梅　执笔）

《考试》：教育理想的最美诠释

【片名】《考试》(The Exam)

【导演】蒲剑

【主演】周海春/曲凤琴

【国家/地区】中国
【片长】104 分钟
【发行时间】2006 年

剧情简介：

赵凯屯是齐齐哈尔扎龙国际湿地自然保护区中一座四面环水的湖中小岛，至今没有通电，岛上居民过着几乎与现代社会隔绝的生活。岛上的赵凯屯小学仅有五名学生，实行混班教学。40多岁的曲老师是小学唯一的老师兼校长，在赵凯屯小学教书已经20年。最近几年，学生考试连年拿全乡第一名，曲老师成为全市的模范教师。又一次全乡摸底考试来临了，曲老师去城里取试卷，局长跟她说，这次如果可以再考个第一，就可以调回城里照顾两个女儿。可是后来屯长为了留住曲老师，让孩子们故意答错题。最终曲老师还是没舍得抛下这群可爱的孩子们，留了下来。

朱永新教授曾说过："谁在保持梦想，谁就能梦想成真；谁能不懈地追求梦想，谁就能不断地实现理想。作为教师，我们不仅要把理想播在学生心中，更要把理想珍藏在自己的梦中。"要做一名理想的教师，首先必须具有远大的理想。

理想，是人类生存发展的支撑，是每个人人生道路上的路标，没有理想的人类是野蛮的。作为一种信念，理想是内驱力，在通往成功的道路上，理想帮助我们披荆斩棘，乘风破浪，一往无前，高歌猛进。作为一种目标，理想是灯塔，指引着我们一步一步向着成功进军。我们不能没有理想，我们因为理想而实现理想。

各行各业的人们都会有自己的人生理想，他们的理想是他们在自己所从事的领域取得丰功伟绩的动力，是推动各行各业向前发展的潜在力量。在关乎人类精神文明发展的教育领域，我们更需要教育理想。国家的教育理想是总目标，每个教师的教育理想是实现总目标的精神支柱，只有每个教师将国家的总目标内化吸收，才能做一名理想的教师，继而实现理想的教育！影片中的曲老师正是这样一位理想的教师，那么她的教育理想是什么呢？是什么支撑着她在那样艰苦的环境下奉献了 20 多年？我们在她身上看到的是对学生满满的爱，她的教育理想便是——用爱心做教育。

首先，曲老师的爱心教育体现在她与孩子零距离的亲密感上。她为了给赵凯屯的孩子们传授知识，留在这里 20 多年，过着和孩子们一样的农家生活，与全村的人打成一片，没有高高在上的距离感，却受到全村人的尊敬；没有教师的架子，却有着教师的威严；不是亲人，却成为了孩子们最亲近的人。在孩子们的心中，她亦师亦友，是亲人也是他们人生的向导。她与孩子们的亲密无间在影片中多次呈现，这种亲密感主要体现在以下几方面：

第一，讲授知识时的自然抚摸。影片中关于课堂的情景只出现了两次，一次是考试前，一次是考试时。在考试前的那节课上，她抚摸着一个学生的后脑勺，弓着身子给他讲解习题。很自然、普通的动作，却不是所有的教师都可以做得到，即使有些教师会做到，也并非可以做得这么地自然。因为曲老师对学生所做的一切都倾注了满满的爱，是因真情流露而做出的自然顺畅的动作。联系当下，教师和学生之间可以这样接触的能有多少？老师倾注给孩子的只是威严、命令、斥责，他们缺乏的就是那一丝丝爱心教育。

第二，关心学生的身体健康，了解、尊重孩子们心里的想法。当曲老师看见孩子们辛苦地追随她到教育局，她首先想到的是孩子们有没有弄湿衣服。一听孩子们是推着船过浅水处的，担忧、心疼的神情立即堆满了她整个黝黑的脸庞，没有半刻停留，她迅速帮孩子们换好干衣服。孩子们到城里来一趟不容易，曲老师了解孩子的内心，知道他们肯定希望在城里逛逛，看看赵凯屯外面的世界。于是她带着五个孩子去了城中心并满足了每个孩子一个愿望。过马路时，她紧紧护着孩子们，生怕一个孩子受伤；买彩笔时，她让孩子们自己选择，遵从孩子的内心。她，就是这样一位关心学生身心健康的好老师，是我们学习的好榜样。在她心中，用爱心做教育的理想永不破灭。

曲老师的爱心教育体现在她与孩子的耐心沟通上。在教育中，你给了孩子多少表达想法的机会？你给过他们解释自己行为的时间吗？你有多少次站在孩子的角度考虑过问题呢？很多时候，教育很简单，只要你可以纯真透明得像个小孩，然后像个孩子一样考虑问题，就可以理解孩子的想法与行为了。曲老师就是这样一位孩子般可爱善良的好老师。当你看了孩子们的试卷，知道自己调到城里的希望破灭了,你会立即火上眉梢,责备学生吧?你是否能像曲老师一样心里担心的是孩子们为什么都不会答题了,他们是生病了还是家里有什么事情耽误了学习?当你耐心地询问孩子,他们却只言片语,一旁的孩子母亲动手要打孩子、一直怒吼的时候,你还能冲上去保护他、责备父母、耐心地询问孩子么?曲老师焦急的是孩子们的学习,孩子们的健康,无关于调动,无关于前途,无关于家人的生活。站在学生的角度考虑问题,其结果必然是愉快的沟通,沟通的结果必然是学生的认可与心事的吐露,而影片中的曲凤琴老师一直都是这样践行着这条原则。

曲老师的爱心教育体现在她乐于帮助学生解决生活难题上。新宇放学后去学校操场牵马,马没了,他立刻跑去教室告诉了曲老师,她说:"可能吗,刚才还在呢,不急哈,一会我帮你找找去。"于是新宇就挽着她的胳膊来到了草原。路上,新宇说:"马要产仔了,俺爹说了,到时候卖了钱,就给我买风力发电机,好给我看电视。"老师安慰道:"那你也别着急,咱们这点小地方,都是熟人,丢不了。"夕阳西下,整个湿地沐浴在彩霞的余晖中,暗金色的光照射在师生二人的脸上,远处的羊群也变成了暗金色。质朴的话语,流露的却是真心,真心帮助学生,真心关心学生的生活难题。放学了,她没有急切地回家,而是热情地帮助学生解决生活难题。本该属于自己的时间,可以毫无保留地、轻而易举地奉献给学生。艰苦的生活,艰难的环境,日复一日,年复一年,没有厌烦,没有抱怨,没有逃离,没有放弃,这就是曲老师——将学生的困难当成自己的困难的老师。

曲老师的爱心教育体现在她宁愿苦自己苦亲人也放不下学生的奉献精神上。考试的前一天,曲老师到城里取完试卷顺便去看望两个女儿,做母亲的有谁不疼惜自己的孩子呢?看着独自一人在城里学美容的小月被开水烫伤,心疼又担心她的生活;得知小亮在处对象,又担心女儿受欺负。孩子们不愿意回到那个与世隔绝的家,面对孩子们的埋怨、责备,她只能默默接受、默默自责,因为她是一位母亲。听见小月烫伤,丈夫很心疼,觉得不能再委屈孩子们了,想说点什么却又咽了回去,他已经放弃了劝说她,因为每次的劝说都只能在拌嘴中结束,而她面对丈夫的无奈,眼泪也只能倒流,因为,她是一位妻子。看见学生们追到城里,衣服湿漉漉的,她心疼。学生舍不得吃她买的冰激凌，紧紧地抱住她，舍不得她离开，她也心疼。面对学生，她总是没办法，没办法丢下他们，没办法不管他们，没办法抵挡住他们渴望的眼神，因为她是一位教师。她对学生的爱胜过了一个母亲对孩子的爱、一个妻子对丈夫的爱，因为她知道孩子长大了，没有她还可以很好地生活，而这些学生没有她，影响的是未来、是成长。在那个偏远、贫穷的学校，曲老师没来之前，陆陆续续有一些老师来过，但是都没坚持多久就跑回了城里，只有曲老师一直坚持了二十多年。然而，这一次，她仍然选择了留下来，没有什么比她的五个学生还重要，也没有什么可以动摇她热爱教育的心。

　　她这辈子，不能教书会难受，不能在赵凯屯教书，她可能会死。这就是她——用心做着教育，爱着学生的曲凤琴老师。她一辈子的理想就是将爱倾注给教育、倾注给学生。

（陈雅春　执笔）

《包裹》：理想撑起未来

【片名】《包裹》（*Package*）
【导演】王晖乐/彭凯
【主演】李宗峰/寇瞻

【国家/地区】中国
【片长】88分钟
【发行时间】2012年

剧情简介：

电影以真实事件为原型，根据沈洋同名纪实文学《包裹》改编，以乌蒙山深处一个叫瓦岩的小山村为背景，讲述了蒋老师在乡村无怨无悔、默默奉献、不求回报的故事。他虽为代课教师，但依旧认真负责；对于80后年轻教师吴立山的到来，他亦坦然看待，淡然的一句"是该把位子让给年轻人了"，充分说明了他高尚的教育理想。作为新生力量的吴立山老师来自城市，虽最初并非自愿来到这里，但一经接手，即脚踏实地，心系孩子。他利用自己的知识，在网上发布了孩子们艰苦求学的生活图片，寻求社会对山区孩子的关注。这一偶然的举动，瞬间掀起了一场来自社会各地的爱心包裹捐赠浪潮——一封封充满感动的信件，一件件饱含爱意的衣服、手套，一批批带来活力的运动器械、美工材料……被送到了这里。突如其来的幸福如同一阵狂风打乱了一直平静的山村生活，面对如此多的包裹，要如何分发，狭隘自私与宽仁博爱发生了冲突，进而引发了一连串的事件。故事的情节朴实无华，没有给人们带来过多的沉重感，而是穿插着山区人们的道德变化，显示出村民们内心深处的真、善、美，折射出蒋老师为人师的境界，见证着吴老师这一代青春的新生力量，闪耀着孩子们更好未来的光芒。

许金梅在《教育理想：教育的永恒之魅》中写到：从柏拉图的"理想国"到莫尔的"乌托邦"，从康帕内拉的"太阳城"到奥古斯丁的"上帝之城"，从儒家的"大同社会"到老子的"小国寡民"，从康有为的"大同世界"到毛泽东的"模范新村"，人类那颗热爱教育的心不分古今、激情洋溢地洒满了世界上的角角落落，饱含了对高尚教育的理想，他们不去追求功名利禄，不问是否得到众人认可，只是凭着自己执着的理想为心中的教育默默奉献着。

尼采曾说："人需要一个目标，人宁可追求虚无也不能无所追求。"如此种种都说明了理想的重要性，那么对于教育来说，它的理想又是什么呢？小原国芳点睛一笔："教育理想必须既是教师其人的理想，又是儿童自身的理想。"教育的理想不只是教师和儿童的事情，它存在于每个愿意为教育付出的人心中。

影片中的蒋老师，是一位勤勤恳恳、兢兢业业在偏远的山区静静守候了一辈子的老人。他不计较工资高低，不在乎是否是正式教师，一心走在教师的道路上，尽心尽力，几十年如一日，始终充满着教育激情，他无私的教师形象贯穿于影片的始末。为能保证孤儿王燕儿继续读书，在离职时，蒋老师将她带到自己身边，供她读书；在分发包裹遇到种种难题时对乡里乡亲亲切有力地说服，等待他们自己想通；离职时那句淡然的"是该把位子让给年轻人了……"仅凭想象，就可以知道这样的一位老师，绝对是把自己的全部心思放在了教育上，放在了山区那些孩子身上。他不像吴立山老师那样既知电脑技术，又懂英语，但他在自己的能力范围内为孩子们倾其所有。影片里，你可以看到蒋老师上课时对每一个孩子心疼的眼神、耐心和蔼的语气、认真负责的态度。对于自己一个人在偏远的山区尽心尽力的结果是如同把一个石子掷进大海，他不曾流露出怀疑的神情。在如此艰难的条件下，蒋老师凭借自己对教育的信念、原则，演绎了陶行知"捧着一颗心来，不带半根草走"的师魂情结，用自己强大的教育理想，调动着自己的职业内驱力。

年轻的吴立山老师则是由教育良知逐渐升华到教育理想。影片中郑小燕问他为什么非要去瓦岩学校接替蒋老师，他回答说因为学校里就他与另外两个同学资格最浅，肯定从中选择一个，为道义，他来到了瓦岩小学。随后，郑小燕又说，她并非不支持，只是觉得他来到瓦岩后心中就只有那些娃娃了。简短的两句对白，已然让我们看到吴立山"既来之，则安之"脚踏实地对教育付出的行动。作为新一代的年轻人，吴立山不同于蒋老师复古的教学方法，他带来了新鲜的气息，教孩子们不曾接触过的英语，用技术帮孩子们获取更多的资源。一箱箱的包裹，不仅缓解了孩子们的近忧，给他们带来冬日的温暖，更开拓了孩子们的视野，让他们接受到新的知识，同时亦拉近了山区孩子与城市孩子的距离，打开了山区和外界交流的通道。包裹带来的不仅仅是物质，更重要的是信息的传递与沟通，其中最具有代表性的就是城市中的丁慧与瓦岩小学的小谷穗通过网络结下了友谊。中国教育学会副会长朱永新教授曾经说:"教育在本质上就是一个理想的事业。"年轻的我们可能满怀抱负,理想丰满,遇到骨感的现实,或退缩,或迎头而上,在选择逆风而行时,是理想撑起了我们的未来!

同样,影片开头就是山区的孩子们穿着单薄破旧的衣服和鞋子,冒着寒雪,哆哆嗦嗦,艰难地走在求学的山路上,但一到课堂上,他们就忘却一切的辛苦,热情高涨地学习。学生李小勇被爸爸勒令"弃学从羊",当吴老师找到他时,他说服妈妈同意自己上学,告诉妈妈这是他日后改变自己命运的唯一方式。可以看出,孩子们心中也有对于受教育的理想——知识改变命运!他们懂得这个道理,也在为这个理想而努力。后来吴立山老师告诉他们收到大家的资助是很幸福的事,但是那些帮助他们的人的更大心愿是他们能够走出大山,帮助更多需要帮助的人,给更多的人幸福。孩子们受教育的理想很现实——改变自己,帮助他人。这不禁让人感叹,他们让人领悟到应该怎样去制订自己的理想。我们不能只意识到教育的理想要高于生活,更应看到它源于真实的生活。作为一名教师,要在生活的基础上为孩子幼小的心灵埋下爱的种子,升华他们的受教育理想。

此外,影片中的麻校长、乡村干部们也在积极地为教育铺道路。不过,他们是站在更高的立场上关注着整个乡村的孩子们。看到大批大批包裹的捐赠,他们充满了感动,跑前跑后地组织大家分发包裹,征求孩子们的意见后将多余的包裹分给隔壁学校,争取使孩子们的学习条件都有所改善。尽管他们不是专业的教育者,却公平地让每个孩子都能拥有更好的学习条件。当前,片面的择校观使得学校之间竞争激烈,学校变得商业化,教育的共同理想被远远甩在身后,分数成了学校的代名词,怎能做到像影片中的校长那样默默关注着、关爱着、期待着所有孩子的成长呢?

影片中的那些村民,他们不识字,但大都通情达理,很易接受教育,转变思想观念来支持孩子读书。蒋老师劝说荞花时说过一句话:"山里人把老师看得比什么都重要。"这足以说明村民们也拥有教育理想,他们不懂得表达,只是把理想全都寄托在了孩子身上,为孩子而甘于付出。

纵观当今喧嚣浮躁的社会,众人熙熙皆为利来,众人攘攘皆为利往,有多少人能仅仅凭借对教育的一腔热情,让理想来驾驭自己的世界观、人生观呢？由于物质诱惑、不能坚持，直接或中途放弃自己的教育理想的大有人在；又或是在享有了一切荣誉后，自诩到了人生顶峰，开始了职业倦怠，如此种种无疑给神圣的教育理想涂抹了"功利色彩"。

《包裹》告诉我们应始终怀揣教育的理想，因为还有像蒋老师、吴立山这样的人为我们的教育事业默默守候，给教育画上彩色，给我们向上的期望，给孩子们插上理想的翅膀。

（彭小双　执笔）

《心灵渡口》：心灵的守望者

【片名】《心灵渡口》（Substitute Teacher）

【导演】凌云

【主演】彭心宜/孙一明

【国家/地区】中国

【片长】89 分钟

【发行时间】2006 年

剧情简介：

电影讲述了一个发生在偏僻小渔村的故事。我国最大的淡水湖——鄱阳湖，那里湖光山色，景色优美，是大量候鸟的栖息地，湖中小岛上的小渔村却是一个远离城市喧嚣、交通闭塞的地方，条件很是艰苦。那里只有一所学校——渡口小学，所有年级的学生都在一个教室里上课。剧情从上海姑娘顾晓霖来拜访渡口小学唯一的教师——刘若雅老师展开，刘老师也是顾晓霖已故男友的母亲。实际上，顾晓霖来到这个小渔村就是为了吊唁曾经的男友。当年男友潘岳为了回到渡口小学而放弃了城市的生活，放弃了他美丽的女友，后来不幸在一场大水里失去了自己年轻的生命。自从唯一的儿子去世后，刘老师便失去了她的精神依靠，一病不起，这段时间渡口小学的所有学生就成了失学儿童。县里即将来检查农村教育工作的事，而此时顾晓霖的到来无疑是"雪中送炭"。于是村长骗着师范毕业的顾晓霖当起了代课老师，孩子们又重返课堂。在代课期间，发生的一系列事情，让她慢慢体会到男友潘岳当初为何毅然决然地放弃一切，选择回来，也感悟到了刘老师为何选择在这教书三十多年，体会到家长们的无奈，孩子们对知识的渴望，最终她选择留了下来，成为了一名乡村女教师。同时，她遇到了一位野生鸟类保护协会的志愿者——腾骏，两个年青人都为了一个伟大而浪漫的决定，甘愿忍受无尽的寂寞与孤独，他们惺惺相惜。影片最后留下了两人擦出爱情的火花而走在一起的可能，也让无数观影人感到些许安慰。

野生鸟类保护协会的志愿者腾骏在电影中说了一句很让人感触的话："曾经以为自己当初做了一个伟大而浪漫的决定，可是时间久了之后却是无限的孤独与寂寞。"我们做一个决定只在一瞬间，可是鼓起做决定的勇气却要挣扎很久很久，然而有时守望这个决定需要的是一辈子。

有的时候我们说不上来到底是什么让人动了情愫，但一旦爱上了，却再也离不开了。从上海来的姑娘顾晓霖，她的内心应该斗争了很久，才下决心去拜访乡村女教师——刘若雅老师，和自己曾经的男友生长的地方——也是她被割舍的原因。她的美、她的气质与一个偏僻的渔村、一群失学的村野孩子的形象格格不入，更加凸显她不属于那儿，可最终她却代替已故男友以及病重的刘老师，成为渡口小学的老师，成为那一群孩子心灵的守望者。她与刘老师不同，虽然都是来自大城市上海，但作为现代女青年的顾晓霖，不像女知青刘若雅在那儿成家、生子，她此行只是为了悼念故人，心愿完成后她完全可以回到那个有着美好前途的大都市。可是她却没有那么做，她无法不顾几十名孩子的未来，她拒绝不了孩子们对知识渴望的眼神。

作为村长，学校的管理者以及负责人，他以一个"谎言"留下顾老师，应付了上级的检查，也暂时为村里的失学孩子"请"来了老师。"绑架"了一个人的未来，换来的是一群孩子希望的明天。这也是为什么村里人包括学生都隐瞒刘老师病重的消息。但随后喝鱼汤、替顾老师找人修船等情节又让人深深地体会到憨厚的农民对一位教师的尊敬，对灌溉他们孩子即将枯萎的心灵的守望者的感激。

电影中的老渔民"造孽"，在刚开始就手端一锅热饭，痴痴地站在渡口小学，望着空荡破败的校舍，喃喃自语："我糊涂了，糊涂了，造孽啊，造孽。"作为一名普通村民，有如此感慨，着实让人好奇其中缘由。随着剧情深入，才知道他是刘老师一辈子的守望者，应该也给将所有青春年华奉献给渡口小学的刘老师很大的安慰。即使有如此情愫，他对留下顾老师也有着矛盾的情绪，为安慰泣不成声的东东，他说："谁叫我们先骗人家，这是害人的，做老师造孽啊！"可是刘老师病重，为了孩子的未来，他又对着孩子们说："要是真的成了，一个留下来，另一个也跟着留下来。"无奈与质朴在他身上体现得淋漓尽致。

其实，渡口小学渡的不仅是学生，还有老师。"造孽"这么总结刘若雅老师留下来的原因："结了婚就像船抛了锚，造孽啊。"电影开始，村长的家人招待顾老师的时候也不断地说"做老师，造孽啊"。其中纵然有着对刘老师病重，并且痛失爱子潘岳的感伤，也有着对刘老师在艰苦的环境中坚持了一辈子的心酸。而潘岳为了自己内心的那份追求，对母亲、对渡口小学的那份情愫，毅然决然地放弃了优越的城市生活，放弃了他的爱情、他美丽的女朋友，最后也献出了宝贵而年轻的生命。顾晓霖来到渡口小学，接任起任课老师后，面对着每一双眼睛里都漾着一湾清澈湖水的学生们，看到了孩子们对知识的渴望，如何能够拒绝，如何忍心离去？学习委员小菊天生残疾，由母亲每天背着上学，在课堂上向她深深地鞠躬；得知刘老师病重，村民们各种质朴的关心；家长们对这个代课老师很快就会离开而说的那番话；孩子们为了表示自己不想老师离开的"抗议行为"——集体不写作业；还有东东的无言的爱与不舍，无一不刺痛顾晓霖的心。这一切都在她的人生阅历上写下了浓墨重彩的一笔。也许她在乡村教师这个岗位会一辈子默默无闻,平平淡淡,但在有限的生命里传递着无限生命力的意念与爱,就注定了不会平凡。

因为一个人,她来到了一座村落;因为一群人,她留守在了那个村落,将那些荒芜的心灵滋养成了绿洲。因为有心,所以有爱;因为有守望,所以有希望。将守望延续下去,点燃永世燃烧的希望。就是因为有着那样一颗心,有着那么一份爱,即使住在一间无比破旧的小木房里,每天需要划着小木船送学生回家……如此恶劣艰辛的环境中,刘老师坚持了三十几年,而与这小岛毫无瓜葛的顾晓霖传递着这份执着与信念。她俩就像沙漠里的仙人掌,给荒芜的心灵带去绿色与希望,烈日、干涸、风沙等等这一切都无法动摇仙人掌欣欣向荣的决心与步伐。虽然故事是由刘老师开始的,但电影最后才让人看到其"庐山真面"。我们不难看出顾晓霖在面对是继续坚守在这个偏远的小岛还是回到精彩繁华的城市这一困难抉择时的踌躇与犹豫不决,仿佛又回到了当年刘老师的处境,她也一样选择了前者,选择了做孩子们心灵的守望者。

就是这一份意念与爱贯穿着影片的始终。刘老师因为一个母亲对孩子的爱,因为作为老师对学生的爱,最终选择了留下,三十年如一日,风雨无阻地与孩子们守望相依;顾晓霖因为对男友潘岳的爱以及对那些眼里漾着清澈碧波渴望知识的孩子们的爱而传承了刘老师无私的衣钵;"造孽"对刘老师的爱,让他一辈子不娶,就默默守候在学校外的小渔船里几十载;腾骏对大自然的钟情,对候鸟的爱,让他忍受寂寞孤苦,并甘之如饴。这些爱都建立在忠于内心、无愧天地的基础上。为什么刘老师生病之后一直都找不到愿意留下来给孩子们上课的老师?因为那些人身上缺失了一种"善"的性情,所以他们无法爱学生,同样也得不到学生的爱。教学因为有爱变得更加有意义,学生才能更切实地体会到人性的真、善、美。

有首歌里唱道,"爱上一个人,恋上一座城",我想爱上了,就一辈子都离不开了。这种爱是责任,是意念,是良知,更是奉献。它可以让我们无坚不摧,所向无敌,但它就存在于生活的那些平淡之中。虽然故事可能会让人诟病成痴人说梦,但艺术题材都是来源于现实的,引导着大众,并寄托着人们美好的愿望。当《心灵渡口》在你心里划过时,请暂且让追逐的心灵休憩。人不是那么的冷漠、无情,也不应是那样,仅以一个人最基本的良知来审视偏僻山区孩子的教育问题,已是社会一大幸事!

(杨洁 执笔)

《城市广场》:爱情诚可贵 真理价更高

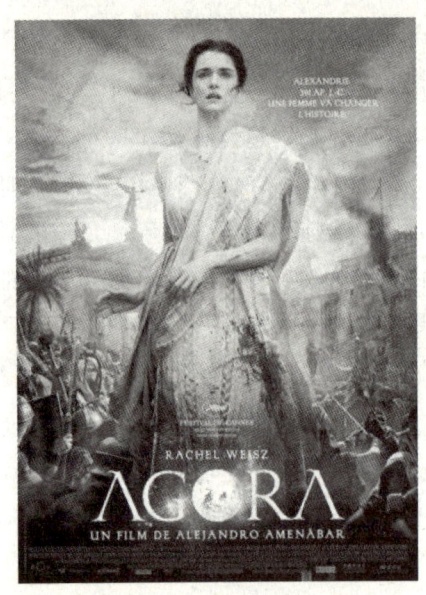

【片名】*Agora*(《城市广场》)

【导演】亚历桑德罗·阿曼巴

【主演】蕾切尔·薇姿/麦克思·明格拉

【国家/地区】美国/西班牙

【片长】127分钟

【发行时间】2009年

【语言】英语

剧情简介:

影片讲述了古希腊文明的最后一位集大成者,女性哲学家、数学家、天文学家、占星学家以及教师希帕提娅(370~415)的悲剧故事。公元4世纪,埃及杰出的女数学家、占星家、哲学家"亚历山大城的海巴夏"希帕提娅,致力于古代文明智慧的收集整理，却被当时逐渐兴起的基督教视为异教徒、眼中钉，最终被基督教暴民迫害致死。

影片所展现出的希帕提娅是个拥有智慧、善良、良知和对未知无限渴求的一位伟大女性。她全身心地投入到对哲学的探索之中，并没有因为她的学生 Orestes 的热烈追求就终止自己的哲学探索。因为全身心地投入到研究中，所以也并未感觉到她的奴隶 Davus 对她热烈的爱。亚历山大城因为宗教信仰的分歧引发了战争。其实一名女性在这样一个男权当道的世界里本就不应该也不会有什么影响或威胁，但是，狂热的基督徒却依然认为是希帕提娅的无宗教信仰使得总督没能够全心归教，所以将她视为基督教的眼中钉、肉中刺，并最终用残忍的方式将她杀害。

不得不说希帕提娅的结局是悲惨的、令人无比心痛的，而围绕在她身边一直爱着她的两个男人的结局也是悲惨的，这种悲惨被裹挟在宗教暴乱的盲目无情里。所以，如果非要感叹，只可恨如此美丽而才华横溢的她，生在一个残忍的年代里被更残忍地对待。整部电影最为精彩的一个场景，是当基督教首领怒气冲冲地质问她，说她没有信仰时，她义正词严地回击："我信仰哲学。"

悲剧的情节，使人泪流满面，同时也唤起了人们奋斗的力量。整部电影看下来，你会感觉到这部电影既不是荡气回肠的史诗片，也不是哀伤婉转的爱情片。但是历史感浓烈的剧情里却渗透着爱情，执着的爱情里又夹杂着历史的色彩。然而电影最吸引人的地方也许就在于，它非常自然地再现了被早期基督教文明笼罩的亚历山大港。特别是传说中的世界七大古代奇迹之一的亚历山大灯塔，还有藏书丰富的亚历山大图书馆在电影中都得到了生动而宏伟的展现。通过希帕提娅的授课过程可以看到雅典学园式的那种课堂。影片也表现了濒临崩溃的奴隶制度以及新旧信仰之间的战争，这些时不时出现的骚乱，都让人沉浸在一种历史画面再现的氛围中。可是即便在这样一个动乱的时代里，希帕提娅却依然恪守着内心的信念，丝毫也没有动摇自己传承知识文化的决心。对一名热爱教育的教师来说，会更加感叹了希帕提娅这位伟大女性对于教育的热忱以及对于知识传承的渴望。

当看着那些暴徒以基督教之名撞开图书馆的大门时，希帕提娅在慌乱中故作镇定，努力带领着学生保留那些她视为珍宝的书籍，可是个人的力量是如此之小，最后她不得不亲眼看着大量的经卷因为来不及抢救而在烈火中化为灰烬。夜幕中，她俯身在城楼上哭泣。几千年的古文明被毁于一刹那，她的世界也在这刹那间被改变了。她信仰的充满智慧与希望的世界消失了，未知的也许更黑暗的世界突然来临，猝不及防！这对于一位老师，一位对于教育有着独特热忱的她来说才是最大的黑暗，最大的打击吧！

她热爱教育，热爱她的学生，并且勇于探索追求未知的世界。她爱学生体现在：当新旧信仰发生争执的时候，她坚决不让自己的学生参与到暴乱中，表现出了一位出色而负责任老师的态度；她从不专制地认为只有她说的才是对的，所以总是认真倾听学生的意见，也总能从学生那里获得一些新的灵感；她热爱学生，所以当她的奴隶亵渎了她的身体时，她选择了原谅并且还他以自由。她热衷于探索未知，体现在她不顾白天黑夜地构想着天体运动的规律，并且总是身体力行，用实际行动来佐证自己的观点，在这过程中每获得一个小小的发现都会让她惊喜不已。希帕提娅在她短暂的一生中，始终致力于研究科学，研究天体运动规律，这样的画面在这部电影中出现次数较多。虽然最终她没能或者说还来不及总结出天体运行的规律，可是她却真的发现了生活中很多无法揭开的谜，而这些谜题直到有一天另一个伟大的哲学家、天文学家拿起望远镜，运用数学原理，证明地球围着太阳运转，而且还是个椭圆轨道的时候才被解开。

作为千万观众之一，笔者认为电影的主题不是要吐槽无力的爱情，也不是要极力煽动宗教的排他性，电影更多的是要展示一个柔弱的女教师，对于伟大哲学的向往，并且矢志不渝地坚守自己的哲学信仰的崇高精神。在科学越来越发达的今天，我们早就知道了万有引力，也知道了行星之间的椭圆运动规律。然而，这在希帕提娅的世界里，一切都是未知的，她想做探索未知的第一人。然而探索之路充满着层层障碍，这些障碍除了对于未知的不确定要进行无止境的设想与佐证外，还有来自社会、来自宗教的不认同、排斥以及亵渎。

探索未知的障碍，这是她作为哲学家、教育家能够接受，也可以抵抗的磨难，正是因为对于哲学的执着，所以她放弃了所谓的优雅生活而投入到枯燥的研究中。我们因为所处的环境已经足够先进，所以难以想象在几千年前，一位女性想要研究天体运动是多么困难的一件事。没有仪器，缺少经验，只能依靠简单物体进行推演。可越是这样，我们对希帕提娅反而心生出越多的敬意。这所有的知识的挖掘、探索说到底都应该归于她渴望对后来的教育做出自己的贡献。她希望自己整理的资料能够传递给后来人，她希望更多的人能够更加清晰地认识自己所处的环境，而不是被所谓的宗教中的上帝或者耶稣这样的虚无人物所蒙蔽。她对于教育的热爱，都体现在了她对知识、哲学和天体的研究中。所以她才会有不惧生死，平静面对死亡的崇高情怀。但是说她平静面对死亡好像并不是那么贴切，她怎能平静面对死亡？她总是说哪怕让她再多获得一点点关于天体运动规律的结论，她都会死而无憾！可是，她还来不及总结出规律就被迫害了，所以她死而有憾，这种遗憾不是对于死亡的恐惧，而是对于自己也许再不能够继续研究下去的一种悲伤。在她被处以乱石投死的极刑时，电影镜头画面由近及远地转向遥远天空，就好像寓意着，任何一个人在这浩瀚的空间里都是那么地渺小，那么地微不足道。见到这样的场景让人心里一阵泛酸。我想，如果希帕提娅早就知道自己会有这样的结局，她还会一往无前，始终坚守自己的理想吗？答案是肯定的。这就是她的伟大之处！

　　谈及希帕提娅的爱情，她的奴隶学生 Davus 虽然一直爱慕着她，但是最后还是选择离开换取自由。虽然他从奴隶变成了自由人，却仍被自身的执着与虚无的信仰所奴役。她的学生 Orestes 到头来竟是个政治家，对政治比哲学要精通。Davus 和 Orestes 都深爱着希帕提娅，可是他们太渺小。每个人都太渺小，都改变不了古希腊悲剧式的宿命，眼看着毁灭发生而无法制止。

　　观看这部电影，也许你能够在镜头中频繁地感受到画面里出现的浩瀚的宇宙空间，其实这是在提醒观众，在千年以前曾经有一位伟大的女哲学家那么赤诚地仰望着星空，可是在浩淼的宇宙里，伟大如她也和我们一样是那么的渺小。希帕提娅作为古希腊最后的女神、不死的自由思想者、教育者，她的身躯虽然是渺小的，心灵却是伟大而崇高的。

　　"你没有信仰。"

"我信仰哲学。"

这是电影所有对白中,最吸引人的一句。个人在历史的车轮之下总是显得过于脆弱和渺小,而历史在个人的光芒之下也显得虚幻和不真实。可是,一位伟大的女教师形象却将永远深入人心,并将在未来的岁月里一直指引人们前进。

(罗检妹　执笔)

《自由作家》:打开心扉　拥抱希望

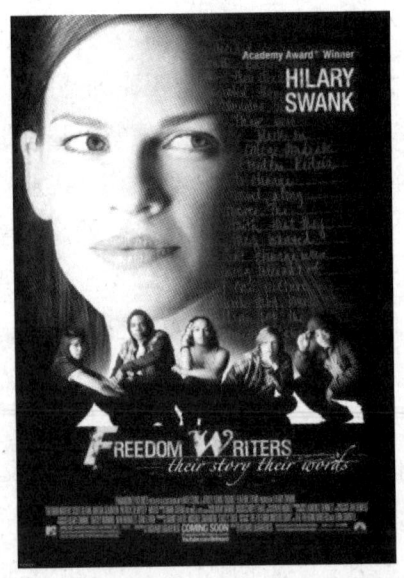

【片名】Freedom Writers(《自由作家》)
【导演】理查德·拉·格拉文斯
【主演】希拉里·斯万克/帕特里克·德姆西
【国家/地区】美国
【片长】123 分钟
【发行时间】2007 年
【语言】英语

剧情简介：

影片《自由作家》基于加利福尼亚长滩一个中学英语班的真实生活改编。电影主要讲述的是艾琳·格鲁威尔如何将一群被学校视为"没有希望"的学生改变发展成为富有同情心和积极向上的人。在203教室上课的人，一般是从监狱或劳教所来的犯罪分子或瘾君子，他们走出校门，生活只留给他们一条道路，那就是加入帮派。他们在随时都会失去生命的环境中生活，为了保护自己，保护自己的团体，他们也会恶意伤害别人。但是，艾琳老师并没有因此而歧视他们，反而更加努力地尝试着去改变他们。"线上游戏"、自由日记、旅游参观、邀请犹太种族大屠杀幸存者聚餐等等，她将教育和生活结合，渐渐引导学生回归正途。

没有《自由作家》这部电影，也许很多人都不会知道在20世纪90年代实行多元文化教育的美国，"黄金之州"加利福尼亚长滩的中心市区，存在着一个充满暴力、种族歧视、冷漠、绝望的教室——203教室。这个教室的学生大多是非裔、拉丁裔、亚裔美国人，生活在单亲、离异或贫穷的家庭里，大部分进过劳教所或监狱，有的学生还在难民营待过。在校外，他们有的因踏入其他种族的地盘而可能遭到殴打或枪击，有的参与贩卖毒品，有的参与帮派活动。在校内，203教室学生的境况与政府倡导的知识教育格格不入，来自同一种族的学生结成团体，在操场上彼此独立不允许侵犯，如果不慎侵犯，就会引起仇恨和斗殴；在教室里上课时，学生看杂志、涂指甲油、发呆、和周围的人聊天、趴在桌子上睡觉；学校老师视他们为"垃圾""不可救药的班级"。因此学校不分配给203教室优秀的教师和新的课外阅读书籍，任他们在黑暗的教室里自生自灭。

艾琳·格鲁威尔：恰逢其时的教育理想

法国作家雨果曾说："世上有一种东西比所有的军队都强大，那就是恰逢其时的一种理想。"艾琳老师就是怀着一个"恰逢其时"的教育理想来到了长滩威尔逊中学。艾琳的父亲是一名民权主义者，受其感染，当艾琳看到电视里报导的洛杉矶街头暴力事件后，就立志做一名为处于弱势地位的学生争取法律公平正义的律师。后来，她意识到在法庭上为孩子辩护，最多只能让其免受一时的牢狱之灾，并不能改变孩子糟糕的境况。正如她在第一次与教学主任坎贝利夫人交谈任教事宜时，满腔热血地说："等你在法庭上为孩子辩护时，我们已经失去了战争，真正的斗争应该在课堂上。"于是，艾琳把职业理想转向教育。因为她领悟到拯救迷途孩子的最有效的办法是进入学校当教师——去重塑他们的思想与心灵，只有这样，才能真正帮到在困境里挣扎的孩子。

心灵之旅：打开心扉拥抱爱

怎样的教学才是学生真正需要的呢？基于学生现状和对以前教学情况的反思，艾琳制定了新的教学方案。

第一步，理解学生，相信学生。关于儿童教育，鲁迅先生曾说："开宗第一，便是理解。"只有理解，才能感知学生的内心世界和个人品质，从而才有心灵上的交流。理解学生，要求教师站在学生的角度和立场去理解学生的思想、情感、态度，以及去感受学生的感受。20世纪90年代的美国，种族歧视还很严重，对于203教室的学生来说，学习无用，知识无用，而有用的是安全生存下去的办法。艾琳老师理解他们的处境，心疼他们眼里透着的绝望，没有听其他老师的劝说放弃他们。在向其他老师求助无果后，她对学生对自己仍充满信心，坚信能教好学生。

第二步，鼓励学生打开心扉。如果你把快乐告诉一个朋友，你将得到两份快乐，而如果你把忧愁向一个朋友倾诉，你将被分掉一半忧愁。学生们大多生活在暴力、恐惧、缺少真情的环境里，遇到痛苦悲伤只能一个人承受，时间长了，心灵也滋生了丑恶。艾琳老师感受到他们压抑敏感的心情，如果不加以正确引导就可能随时爆发。为了让大家彼此互相了解，艾琳打破教学常规，带领学生们在教室玩起了"线上游戏"。移开课桌，在教室中间贴一条红线，由老师提问，在自愿的前提下，有相似经历的学生主动走到红线上。艾琳提的问题由学生的生活小事到悲伤的往事，逐渐展开，"你们中有多少人去过劳教所或监狱?""有多少人因帮派暴力曾失去过朋友或更多的朋友?""无论你站在哪里,请念出他们的名字以示对他们的尊重。"艾琳老师鼓励学生们敞开心扉,走近他人,让他人了解自己,也使自己了解他人。

倾诉心情的另一个良方是写日记,把自己的所遇所感都写下来,仿佛是在对一位专心倾听的朋友诉说。学生把日记本放在教室的储物柜里,期待艾琳翻看日记,无声地向艾琳敞开了自己的心扉。原来,她的学生原本是可爱善良的,他们也曾期待过新学期的开始,有过真心交往的伙伴,以及一个完整的家庭。只是不幸的遭遇和恶劣的环境逼迫着他们一步步走向黑暗。深入认识学生后,艾琳眼神不再迷茫,反而比以前更加光芒四射。学生也变了很多,眼里不再是挑衅和愤恨,而是满满的期待。他们知道,艾琳老师没有放弃他们,她尊重他们,真心愿意帮助他们。

第三步,引导学生尊重生命,体验情感。因为不知道大屠杀,所以203教室的学生们肆意嘲笑教室里黑人学生的容貌。因为没有父母或老师的正确引导,他们只能随波逐流,加入帮派,参与暴力或贩卖毒品。因为没有去过长滩之外的其他地方,他们以为整个世界都如长滩一样充满暴力和歧视,以致对未来生活没有憧憬,没有为改变境况而努力奋斗的意愿。他们缺少人生之路的导师。于是,艾琳老师充满热情地给他们找导师。

这位"导师"可以是书籍。高尔基说:"书籍是青年人不可分离的生命伴侣和导师。"笛卡尔说:"读一本好书,就是和许多高尚的人谈话。"莎士比亚说:"生活里没有书籍,就好像没有阳光;智慧里没有书籍,就好像鸟儿没有翅膀。"阅读书籍的力量是巨大的。艾琳老师意识到他们因为缺少阅读而导致心灵荒芜。她不顾教学主任的劝阻和丈夫的反对,毅然去做兼职,挣钱给学生们买新书。学生们拿到新书时露出的喜悦,以及如饥似渴地阅读新书的场景,证明了书籍的力量。艾琳送给学生《帮派少年生活录》和《安妮日记》两本书,学生在书中读到了与他们的遭遇相似的人,并从主人公的经历中感悟到生活的真正意义是勇敢向前和善待生命。

这位"导师"可以是一场有意义的旅行。旅行不仅有助于了解世界、丰富情感,还有助于释放心情,获得快乐。艾琳老师正是看出学生们在狭窄的生活范围里缺少生活的热情和希望,于是希望组织一次旅行,帮助他们开阔眼界，拾起年轻学生应有的朝气与活力。在旅行中，艾琳带着学生们参观二战纪念博物馆，和大屠杀幸存者聚餐交流。周国平曾说，尊重生命不仅是尊重自己的生命，也包括对别人的生命的一种同情。纳粹对犹太人的大屠杀深深地震撼了他们，对他人的歧视竟然会引发如此惨烈的结果，"这么小的孩子不应该遭遇这样的情景"，怜悯、同情、悲伤等都不足以表达此刻学生们心里泛起的涟漪，对生命的敬重油然而生。

渐渐地，203教室焕然一新。学生们上课认真听艾琳讲课，积极参与班级辩论赛，拥抱同学，203教室像家一样温暖。为了让学生们满怀对未来的希望，艾琳鼓励学生把日记整理成一本书，和大家一起分享自己的心灵之旅。"自由作家"也由此而来。他们克服困境，从黑暗中走出来，怀着勇敢与信心面对未来，是真正的英雄。与此同时，艾琳不仅实现了自己的教育理想，也找到了真正的自己。

（严玉梅　执笔）

《叫我第一名》：相信种子　相信岁月

【片名】 *Front of the Class*（《叫我第一名》）
【导演】 彼得·沃纳
【主演】 吉米·沃尔克/特里特·威廉斯
【国家/地区】 美国
【片长】 95 分钟
【发行时间】 2008 年
【语言】 英语

剧情简介：

布莱德·科恩患有先天性的妥瑞氏症。这种疾病带来的严重痉挛并发症导致他无法控制地扭动脖子，发出奇怪的声音。怪异的行为让他遭受老师的误解，同学的嘲笑，甚至是父亲的厌恶。只有母亲一直是他的坚实港湾。母亲的不懈坚持与鼓励，让他重返正常人的生活而艰难前行。面对外界的排斥与偏见，布莱德虽宽容，但内心依旧痛苦。直到在一次音乐会上，校长巧妙地化解了他的尴尬处境，让大家了解了布莱德的真实情况。校长的尊重、大家的掌声让他立志成为一名关爱学生的教师。即使疾病让布莱德在实现教师理想的道路上遭到众人怀疑，屡屡受挫，但他始终坚持着。为了找到一个愿意接受自己的学校，他连续参加了大约25家学校的面试。终于，一所独特的小学选择接受了他。在教学中虽有波折，但他最终实现了自己的教育理想，同时也找到了属于自己的爱情。

影片主人公布莱德·科恩患有先天性妥瑞氏症，这种病使他无法自控地身体抽搐和发出奇怪的"啵啵"声。一般患有这种病症的人"大人没有工作，小孩待在家里"，根本不适合教师职业，更不用说能留在小学教书了。然而，布莱德的职业理想却是成为一名教师。他为什么会有一个当老师的理想？他的教育理想会实现吗？

教育理想的萌芽与呵护

布莱德想成为一名教师的愿望来源于他成长过程中遇到的老师。他们是他的小学老师，中学校长麦尔先生，山景学校的老师，以及一直伴随着他最难搞的老师——妥瑞氏症。

有人说："师生间的最不幸的关系，是学生对教师学问的怀疑。"其实，师生间最不幸的关系，应该是老师对学生的偏见和斥责。最初，心理医生的诊断结论是布莱德的抽搐和叫声是他对父母的离婚在情绪上的一种反抗。因此他在课堂上发出怪声时会被任课老师认为是故意扰乱课堂秩序而将他赶出教室。布莱德诚恳解释也无法获得老师和同学的谅解。虽然在学校待得很难受，但母亲却鼓励布莱德继续上学。

从小学到中学，布莱德换了很多学校。每转到一所新学校，都会遭遇同学的嘲笑捉弄和老师的误解批评。幸运的是，在中学毕业之前，布莱德遇到了一位开明的校长——麦尔先生。学校教育的目的是使学生得到发展，从无知变成有知，而不是遇到"问题学生"就赶走他、放弃他。麦尔先生正是理解了学校教育的真谛，所以当布莱德被无法忍受他的老师发配到校长办公室后，麦尔先生并没有指责他，而是让他去参加学校的音乐会。毫无疑问，会场里的同学被他的怪声打扰，向他投来了厌恶的表情。在音乐表演结束后，校长请布莱德上台，寥寥数语帮助布莱德开启了通往全新世界的大门。

麦尔先生的理解尊重、老师同学的掌声使布莱德对未来充满了新的希望和信心，并让他深刻感受到老师对学生的重大影响。老师可以是制造痛苦的来源，也可以是启发心智的媒介。由此，布莱德在心里种下了一颗种子——要当一名支持和认可学生并且一心一意为每个学生着想的教师。

大学期间，布莱德一直在为成为一名好教师而努力。虽然他拿到了学士学位，并获得了优秀的教师资格证书，但是成为一名教师的路并非一帆风顺。布莱德参加了24所小学的面试，无论是直接坦白还是隐瞒患有妥瑞氏症，无论布莱德怎样说明他有信心不会让怪声影响教学，面试者都没有理解他、接受他。接二连三的面试失败让布莱德失落、悲伤，甚至在车里嚎啕大哭。但是，为了坚持教育理想，为了向认为他不会成功的人证明自己，他没有放弃。即使学校已经开学，错过了最佳的面试时间，他也仍继续专注于教师这份职业。

布莱德奔走了很多小学，唯有山景小学让人眼前一亮。首先是学校教室的环境。教室的墙壁上贴着小朋友们喜欢的卡通人物和画，窗户旁养着咕咕叫的小鸟，自然清新的环境传达着这所学校热爱自然、以人为本的教育理念。其次是山景学校的教育理念。在布莱德接受面试的过程中，面试老师没有过多注意布莱德的"异样"，而是很真诚地和他谈着教育理想、教育方法、教学理念等。学校对布莱德的尊重与关怀，体现着学校"以人为本"的教育理念。最后是校长的一番话，校长说要教会学生永远不让任何事妨碍他们的人生，老师必须以身作则，而布莱德就是最好的榜样。于是，他终于获得了理想的职业！

教育理想的生长：爱的传递

山景小学二年级学生人数较多，于是从其他班级抽出 24 名学生分到布莱德的班，然而被分出来的学生大多是其他班级老师不想留下的"问题学生"。虽然如此，但是有谁的问题会比小学时的布莱德大呢？布莱德知道这些小孩子最需要的是老师的真爱与包容。

布莱德对学生的"真爱"首先体现在他对学生付出的真诚、耐心和满满的爱心。在第一节课上，他向学生坦诚自己的病症，允许学生问他关于病症的任何问题，还幽默地让学生猜他唯一不能做的事——玩捉迷藏。布莱德的坦诚、乐观、幽默解开了学生心里的疑惑，也获得了学生的尊重。

布莱德在教学中遇到的第一个难题是爱在课堂上说脏话和随便走动的汤玛斯。有一次，布莱德发现他在墙壁上涂鸦，布莱德没有责怪他，而是耐心地教导他如果要干什么先要经过老师的同意，还夸奖他涂鸦的字写得好看。受到表扬后，汤玛斯露出了纯真的笑容。另外，汤玛斯无法集中注意力，因此讨厌读书。布莱德放下老师的身份，与他玩了一个交换身份的游戏。他让汤玛斯扮演自己，自己则扮演妥瑞氏症学生，当汤玛斯读书时，他就在一旁发出奇怪的声音和做动作骚扰汤玛斯读书，让汤玛斯亲身感受专心读书对他来说是困难的，而对于汤玛斯来说是容易的。他告诉汤玛斯他并不讨厌读书，因为世界上的大多数知识都在书本上，只是他读起来有些困难，但他不会放弃，也不会放弃汤玛斯，更不会让汤玛斯放弃自己。在布莱德真诚的耐心的指导下，汤玛斯开始了愉快的阅读之旅。

在电影里，布莱德的课堂是生动有趣的。"梅心大卡车"穿越手绘版美国地图来教学生地理常识。黑板以及周围贴满了可爱的白色幽灵，教室四周摆放着"恐怖"的南瓜灯等渲染万圣节气氛，使学生身处愉快的节日氛围里学习知识。当小女孩海利病情严重住院时，布莱德在教室的四面墙壁、窗户、课桌上都粘贴着大的小的粉色爱心，并让学生们亲自制作卡片祝福海利。这样的课堂唤醒了学生的生命活力，让学生在欢快中学得知识，也教会了学生关爱生命。

电影《叫我第一名》刻画了不一样的教师形象。美国好莱坞拍过很多令人感动的教师形象，像《热血教师》里的克拉克、《自由作家》里的艾琳等，他们在教学中遇到的困难是要教好一群顽劣的学生。而布莱德的困难是要战胜自己的病症，向其他人证明自己能成为一名优秀的教师。正如布莱德在影片最后所说："与妥瑞氏症抗争，教会我最宝贵的一课，任何人都得之不易的宝贵一课：那就是别让任何事情挡住你追求梦想的脚步，去投入工作、享受人生和坠入爱河。"在中国，也有很多妥瑞氏症患者和残疾人，他们有些人可能和布莱德一样幸运，也有些人可能找不到生活的信心和希望。面对身处困境的陌生人或亲朋好友，首先要做的，是改变偏见歧视，不要让自己的眼神变成伤人的利刃。

（严玉梅　执笔）

《天那边》：小理想大境界

【片名】《天那边》(Angel's Heart)

【导演】韩延

【主演】刘科/赵冉/吴军

【国家/地区】中国

【片长】96分钟

【发行时间】2007年

【获奖情况】2008年国产优秀影片推荐

剧情简介：

许晓萌和江可可是一对情侣大学毕业生，他们一起去边远山村"水咕噜"小学支教。一个为了爱情，一个为了理想，一起从现代化的城市走向了落后的山村。他们第一次离开了家乡和父母，来到陌生的大山深处。

他们对山村的认识十分简单，就是"多点牲口，少点娱乐""有羊、有猪，还有特别淳朴的人民"。他们一致认为自己能坚持支教三个月。来到村里，两人见到热情的村长和校长罗老师。怀揣着对山村的新奇，他们在大山里住下。然而，这一切似乎都是那么短暂，他们遇到的问题越来越多，例如住宿问题、伙食问题、电话信号问题等等。最后，江可可忍受不了山村的生活选择离开，而许晓萌选择留下。江可可的离去，让她感到孤独，但是孩子们的存在很快填充了这份孤独，许晓萌渐渐开始适应新生活，一个完全独立的生活。转眼间，三个月过去了，到了许晓萌离开的时候，她哭了。她终究不是大山里的人，总有离开的一天。回城后的生活让她没有时间再回到山村。一天，村长来看她，告诉她罗老师因为修教室，到山上背黄泥，遇到泥石流而去世，尸体都没有找到。许晓萌的心被震动了，她决定回到那里，回到山村支教，把爱献给大山，把青春献给大山。

　　电影《天那边》讲述的是一对情侣大学生支教的故事，故事很朴素，让人感觉不像电影，而是真真切切就发生在我们身边，像朋友在我们耳边有声有色地讲述一个有些青涩无奈又有些辛酸的故事。影片集中反映了两方面的支教矛盾：一方面是村民希望学校有更好的师资配备和更先进的教育理念，但害怕支教的老师支教期限到后的离别给孩子们心中留下永久的创伤；另一方面是支教教师们既想在山村有所作为，又害怕山村艰苦的生活条件而退缩不前。整部影片最令人震撼的情节便是许晓萌选择接替罗老师坚守山村，实现自己的教育理想，到达常人无法企及的大境界。

　　影片中许晓萌询问学生们的理想，学生们的答案是：想当武松，上山打虎；想开拖拉机，嘟嘟嘟嘟。在这些学生心里，理想很简单也很实际。提到"理想"这个词，很多人会认为理想一定要高远。有远大理想的人才值得尊敬，才可称得上是有抱负的人。其实不然，理想简而言之是奋斗目标。有远大的理想固然没有错，可是现实生活中更多的是普普通通的人。过于远大的理想可能会显得飘渺虚无，像云般缥缈不定，像雾般散乱模糊，到最后可能会缺少坚持下去的勇气与动力。理想可以是远大的，可往往最令人感动的是将小理想付诸实践的人。每年的感动中国人物，他们做的事看似平凡，可是他们一直坚持，不曾放弃，谁能说这不是一种大境界呢?！70岁退休后20年来坚持每周出诊6天的百岁仁医胡佩兰；坚守山区教学22年的"最美"教师谢萍；35年前仆后继、追逐梦想的"油菜花父子"沈克泉、沈昌健……这些人都是平凡的，可是他们身上闪耀的是不平凡的光。在感动中国 2005 年度人物颁奖现场，当主持人问三次搏击巨浪英勇救人的魏青刚："你最希望的是什么？"他毫不犹豫地回答："最希望领导们能支持我，给我一点活，带着我家乡外出务工的老百姓干活。"全场观众为魏青刚的"小理想"报以热烈的掌声。这是一个多么朴实而又美好的理想，但同时这种境界也是普通人可以达到的，不仅希望自己有活干，还希望家乡的老百姓也有活干，他不是只为自己考虑。事实上，"小理想"很小，但它很实际。当一个人能把小理想的事情做好，一步一个脚印不断实现小理想，在这个过程之中持续积累，最终会因为小理想一个个的实现，感到无比的快乐与自豪，而且人的心境也会随之改变，成就大境界。电影《天那边》的主人公之一许晓萌也是一个怀揣小理想的人。因所学专业研究课题的需要，许晓萌和江可可满怀着一腔教育理想来到山村，见到了村里学校唯一的老师——罗老师，这是一位把一生都奉献给山村教育的教师。他从未感到卑微，甚至还很自豪地告诉许晓萌，村里出了两个大学生，而且都是他教出来的。学校里大大小小的事都是罗老师完成的，他身兼数职，不仅要教语文、数学，还有体育、音乐等，甚至学生的书本费都是他想办法解决的。可是他从未抱怨过，他心心念念的就是照顾好那些学生，一切以学生为重。但另一方面，罗老师在思想上偏于保守，在行动上安于现状。许晓萌他们到来后，罗老师并没有主动安排他们教学。当许晓萌提出要进行实际教学，从而实践自己的教育理想时，罗老师开始也没有同意，总以各种理由搪塞，而只是让他们听课。许晓萌认为是罗老师对他们不信任，才不肯让他们给学生们上课的。为了参与实际教学活动，许晓萌找了村长，希望村长出面解决。此时江可可却在忙着自己的事，忙着玩，无心教育学生。在一番努力后，许晓萌了解到，原来罗老师是担心许晓萌他们会和原来支教的白老师一样。白老师又是美式教育，又是英式教育，还有社会主义特色教育，搞得好好的，学生们喜欢得不得了，但只待了两个月就走了，给孩子们的心灵留下了创伤。

通过影片中村长与许晓萌的对话，可以侧面反映罗老师的为人。村长对罗老师的评价是："罗老师这个人啊，他很犟，一般的人哪，都应付不了。上回三柱子结婚请他去，他愣是没有去，也不知道犯了什么邪。村长他也没有放在眼里头。上次他问我要钱修学校,我没有钱,他愣是跑到县里去要了钱回来了。"一个"犟"字深刻地体现出罗老师的人物特性,做事有原则。在江可可要宰罗老师的鸡来吃时,罗老师誓死保护,声称江可可要杀他的鸡,他就要和江可可拼命,因为这些鸡是用来给他的学生们换作业本的。此处将罗老师以学生为重,一切为学生着想的人物形象表现得淋漓尽致。

对于支教老师,罗老师不是不欢迎,只是支教仅仅三个月、半年,不能待一辈子,到走的时候,支教老师心里不会痛快,学生们心里也不舒服。罗老师更担心学生们在适应了新老师的教学方法后,新老师又要走了,他们会难过,会接受不了。特别是在落后山村,新老师引进新的教学观念十分容易,可是当孩子们刚开始适应新老师的教学方法时,老师们又得离开,从此再不会有人用这种新的教学方法来教育他们了。这样的支教过程好比昙花一现,昙花绽放的瞬间很美,但是给人留下了无限遗憾。

在江可可离开后,许晓萌伤心休克住院。罗老师道出了自己最初的理想,原来他是想当兵的,然后当将军,再娶个老婆,可惜没当成。后来村长就让他在村里教书,虽然罗老师只是初中毕业,可是他自学完了高中课程,爱上了教师这个职业,并且乐于在这个岗位奉献自己,贡献自己所有的力量。罗老师并不是没有别的选择,他有机会进城打工,可是他放弃了,主要是因为舍不得学生,他的理想就是在山村教书。就这样,罗老师在教师的岗位上默默地奉献自己,一心扑在教育学生上,连找对象的时间都没有。许晓萌离开后,罗老师还是辛勤教育着学生,照顾着学生。最后罗老师因为修教室,到山上背黄泥,遇到泥石流而去世,连尸体都没有找到。这是何等的大境界啊!一名教师,为了让学生们有更好的学习环境,竟然牺牲了自己,试问有多少人能做到这一点?许晓萌被罗老师的举止深深地感动了,所以她毅然放弃了城市的工作,接替死去的罗老师到"水咕噜"村教书,决定在"水咕噜"村实现自己的理想。面对城市来的记者,许晓萌在镜头前一言不发。最后大合照时,学生们自发搬来椅子、鲜花放在前排,那是专为罗老师准备的,好像罗老师从未离开过他们。作为一名教师,最大的荣誉莫过于此,他的学生始终铭记着他。

(陈彩霞 执笔)

《中国合伙人》：教育"新梦想"的起航

【片名】《中国合伙人》(*American Dreams in China*)

【导演】陈可辛

【主演】黄晓明/邓超/佟大为

【国家/地区】中国

【片长】112 分钟

【发行时间】2013 年

【获奖情况】第 29 届中国电影金鸡奖最佳影片；第 15 届中国电影华表奖最佳影片；第 32 届大众电影百花奖最佳影片

剧情简介：

电影围绕三个性格迥异，成长背景大相径庭的主人公展开，以 20 世纪 80 年代莘莘学子的美国梦为线索，讲述了三人于燕大相遇，于"新梦想"相知的故事。成东青、王阳、孟晓骏，三人凭借个人魅力——成东青的自嘲幽默教学，孟晓骏的美国经验，王阳的美式思维，让"新梦想"空前成功。成东青作为"新梦想"的最大领导者，与一直以来为"新梦想"把握航向的孟晓骏发生了分歧，最终孟晓骏退出了公司。隔阂是一时的，朋友是一世的，在美国普林斯出版社控告"新梦想"侵犯版权时，兄弟三人齐心协力以智慧和真诚化解了危机，同时推动中国第一支教育培训股——"新梦想"的上市。这三个非一般的中国人，成为了大时代下最具代表性、最激励人心的"中国合伙人"。

"梦想是什么？梦想就是一种让你感到坚持就是幸福的东西；梦想是我们人生的航标，指引我们走向成功的终点。当然，并不是每个人都能一帆风顺到达目的地，但当你意识到失败只是成功的弯路的时候，你就已经成功了一半了。我们只有从失败中寻找胜利，在绝望中寻求希望。"梦想是贯穿全片的主题，在最后成东青索性将自己的公司命名为"新梦想"。因为对于成东青来说，他的成功、他的一切都起步于他对梦想的坚持。正是最初的这种在失败中寻找胜利，在绝望中寻找希望的坚持下，成东青一步步地创造出属于他的教育的"新梦想"，而这个"新梦想"又起航于"远大"的教育理想、坚定的教育信念、澎湃的教育激情。

"远大"的教育理想

男一号成东青，是中国万千农家子弟在那个时代的缩影，他知道自己要想有一个跟祖辈不一样的人生，唯一的出路就是读书上大学，离开"面朝黄土背朝天、老婆孩子热炕头"的生活。成东青深信知识改变命运，教育决定未来，这是属于成东青的理想。这个理想在孟晓骏和王阳的眼里是那么的不屑一顾。拥有良好家庭背景的孟晓骏以及富有诗人情怀的王阳，那种天生的卓越感赋予他们的理想必须是当代最前卫的梦想——"美国梦"。在他们看来只有留学美国，在最先进的国度里才能使他们的人生价值得以发挥。在这里不去评判理想孰轻孰重、孰高孰低，因为正如工作没有贵贱之分一样，梦想也没有高低之分，理想也没有轻重之分。每个人只要在当下拥有一个希望超越自己的现状，摆脱目前的瓶颈的目标，无论是大是小，都可以算是一个理想，之后再将这种理想化作自己坚定的信念，为之坚持奋斗，用理想作为人生的航标，指引自己走向成功的终点，都是值得尊敬的。正如成东青一样，他的理想说大也不大，他的梦想就是不要回到农村去；可他的理想也不小，甚至连他自己也没有想到，一个怀揣 36 元的农家子弟会成为一个坐拥 63 亿资产的留学教父，最令人难以置信的是一个从来没有去过美国的人，却成为了全中国最大的帮助学员留学美国的"新梦想"学校的校长。

朱永新教授曾经说："一个没有理想的人，不可能走得很远。一所没有理想的学校，也不可能走得很远。一种没有理想的教育，更是不可能走得很远。教育在本质上就是一个理想的事业。"影片中，成东青用自己的人生轨迹向我们展示了他的理想所发挥的作用，用"新梦想"学校的成功向我们预示着教育理想的内在动力。

坚定的教育信念

影片中，孟晓骏问成东青："Do you have a dream?"成东青没有给出确定的答案，给人一种错觉仿佛成东青的成功更多的是趋于形势所迫，一步步给逼出来的。当然成东青的成功不是偶然，如果说"远大"的教育理想是他成功起航的风帆，给了他前进的方向，那么他从失败中寻找胜利，在绝望中寻求希望的坚定的教育信念则确保了这艘船不会搁浅。

成东青、孟晓骏、王阳这三个燕京大学的高材生都遭遇了自己人生的困境，如果没有成东青，王阳还是那个放荡不羁、生活窘迫的诗人；如果没有成东青，孟晓骏是一个怀才不遇、悲愤交加的失意青年。正如上文所说，孟晓骏和王阳看不起成东青，他们认为成东青没有理想，他们的"美国梦"才是理想，他们看不起成东青那种战战兢兢，为生计奔波，为生活所迫的窘状。但是他们却没有发现，也许他们拥有许多成东青无法企及的先天优势，也许与他们相比成东青的理想确实微不足道，但是成东青却有一样他俩不具备的优点。那就是成东青与生俱来的那种从失败中寻找胜利，在绝望中寻求希望的坚定信念。正是这点决定了成东青成为了"新梦想"最大的领导者，他们俩成为跟着成东青创业的合伙人。

在成东青被学校开除，一个女学生问他是否还继续举办英语培训班时，成东青用眼神告诉我们：他未曾放弃自己的教育信念。现实的残酷也许会磨平我们的棱角，也许会使我们意志消沉，客观环境也许会逼着我们做出游走于底线的事情，成东青私自在外授课就是最佳的写照。但是，有一股傻劲的成东青坚持了下来，并成功了。与成东青相比，孟晓骏和王阳有着成东青所羡慕的一切，但是正因为他们是人生的胜利者，所以他们不像成东青那样经得起失败。我们看到孟晓骏因为现实不再意气风发，王阳因为女人迷失自己，只有成东青明白自己一直以来要的是什么，其实他要的很简单，那就是离开农村，留在城里，正是这个被孟晓骏和王阳不屑一顾的理想支撑着成东青，正是成东青与生俱来的那种从失败中寻找胜利，在绝望中寻求希望的坚定信念成为支撑他们三个的支点，成为为"新梦想"保驾护航的动力，一步步推动"新梦想"成为市值310亿美金的中国第一支教育培训股。

澎湃的教育激情

成东青的角色在影片中被清晰地定位为"新梦想"的校长，他是一名不折不扣的教师。孟晓骏负责学校的行政管理，王阳为学校提供教学的技术，成东青这个被孟晓骏斥责为只会"拿着麻袋装钱的人"，却是一个始终谨记自己教师的身份，坚信自己办的是教育产业，"资本求快、教育求稳，我必须对学生负责"的校长。与王阳相比，成东青没有流利的口语和地道的美国思维；与孟晓骏相比，成东青也不具备亲自到美国实地考察的优势。但就是这三个人之中仿佛地位最低的人，成为了"新梦想"的掌舵者，成为了留学教父。

成东青也不是一个天生成功的教师，最早在燕大任教时，他也是那个照本宣科不受学生欢迎的教师。那个时候的成东青还只是一个以教师作为养家糊口的职业，与学生没有共鸣，对教育没有激情的普通教师。当他被学校开除，有学生找他补课的时候，他知道这是他唯一的机会。这个时候的他充分意识到只有做一名充满激情的教师，热爱生活、热爱课堂、热爱学生，充分调动师生生命的三种实践形式：body、mind、soul，以活力强健身体、思考孕育心智、激情涵养灵魂，才能点燃学生的激情，才能重塑生命之底座。所以他开始转变教学方式，凭借自己的特殊经历，自嘲土鳖的身份以激励学生，凭借幽默的讲课方式激发学生的兴趣,在教学中,把激情渗透在各个环节以引爆学生思想的火花。在成东青教育激情的感染下,成功留学美国的学员越来越多,"新梦想"的旗帜插遍美国的每个州,"新梦想"的规模越来越大……成东青用他对学生、对教育的澎湃激情成就了"新梦想",用他自己的激情向我们展现了星星之火可以燎原的气势,照亮学生,也照亮了他自己。他作为一名教师的教育激情成为维持"新梦想"不停转动的燃油。

如文章的标题一样,影片传达出教育的"新梦想"起航于"远大"的教育理想、坚定的教育信念、澎湃的教育激情。理想的实现必须以激情为之提供不竭动力,一个有理想的人必然拥有信念和激情。一个教师如果没有教育理想,其人生必然是黯然失色的;一个教师如果没有教育激情,其人生必然是行如朽木的。要成为一个好教师,不能没有教育理想的支撑。我们深信,一个教师只有深刻理解了自身职业的独特性,才可能拥有远大的教育理想和深厚的教育情怀,才可能获得专业发展的持久动力,才可能成为一个真正的好教师。教育是一个缓慢的过程,仅有短暂的激情也无济于事,还必须拥有远大的理想和坚定的信念作为支撑。

(陈雅　执笔)

《铁腕校长》:爱而有度　严而有格

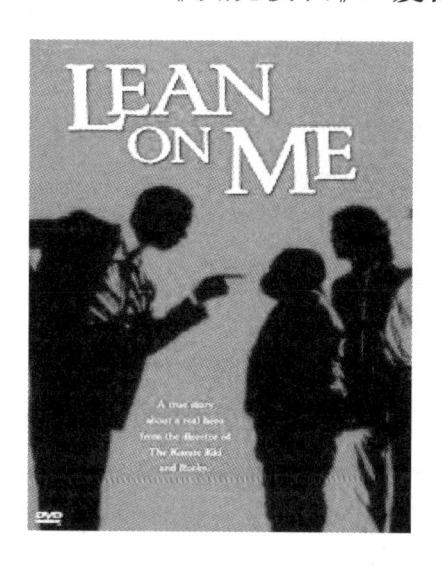

【片名】Lean on Me（《铁腕校长》）
【导演】约翰·艾维尔森
【主演】摩根·弗里曼/比弗莉·托德/罗伯特·吉尔劳姆
【国家/地区】美国
【片长】108 分钟
【发行时间】1989 年
【语言】英语

剧情简介：

故事发生在曾一度被誉为"美国最好的高中"的新泽西州派特森市伊斯特赛德高中。20 年前，这里校风文明，学风积极，班级里几乎都是白人学生，学校受到家长欢迎，学生青睐。然而，近年来它不断走向衰落，官方报告称学校已成为暴力灾区，学校被当成无处可去的学生的暂居所。现在的伊斯特赛德高中，更是内忧外患，混乱不堪，就像一座随时爆炸的火药库。此时，乔·克拉克以他"狂人乔"的姿态出任这所学校的校长，以一系列强硬手腕，力挽狂澜。

启迪智慧的教学语言，生动活泼的课堂氛围，积极参与课堂活动的学生，这一幕发生在乔·克拉克老师的课堂上。这是 1967 年伊斯特赛德高中（Eastside High School）的缩影，这样的高中无愧于"美国最好的高中"的荣誉。然而，课堂被打断，克拉克先生被调离。教育委员会答应给其他老师涨工资，条件就是把克拉克先生调离，而校董事会竟然同意了。

影片中的市长不仅对教育无知，而且把教育当作屡试不爽的政治工具。20 年前的人事调派，就是他的主意。学校衰败了，他浑然不知。20 年后，再次面临市长选举，伊斯特赛德高中成为他烫手的热山芋。短时间内，让这所已成为暴力灾区的学校的学生奋力学习以达到通过基本技能考试的标准，这可能吗？诚然，这个学校需要一个新校长来扭转乾坤。督学法兰克·奈皮尔博士和他的律师一致认为乔·克拉克先生是唯一的人选，他是"狂人乔"。克拉克先生刚开始断然拒绝任职，调离、任职都不是为了挽救学生，他为何要接受？奈皮尔发飙了，承认了自己的一事无成，同时也质问克拉克先生为他的"疯狂"路线做过什么。这句话，刺痛了克拉克先生，他接受了任职。什么是关爱学生？关爱就是做点事情去改变局面！

乔·克拉克先生的教育理想就是关爱学生。有着这样的理想，他有恃无恐，用铁腕手段，进行强硬管理。阔别20年的高中，现在是何局面？随地的涂鸦，随时的斗殴，随意的破坏，随手的欺凌，随性的吸毒……劝架的老师被殴打致伤，而保安，保障的是他自己个人的安全。克拉克先生回到了伊斯特赛德高中，一切和20年前截然不同。他神情凝重，决定执行"独裁"。跟全体教职工、全体学生以及家长们的首次会面，通常会奠定新校长的管理风格，克拉克校长果断摒弃了"民主风"。

当天上午，第一次全体教职工大会上，克拉克先生不允许任何教师发言，他这个"黑头子"是这儿的唯一老板。那么"黑头子"做了什么呢？他要求教师们当天中午前列出所有在这所学校里捣乱的流氓、毒贩、恶棍的名单；任命新总务，并要求他在一天之内清除这栋楼里的所有涂鸦；任命新的安全主任；任命新的足球教练。克拉克先生特别强调把餐厅里的栏杆拆掉，他说："你们把学生当动物对待，他们自然就变得像动物。"克拉克先生"黑着脸"跟全体教职工会面，能否得到下属的认同呢？其实校长的首要任务是把学生、学校、全体员工的利益放在第一位，全力以赴，而不是考虑下属是否认同自己。克拉克先生就是这么狂。

当天中午，克拉克校长就和全体学生会面。礼堂中的学生集会吵闹不堪，其他老师都习以为常。名单上的坏蛋学生被召集在台上。克拉克校长简单地作自我介绍，并要求学生不能吸烟后，他让台上的学生唱校歌。这引起了台上和台下学生的狂笑。克拉克校长开除了台上的那些学生，因为他们不务正业、贩毒吸毒、横行霸道、破坏学校秩序、滋扰老师、欺负同学。被开除的学生在咒骂，留下的学生则欢呼，这似乎是个大快人心的时刻。克拉克校长趁热打铁："他们说这所学校死了，就像建校舍所用的这片墓地。但我们还有伊斯特赛德的灵魂。什么是灵魂？灵魂就是不死的精神。希望你们成为我的灵魂。要向认定我们失败的成见挑战，让我们学校重获新生。我的格言很简单。如果不成功，不要怪罪你的父母，也不要怪罪白人，要怪罪的是你，你必须对自己负责。2周后有个实习考试，4月13日有基本技能考试。从现在算起还有110天。这不仅仅是考试得几分的问题。如果你们不掌握这些基本技能，你们会发现自己寸步难行。你们根本无法把电视上看到的轻易就能实现的梦想变为现实。你们来到这里只有一个原因，唯一的原因，那就是学习，为你们的理想努力奋斗。另一个选择就是浪费时间，坠入犯罪、毒品、死亡的深渊。"克拉克校长"杀鸡儆猴"，振奋人心。克拉克校长就是这么狂。

当天晚上，克拉克校长出现在紧急家长会议上。可想而知，被开除的学生的家长们怎么能平静？校长和家长们的关系最危机的时刻莫过于自己的孩子被学校开除。其中一位家长叫巴特拉夫人，她言辞犀利。她站在孩子的立场上说，孩子们属于学校，不应该流落街头；被开除的学生中也有聪明的孩子；不知道怎么解决就业，孩子们还有什么希望。她站在黑人的立场上说，他侮辱了黑人足球教练；他在向他的人民宣战等等。克拉克校长并不一一解释，他借上帝之口说他必须担任这所高中的校长，而且一定要挽救学生，但是上帝没告诉他一定要讲礼貌，因此，他把那"300只烂果子"扔出校门。说完他想说的，克拉克校长扬长而去。为了重塑良好的校风，校长既不能当甩手掌柜，也不能开会来个慢条斯理的讨论，而是必须立刻采取行动。这种自信、决断的能力是校长专业技能的重要组成部分。克拉克校长就是这么狂。

像学生肯尼沙所说的，克拉克先生从不浪费时间。他这一天满满当当。从上午到下午再到晚上，见了该见的，说了该说的，做了该做的。其实，他每天的工作都满满当当，他每天都出现在校园里，无论是餐厅还是学校大厅。汤姆·彼得斯，《渴望卓越》（*A Passion for Excellence*）和《于混沌中谋大业》（*Thriving on Chaos*）两书的作者，他认为，好的领导应该靠"走上一圈"来做管理。不仅出现在教师、学生的视线里，而且留心观察，处理问题。特别是在很多情况下，校长必须不假思索，几乎是下意识地做出决定，立即解决问题。

餐厅里，路易莎因为课程问题愁眉不展，克拉克校长得知情况后，马上写纸条告知欧莫利先生给路易莎换课程。撞见山姆调皮地把女生碗里的肉丸夹走，克拉克校长马上制止并借机强调人要有尊严。当高年级的学生说他们在和山姆复习音乐时，克拉克校长当场要求他们唱校歌，他们不会唱，他随即希望所有人随时会唱校歌。随后，他去教室要求音乐老师艾略特夫人教所有学生唱好校歌。艾略特夫人只是口头答应，但没有立即执行，她认为去纽约开演唱会比教校歌紧急。这激怒了克拉克校长，并当即取消了她的演唱会，进而解雇了她。优秀的校长做出决策时常常是为了学生的利益，而不考虑不称职员工的利益，这可能会有遗憾，但却是必需的。当面对凶神恶煞的带着凶器的歹徒，为了学生，他奋不顾身并当即决定用铁链把所有的校门锁上，尽管这违反了州消防安全法。当得知学生实习考试的通过率只有33%时，他马上在篮球场上召开教职工大会。

克拉克校长是硬汉，但也诠释了"硬汉柔情"这个词。当被开除的学生山姆苦苦哀求让他返回学校时，克拉克校长考虑到山姆单亲家庭成长背景，且年纪小，不知道毒品的危害性，同意让山姆重返校园。他为肯尼沙的母亲解决工作和住宿，让肯尼沙重回母亲怀抱。他不吝惜表扬学生，和学生一起运动。他给勤勤恳恳的优秀教师达奈尔先生一个大大的赞。考试前的学生集会，一首 *Lean on Me* 唱出了克拉克校长的"人文情怀"。学生们顺利通过了基本技能考试，他们的眼里散发出从未有过的光芒。在克拉克校长眼里，除了这些，其他都是浮云。

面对一切威胁学生安全、妨碍学生学习的人和事，克拉克校长的典型形象就是"棒球造型"——拿着棒球棒守在学校大门口。克拉克校长是个奇迹创造者，他内化了铁腕手段和人文情怀这两个截然不同的品质。他成功了，只因为他的教育理想：关爱学生。精神不死，理想不灭。

（林群平　执笔）

《蒙娜丽莎的微笑》：微笑背后的力量

【片名】*Mona Lisa Smile*（《蒙娜丽莎的微笑》）

【导演】迈克·尼维尔

【主演】茱莉亚·罗伯茨/科尔斯滕·邓斯特

【国家/地区】美国

【片长】125分钟

【发行时间】2003年

【语言】英语

剧情简介：

1953年，坐落于美国马萨诸塞州的卫斯理女子学院，迎来一位教授艺术史的女教师——凯萨琳·华森，一位美丽且有思想的女性。刚刚从UCLA（美国加州大学洛杉矶分校）毕业的她志向远大，来此学校的目的是教育未来的领袖。作为美国最为传统的著名大学，虽然学校里的学生大都有着良好的家庭背景，从小接受着优秀的教育，但是她们选择来此就读的原因却是成为一个"好妻子",学校教育的内容亦全部围绕着如何成为为家庭奉献一生的贤妻良母展开。凯萨琳没有像其他老师那样沿袭学校一贯的教学手段和风格,而是意在突破传统,培养学生的自我意识,帮助这些具有良好家庭背景的"大家闺秀"摆脱传统思想的束缚。她用青春率真的个性、丰富的艺术知识及热情风趣的授课方式改变了学生的思想,尤其是对班上表现较为突出的贝蒂、琼妮、吉赛、康尼贝克等人的思想产生了极大的冲击,她跟学生已经打成一片。她独具一格的教学理念鼓舞着学生,并激励她们大胆地实践她们的想法。最终,她的学生脱离了束缚,找到了新的自我。而拥有蒙娜丽莎般微笑的凯萨琳亦追随自己的理想,奔向自己向往的地方。

教育理想,是作为教师必须考虑的问题。何谓教育理想?通俗地讲,可以理解为对教育未来的憧憬,它像一盏指明灯,指引着教师按照自己的理想去从事教育活动。理想有现实虚拟之分,亦有崇高平凡之别。合格的教师,他的教育理想可能会仅限于让学生获取知识,做好自己教书的职责。而一名优秀的教师,他的教育理想一定是崇高的,对学生一生都具有积极影响的,他想要达到的除了教书,一定还有育人的职责。凯萨琳正是这样一位有着崇高教育理想的教师。

凯萨琳,一位美丽知性的教师,她的特立独行在素以传统著称的卫斯理女校中显得格格不入。然而,深谙自己教育使命的凯萨琳最初并没有如此明确地表现。她在卫斯理的第一堂课,是在学生的挑衅及自己的难堪中结束的。她所有的授课内容全部被学生一字不差地回答出来,因为她们是美国最优秀的女性代表。这堂极其失败的课堂激发了凯萨琳的全部热情,她知道,面对这些聪明得近乎完美的学生,决不能掉以轻心。因此,当学生仍在为上次课堂让教师出丑的行为沾沾自喜时,凯萨琳早已调整了教育理念。此时,她的特立独行,她在教育中的女权思想才开始真正形成。

凯萨琳的第二堂课,授课的内容超出了教材范围。当她拿出一幅看似简单的图片时,习惯了以教材为主的学生们慌了神,因为教材中没有提到该图片的信息。当凯萨琳告诉大家曾经有一位伟人评价这是一幅伟大的作品时,多数学生对此观点也表示出赞同。而当凯萨琳告诉学生们这位"伟人"就是自己的母亲，而这幅伟大的作品是自己幼时送给母亲的生日礼物时，学生们顿时觉得有些难堪。凯萨琳是在用这幅伟大的作品来告诉学生：在不同的人眼中，同一个事物也会有不同的美，前提是要有自己的思想，不要人云亦云，盲信权威。在母亲眼里，她的画是堪称"伟大"的，这种伟大的成分，不比世界上任何艺术大家的作品逊色稍许。此后她的授课内容五花八门，包括观察尸体的美，寻求不规则的画板中所蕴含的美等。唯一不变的是她坚持的教育信念：教会学生建立自己的思想体系。

重视思想对于个人成长的重要性，是凯萨琳贯彻始终的教育理想。这在她的生活中也体现得淋漓尽致。感情上，她放弃了未婚夫保罗的追随，而选择听从自己的内心，接受了同事比尔的追求。又因为对忠贞爱情的追求，毅然离开对她撒谎的比尔。工作上，她不受传统教学观念的束缚，精心组织各种独具匠心的教学内容以丰富学生的知识，通过各种形式培养她们的想象力。与学生坦诚相待，尽自己的努力教会学生听从自己的内心。凯萨琳的教育是成功的，她的学生从她身上逐渐学会了发现自我、追随自己的内心、敢于挑战世俗并且勇于表达爱。凯萨琳做到了因材施教，根据不同学生的性格特点有针对性地教学。

康尼贝克——勇敢表达爱的代表

康尼贝克是一名勤奋听话的好学生，从她在凯萨琳的第一节课上主动协助关灯、播放幻灯片就可以看出来。一直以来，她都是一位优秀的乖学生，谨遵着学校及世俗道德的规则，不愿逾越半分。然而为了不让自己留下遗憾，她竟然在毕业前夕向前任男友告白，并获得男友的再次青睐。这是多么大的进步啊！对于一个中规中矩的学生，能够战胜自己所谓的自尊心，勇敢表达自己心中所想，这是多么值得骄傲的事情！

贝蒂——敢于挑战世俗的代表

作为班上第一个踏入婚姻殿堂的学生，贝蒂自认为已经足够幸福，有看似完美的婚姻,事业有成的丈夫,还有殷实的家境。然而一切随着丈夫的出轨戛然而止。身为卫斯理学校教师、思想传统的母亲劝诫她要忍受,因为离婚会让她的家族蒙羞,让自己和家人的名誉受损。而贝蒂最终作出离婚决定,让她的母亲大惊失色。贝蒂终于懂得了女人不是家庭的附庸,要敢于挑战,世俗没那么可怕。

吉赛——追随自己内心的代表

吉赛算是女学生中比较漂亮的一位,然而她的名声却不如长相那般美好。她跟学校的男教授交往过,跟几乎能当自己父亲的有妇之夫约会。她的行为在世俗眼中是绝对不能容忍的,而她自己却乐此不疲。这种自信源于她对真挚爱情的渴望,不论旁人如何评价,她依旧追随着自己的内心,保持自我,不落窠臼。

琼妮——发现自我的代表

琼妮,卫斯理学校一名成绩优异的学生,担任着各类学会的会长,各科成绩从来没有低于 A,是教师眼中的全才生。就是这样一名优等生,在凯萨琳布置的课后作业中竟然只得了 C。原因是她的答卷全部按照书本的内容去解答、分析,而没有自己的思想。直到此时她才懂得拥有自己的思想是多么的重要。因此在后来填报大学申请以及放弃申请选择结婚的过程中,她始终坚持着自己的思想。虽然她最后选择回归家庭,但这是她内心的选择。这种选择仍然值得敬佩。

凯萨琳的教育理想是伟大的,她想要培养的是未来教育的领袖。而她的教育理想亦值得每一名教师去学习、借鉴。作为一名教师,教育理想不仅对自己的教学生涯影响巨大,对学生的影响亦十分深远。凯萨琳坚持贯彻思想的重要性。从她的第二堂课开始,她运用情景陶冶法,教授给学生思想的重要性,让学生设身处地地感受到自己的思想。通过不同的知名或不知名画家的作品,让学生去感悟、去发现、去评价。这都是在培养学生追随自己内心的能力。学生贝蒂在《蒙娜丽莎的微笑》这幅作品前跟母亲讲的话点明了影片的主旨：实情往往跟表象不同，有人看到蒙娜丽莎在微笑，而有的人却能看到她微笑背后的辛酸与无奈。这种教育理想对于我国当代的教师具有借鉴意义。新课程改革已经提出十多年，然而当前的学校教育仍然倾向于注重传统的教学，对学生思想的启迪、个性的培养做得仍然不够。在一线奋斗的教师们可以借鉴凯萨琳的教育理想及做法，培养出真正的有思想、有个性的新时代的"优秀学生"。

影片的最后，凯萨琳离开了学校，因为她不会遵循学校专门针对她而制定的严苛且近乎迂腐的协议条款，她不会对世俗妥协。在她离开的那一刻，全班同学骑着自行车在她所乘坐的汽车后面追，依依不舍。因为她们从凯萨琳身上不仅学到了知识，更发现了全新的自我，找回了丢失已久的思想。凯萨琳笑了，露出蒙娜丽莎般美丽动人的微笑，她的努力没有白费，她的理想也都在学生的身上实现了。她的离开并不意味着结束，而是预示着一个崭新的开始：教育对她而言不是职业，而是毕生奋斗的事业……

（任琳琳　执笔）

二、教育激情是教师职业的精神风貌

人是一种有意识、有目的的存在。一个人为了理想去奋斗、去奉献,是一件快乐、幸福的事情。对于一个教师而言,一旦热爱上本职工作,将理想上升为坚定的教育信念,自然会焕发出澎湃的教育激情。

激情总是表现为热爱、专注、投入、执着。所谓教育激情,即对于教育的热爱、专注、投入、执着。它是一种活力、一种朝气,也是一种敢于挑战、自强不息的敬业精神。激情是由内而外的强烈心境。一个富有激情的教师是一个充满自信,一谈起教育就如数家珍、眉飞色舞的人;是一个一走上讲台就神采飞扬、妙语连珠的人;是一个学而不厌、诲人不倦、爱生如子、爱校如家的人。教育激情是一种事业心,也是一种生活追求,在本质上则是个体生命的自觉和自省。可以想象,一个教师如果发自内心地喜欢自己的职业,上班、下班就不会是机械、繁琐的负担,而会成为个人生活不可分割的重要组成部分。一个热爱教育、富有激情的教师,对即将到来的新学期会有一种欣喜和期盼,而在学期结束或学生毕业之际,又会恋恋不舍、迟迟吾行。

教育是一项心灵感召心灵、精神召唤精神的事业。教育激情出于对知识、真理的热爱,更出于对晚学后辈的关心呵护。教育激情是一种责任感和使命感,更是一种"朝夕虑其事,日夜经其务"的工作状态。教育激情是教育理想的行动化、立体化,它最直观的表现就是勤勤恳恳地履行各项职责。众所周知,创造性是教师职业的内在要求。但是,创造需要激情,没有激情飞扬,创造很难有实质性内容。常言道:老医生,少先生。这句话所揭示的正是岁月（实为经验）之于医生的意义和青春（实为激情）之于教师的重要性。不难发现，有不少教师的专业知识、专业技能都不差，课堂设计也有板有眼、像模像样，但上起课来却索然无味，教学效果欠佳。为什么？往往就是因为缺少了激情和互动，学生的主体性和参与意识没有被唤醒。

知之者不如好之者，好之者不如乐之者。如同学生的"学"有知学、会学、乐学一样，教师的"教"亦有知教、会教、乐教等不同层次。只有教师乐教，学生乐学，师生才可能共同进步，教学才可能交相辉映。感人心者，莫先乎情。只有激情才能点燃激情，才能打动学生，吸引学生，引发兴趣。一个有激情的教师和一个倦怠的教师，对学生的影响截然不同。一个有激情的教师会潜移默化地感染学生，使学生欢快愉悦、阳光自信，形成积极乐观的人生态度，而一个没有激情的教师很难营造轻松活泼的学习氛围，也很难激发想象力和创造力，更难以化育人格和开启心智。

正如《"诗人"教育家李吉林》一文所言："做教育的人，他本身就应该是诗人。做教育如果没有诗人的气质，诗人的理想，诗人的激情，是很难真正把教育做好的。一个没有激情的教师，绝不可能成为优秀教师。"李吉林老师本人也说："正是为了儿童使我成为一个执着的探索者，一个不倦的学习者，一个多情的诗人。""诗人是令人羡慕的，其实教师也是用心血在写诗，那是写的人们最关注的明天的诗，不过那不是写在稿纸上，是写在学生的心田里。"在本质上，教育是一项富有诗性而需要激情投入的事业。一分耕耘，一分收获。在追求规模和速度的工业化时代，教师非常需要向诗人学习，学习诗人的倾情、浪漫、专一、执着。相信种子，相信岁月，相信激情。当大家一窝蜂探讨"研究型教师""专家型教师"的时候，我们更应该呼唤"诗人型教师"和"激情型教师"！

这里之所以特别强调激情，是因为现实中越来越多的教师丧失了激情，陷入了倦怠。而且，正是由于厌教、厌学情绪有愈演愈烈之势，教育激情才上升为判定一个好教师的重要标准。不能否认，大多数教师都能够遵守职业规范而踏实工作，但也必须承认，由于市场经济、社会转型和价值多元的大环境影响，由于繁重的工作压力和各种物质诱惑，不少人开始斤斤计较，特别在意工作量和薪水之间的比例关系，滋生了"做一天和尚撞一天钟"的消极心理。在这种情况下,教育活动的审美价值大打折扣,教师职业的精神内涵和生命意义被严重忽视和遮蔽。不能否认,长期从事同一职业,每个人都可能遇到麻烦、挫折,出现倦怠,就如同人生不可能一帆风顺、一马平川一样。我们也承认,许多"老教师"也曾经意气风发、豪情满怀。但遗憾的是,不少人随着年龄的增长和工龄的延长,往往不知不觉地安于现状、不思进取,淡忘甚至放弃了曾经的理想,工作成了例行公事,步入一种"不求有功但求无过"的懒散、平庸状态。更糟糕的是,有些人长期陷于倦怠、焦虑状态而不能自拔,甚至思想麻木、随波逐流,有意无意地成了"应试教育"的推手或帮凶。

事实上,没有对个体生命意义的不懈追求,就没有教师职业观念的不断更新。长期以来,"春蚕到死丝方尽,蜡炬成灰泪始干"是赞美教师职业的经典诗句,也是业内外对于教师职业的"刻板印象",认为教师是"蜡烛",是"燃烧自己照亮别人"的人。但细致分析会发现,"蜡烛"和"燃烧"的丰富内涵并没有得到全面地理解和阐释,被过度渲染的往往是所谓的"牺牲"和"奉献"。而且,"假如把牺牲的行为看成是只对别人有意义而对自己毫无意义的行为,这恰恰意味着自己只不过是一件工具而不是一个显示着人的价值的人。如果一个人自身是无价值的,那么他所做的牺牲也就成为无道德价值的贡献"。孔子曾经说过:"己欲立而立人,己欲达而达人。"其实,教师职业并没有想象中那么悲壮,就其本质而言,它应是一个在平凡中实现社会价值,同时也实现个人价值,在成全他人的同时也成全自我的职业。或者说,"燃烧"是一种付出、牺牲、奉献,也是一种价值、意义和幸福的实现方式,内含着教师职业特有的浪漫和美丽。

人生在世,难免有困惑、压力和挫折,而我们只有两种选择:改变现实,或者被现实所改变。李嘉诚的"蛋喻"发人深省:"鸡蛋,从外打破是食物,从内打破是生命。人生亦如是,从外打破是压力,从内打破是成长。如果你等待着别人从外打破你,那么你注定成为别人的食物;如果你自己从内打破,那么你会发现自己的成长相当于一种重生。"对于深陷倦怠的教师而言,出路只有两条:要么改变职业、改变环境,要么改变自我、改变态度。一味地批评、抱怨,自甘平庸或沉沦,无益于己,无济于事,而有愧于学生。

《热血教师》：释放激情　成就自我

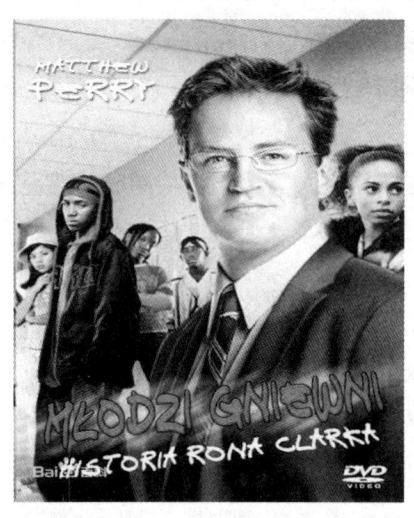

【片名】*The Ron Clark Story*（《热血教师》）
【导演】兰达·海恩斯
【主演】普林斯通·特那/玛瑞萨·维加
【国家/地区】美国/加拿大
【片长】86 分钟
【发行时间】2006 年
【语言】英语
【获奖情况】2007 年第 64 届美国金球奖提名；2007 年第 59 届艾美奖提名

剧情简介：

影片主人公罗恩·克拉克，一个褐色头发，架着金丝边眼镜，着衬衫戴领带的男人，一心致力于他所钟爱的教育事业。当他从报纸上得知纽约公立学校急需好老师时，他毅然离开了自己的父母，离开了自己的居住地——北卡罗来纳，前往纽约哈林区的一所小学去践行自己的诺言——"敢于梦想，敢于冒险，追逐人生中最渴望的东西"。在这里，他开始了自己新的教师生涯，接管了学校里最差的班级，用自己的热情和创造力感染着每一个学生。当学生对他上课的内容表示无兴趣时，他运用独特的教学规则和革新式的教学方法唤醒了他们的求知欲；当家境困难想要念书的女孩陷入两难时，他为其打通通往课堂的道路；当有着艺术天赋的男孩受到诱惑和威逼时，他对其加以引导，使其特长得以发挥……他观察着班级里的每一位学生，发掘出他们特有的才能并对他们进行引导。因为对教学的热情，对学生的痴情，即使刚从肺炎中解脱出来，克拉克也马上回到他调皮的学生当中，帮助学生做好毕业考试的准备。最终，他所任教的班级在他的坚持与不懈努力之下取得了骄人的成绩。

当一个人为了自己的理想和信念去奋斗时，他就会爱上自己的本职工作，自然也就会迸发出一种对工作的极大热情，这时，他是快乐的，也是幸福的。在教师行业中，如果教师对教育事业表现出一种热爱、专注、投入和执着，那么他就会对学生给予信任，也敢于挑战教学中出现的困难，这样的教师是富有激情的。

一个对教育具有激情的教师，谈到教育，眼睛就会焕发出热力四射的光芒；谈到学生，就会视其如己出并眉飞色舞地讲述其种种潜能。一个对教育充满激情的教师，就会发自内心地喜欢自己的职业生活，将其作为自己生活中不可分割的部分。一个对教育富有激情的教师，会留恋学生、留恋教室、留恋学校，会期盼新学期的到来，会对学生给予肯定和鼓励。当克拉克在纽约斯诺顿小学教学楼的过道上等待校方安排他与学生见面时，他抬头发现一个小男孩正站在教室门口的垃圾桶里面。见此情景，他走上前和这位小男孩进行交谈，关心地询问道："嗨，你是怎么回事？"小男孩卑怯地回答："老师说我学不会，所以应该和垃圾一起扔出去！"听到此话，克拉克向前大跨一步走到小男孩跟前，继续和他攀谈："我是克拉克老师，你叫什么名字？"小男孩说自己叫哈德里，这时克拉克主动伸出手和其握手，并幽默地说自己很健忘，忘记了自己的名字。哈德里答道："你是克拉克老师。"克拉克将哈德里从垃圾桶里抱出来并说："瞧，你学到了东西。"当哈德里听见老师这样的话语，心里肯定是开心的，因为老师给予了他一种肯定和鼓励，这对他自信心的建立是非常有必要的。这样的鼓励教育，能够拉近教师与学生间的距离，会使老师意识到学生的"差"只是暂时的、相对的，学生是可以培养和转化的；亦会使学生看到自己的潜能，看到老师对自己的不放弃，增强学生的自信心。

　　教育激情不仅表现为对学生的关心和呵护，也表现为教师对知识和真理的热爱。它激发着教师每天勤勤恳恳地履行职责和按时按质地完成工作，它孕育着教师的创造性，使教师在课堂教学中能够运用多种趣味性活动唤醒学生的求知欲，它促使着教师更加执着地追寻教育真谛，使学生在身体、智力和灵魂的修养上都获得发展。影片中，为了唤醒孩子内心沉睡的渴望成功的欲望，为了帮助全班学生更好地学习美国历史并记住美国的42位总统，克拉克备课到深夜，发挥自身特长把繁杂的历史知识编成了说唱歌曲，并在全班不屑的起哄声中摇头晃脑地边跳边唱。随后全班同学也跟着他唱起来，教室里一片欢腾。可想而知，当老师改变自己喋喋不休的讲课形式，将枯燥的知识转化为朗朗上口的说唱歌曲，将自己对知识的热爱以革新的方式传递给学生时，学生的情绪应该是何等兴奋，而取得的课堂效果也就可想而知。学生在这样轻松愉悦的学习氛围中接受知识，该是何等地轻松，对知识的掌握该是何等地牢固！在这里，一个富有激情的老师随时都会让学生徜徉在欢乐的知识海洋中，让他们尽情领略知识的魅力，尽情品尝学习的乐趣，进而表现出对知识和真理的渴望及热爱。

　　一个有激情的教师会执着于对个体生命意义的不懈追求，会坚持自己最初的梦想，他不仅要追寻自己的人生意义，还要和学生一起追寻学生内心最渴望的东西。在追梦的道路上，每个人的经历都不可能一帆风顺，都会遇到困难和挫折。克拉克老师在追寻自己的教育梦时遭遇到了来自学生们的责难：藐视班规、毁坏教室、恶意顶撞、恶意留言……这接连不断发生的事情对他的到来和存在提出了严峻的挑战，让他的梦想开始发生了动摇。最后，在忍无可忍的情况下，他选择了放弃。但是，他又非常不甘心，因为示弱乃至放弃都不是他的本意，不是一个老师该有的素质，更不是一个富有激情的老师所应表现出来的行为。当学生在充分享受把老师气走的快乐时，克拉克又重新回到了教室，带着坚定的决心回来了。为了让学生能够安静地听自己讲课，他努力摸清楚他们的性格特点，迎合他们想看老师出丑的想法，和他们约定：

只要他们好好听课，自己每15秒喝一瓶巧克力奶。这样一节课下来，克拉克老师要喝上多达180瓶的巧克力奶。他这样趋于"自虐"的行为目的只有一个：希望学生能静心地听他讲课，在课堂上学到知识；为了唤醒孩子们的梦想和他们内心深处尘封已久的对成功的渴望，克拉克老师用自己的攀岩经历告诉学生，学习的道路就如同攀岩，当你敢于尝试，敢于冒险，敢于克服内心的恐惧时，你会发现你也能够做到你之前认为自己永远都做不到的事情；当你成功时，你就能够享受到那种飞翔的感觉，能够知道自己可以做比之前想象到的还要多的事情，只要你愿意，梦想蜡烛点燃的时刻就是你体验梦想的开始，接着你就可以尽情体验那种"飞"的美妙感觉——成功的喜悦。

一个有激情的教师会平等地看待每一个学生，并尊重他们的想法和个性，视他们如同自己的家人。世界上不可能有两片一模一样的树叶，也不可能有两个一模一样的人，每个人都有他自己的独到之处。为了更好地了解每一个学生，克拉克老师在正式接管这个被全校认为班风最差、学生素质最低的班级时，挨个走访学生家长，期望家长可以配合学校教育，督促学生完成家庭作业，并告诉家长他们的孩子是优秀的。因为老师的点拨，印度女孩的父母知道孩子在科学方面有所造诣，胡里奥的妈妈知道孩子在数学方面表现突出，泰肖恩具有艺术天赋，莎美卡具有领导才能且在英语方面会有所成就。克拉克这位充满激情和正能量老师的出现，使这些孩子的天赋很好地被发掘。每个人身上都具有可学习之处，都会成为他人的学习对象。一个有激情的教师还会将学生作为自己学习的对象。为了能够与学生融为一体，克拉克老师非常用心地跟学生学习"双跳（绳）"，其目的是让学生知道该如何学习，也让他们意识到面对眼前的障碍，只要自己努力克服，任何困难都会被踩在脚下。看到老师一次次摔倒，仍然在坚持着学习跳"双跳"，学生受冷落的心也慢慢被融化了，他们看到了老师的良苦用心，也感受到了老师的爱心。最终，老师学会了"双跳"，学生们也愿意跟他学习知识。

热爱自己的职业和学生，专注于自己的知识和技能，投入百分之一百的热情，执着于教育梦的追求，努力启发学生的生命意义，做一个有激情的教师！

（韩芳芳　执笔）

《洋妞到我家》：教育的冲突与和解

【片名】《洋妞到我家》(When a Peking Family Meets Aupair)
【导演】陈刚
【主演】徐帆/陈建斌/陈一诺/佳妮娜·阿拉纳·特拉诺瓦
【国家/地区】中国
【发行时间】2014 年

剧情简介：

影片主要讲述一个中国家庭与"洋妞保姆"娜塔莉之间的有趣且又引人深思的故事。皮皮是酷爱灰姑娘的 5 岁小女孩，皮妈一直希望皮皮能够接受优质教育，能有一个美好的未来，因此，她便一心筹划着皮皮出国的事情。在生活和工作的双重压力下，皮妈渐渐失去了生活激情，开始抱怨生活，抱怨皮爸。为了让皮皮更好地学习外语，皮妈请来了哥伦比亚籍互惠生娜塔莉教女儿学习英语。娜塔莉和皮妈不同的教育方式带来了一次次冲突和碰撞。娜塔莉一直坚持自己的教育理想，用阳光般的热情态度教皮皮学英语。皮妈通过反思和认识周边正在发生的变化，渐渐意识到自己为皮皮准备的优质的国外生活不是皮皮所需要的。皮皮真正需要的是父母多一点时间的陪伴和家庭的和睦。最后，坚强的皮妈终于寻找回生活的激情，一家人也变得越来越和谐，越来越幸福。

"教育"从来没有像今天这样被众星捧月般地重视着，因而现在的孩子是幸福的，他们享受着优质的教育资源，翱翔在五彩缤纷的知识海洋中。然而，现在的孩子也是不幸的，因为"教育"也从来没有像今天这般将孩子紧勒着脖子，难以呼吸。新时代的孩子受父母的牵制，被圈入各种辅导机构、特长训练班……失去了自由，失去了体验生活的机会。他们一边享受着蜜罐般的幸福生活，一边挣扎着、冲突着，试图逃离"蜜罐"生活。导致"教育"步入今天这样尴尬的局面的原因很多，教育缺乏对话、教师缺乏教育激情是最为核心的原因。

对话教育：用激情拥抱教育，让教育回归童真

教育激情是一种精神态度，是教师对教育事业的热爱、专心、投入和执着，是敢于挑战、自强不息的敬业精神，是优秀教师的职业精神风貌。

互惠生娜塔莉是来自哥伦比亚的一位充满阳光味道的女孩。她是一位诗性的教师，有诗人般的激情、诗人般的浪漫、诗人般的豪放和勇气。激情、活泼、勇敢、独立、个性、性感是她典型的特征。虽然她身上也有一些不足，但是她那眉飞色舞、会说话的表情和那抑扬顿挫、感情洋溢的语言表达深深地感染了皮皮和她的家人。

影片中，皮妈足足用了3分钟的时间向娜塔莉介绍皮皮的生活起居。水果只能吃有机的；出门不许坐公交和地铁，只许打的；出门要带帽子、披肩，要一小时涂一次防晒霜；在外吃饭必须到四星级酒店，必须用自备的餐具，喝汤时要先用过滤网过滤鱼刺和骨头……这就是皮妈经常说的"我们家皮皮是要当公主养"的真实写照。一个普通的家庭，要求一个5岁的活泼开朗、机灵调皮的孩子"精致""幸福"地生活。皮妈脱离生活的教育遭到娜塔莉的质疑和反抗。

娜塔莉采用了英语游戏式教学法。她首先通过用英语和皮皮对话，初步

了解英语的意思,然后再说出中文意思,引导皮皮讲出英文。例如坐地铁时,她把握真实的教学环境,适时教皮皮学习地铁相关用语……娜塔莉将英语学习融入游戏,这种贴近生活的教育思想和我国近代著名教育家陶行知提出的"生活即教育"的思想如出一辙。娜塔莉积极同皮皮交流、对话,用激情拥抱教育,让教育回归童真,让皮皮走出家门,回归儿童本真,享受自由。

教育冲突:教育激情表现在对教育理想的执着追求

教育激情是一种精神面貌,是教师对教育的执着追求,是教师对学生的关爱和呵护,这样的激情激发教师每天都根据学生身心发展的需要组织开展有趣的教学活动。一位饱含激情的教师不会照本宣科、日复一日、简单机械地重复相同的教学内容,不会向困难和质疑低头。然而,不是所有的教育理想一开始都会被他人接受。娜塔莉寓教于乐,贴近自然,培养儿童的社会生存能力的教育思想一直都没有得到皮妈的认可。她带皮皮在社区玩游戏差点就被皮妈换人;带皮皮坐地铁被误解为是骗子;在情景教学中让皮皮给她洗脚被骂是心理变态;皮皮走丢和皮皮被骨头卡住了喉咙事件更是使矛盾再一次激化。一次次的矛盾,一次次的冲突,并没有迫使娜塔莉改变教育理想。每一天,我们都能看到充满阳光味道的她,在皮妈的质疑中,依旧激情四射,保持着积极向上的精神状态。在散发教育激情的环境中,皮妈看到娜塔莉对教育理想的执着追求,也渐渐清醒地认识到自己"公主式"教育的失败。教育不是过度地保护孩子,而是让孩子成为独立的人,让他们充满活力和激情。我们往往关注国外优质的环境,而忽略了西方教育最本质的内涵——培养独立完整的人。

对话生活:重燃激情

"愤怒着所有的愤怒,恐惧着所有的恐惧,提着一口气生活,现实生活把我变成另外一个人。"这是皮妈开场的独白,究竟是生活改变了人,还是人改变了生活?

现实的生活不像童话那么美好，外面精彩的世界处处充满危机。充满危机感的皮妈一边担心皮皮在这个竞争激烈的环境中掉队，一边害怕皮皮输在起跑线上，采用了极端的"公主式教养"的方式束缚着皮皮。钢琴、舞蹈、英语……是"公主式教养"的必修课程。皮妈看似无微不至的照顾却让5岁的皮皮连鱼刺骨头都不会吐，几乎没有任何的生活能力。因为担心而过度保护，因为过度保护而不放手，这是中国教育的一大弊端。皮爸"移得了环境，移不了心境"一语道破皮妈教育方式的弊端。

影片中，皮爸和皮妈在医院的争吵预示着剧情的转变，也是皮妈质疑自己的教育思想和生活态度的开始。皮妈从女儿出生后便开始担心她以后的生活。为了不让皮皮等待未知数，为了皮皮能有一个所谓的美好的未来，爱子心切的皮妈辛苦地帮着女儿做了选择——移民。皮妈担心国内食品问题、安全问题、教育问题、环境问题，努力给皮皮最好的环境，让她不输在起跑线上。可是人生的起跑线到处都是，人生的马拉松赛比的是后劲，第一个撞线的并不一定是第一个起跑的。皮妈过度的担忧，每天辛苦的劳作却不被认可，生活的激情也被磨灭。缺乏激情的生活，奉行"公主式"教育，这是皮皮需要的吗？芊芊的事件再一次动摇了皮妈的生活态度和教育思想。芊芊是一位会六国语言、品学兼优的好学生，大学毕业的她已经准备去哈佛深造。可是谁也不会想到，光芒环绕、万众瞩目的芊芊会有这样的梦想——在美国的村庄里简简单单地教书。究竟是什么造就了芊芊的悲剧？是什么抹掉了她对生活的期望，也磨灭了她的生活激情？芊芊的求学生涯一直都有妈妈的陪伴。她小的时候，妈妈便给予她最好的环境，最优质的教育资源，让她赢在起跑线上。17年的精心栽培，成就了万众瞩目的芊芊，也造就了对生活缺乏激情的芊芊。这是谁要的成长？谁又应该为孩子的成长买单？"我累了，我不想再这么辛苦了。"芊芊的话还在皮妈耳边萦绕着。

个体生命充满激情，身体随之舞动，心智随之跳跃，灵魂随之高尚。身体崩溃，心力交瘁，大脑疲劳，势必导致激情的消逝。现代教育需要教师（包括孩子的第一任教师——父母）永葆激情，用和谐的心态，帮助自己从冰冷的教育中走出来，快乐地工作。优秀的教师是自我反思型教师，在教学实践中教会自己用诗意的情怀感悟生活、享受教育，让幽默感和活力洋溢在整个课堂以及校园中,营造宽松而温暖的校园环境。

敬爱的老师,请您不要在什么都还没有发生的时候就开始保护孩子,请您学会放手,打破"蜜罐"式教育,让孩子去经历一些稍微有点危险的事,因为那些都是孩子成长的一部分。我们需要做的是让孩子体验快乐的生活,感知温暖的关爱,学会掌握生存能力。

(徐容容　执笔)

《女教师与女学生》:重燃激情走出职业倦怠

【片名】《女教师与女学生》(*Lovely Rivals*)

【导演】张圭成

【主演】廉晶雅/李世英/李志勋

【国家/地区】韩国

【片长】119分钟

【发行时间】2004年

【语言】韩语

剧情简介：

在韩国的一个海边小城市的中学里，有一位平日连校长都管不住的老师余美玉。她有着美丽的外表，泼辣、无所惧的个性，处事方面律人以严，律己以宽，完全不受学生欢迎。新学期开学，她一如既往地继续着她的火爆脾气。转校生高美因来到这个班级，一开始她十分想和身为班主任的美玉老师成为朋友，想让老师能倾听自己的心声，然而美玉的心思却没有过多地放在学生身上，正在打算另谋工作。美因对美玉几次倾诉不成后渐渐失望。另一方面，相貌英俊的新任美术教师浩雄前来报到，令学校一众女教师和女学生神魂颠倒。美玉对浩雄一见倾心，因为他的到来，她也暂时不考虑换工作的事了。处于青春发育期的美因也对新来的美术老师产生了好感，想方设法接近他。美因和美玉因此展开了一系列的较量，从而两人的矛盾和误会进一步加深。上级领导来校评查期间，美因让美玉在公开课上出了丑，课后美玉教训美因的场景被学生用手机拍下视频上传到了网络，家长们看到后集体到学校来反映情况，美玉也因此自己要求停课一段时间。虽然同学们平时不太喜欢美玉老师的各种教学作风，但美玉老师不在的日子里学生们却甚是怀念。美玉去找了美因的妈妈，才发现美因的家庭情况、青春心理和自己小时候很相像，告别美因妈妈时正好碰到美因，美玉向美因道歉。美因哭诉她一直以来的各种行为都只是为了能引起美玉老师的注意，美玉惊讶不已，十分自责。她发现自己没有了当初刚任职时的激情，现在不是一个合格的好老师了，决定立即辞职并离开这座城市……正当同学们沮丧地看到又是校长来代课的身影时，美玉老师重新回来了，同学们一阵欢呼雀跃，美玉老师和同学们的脸上都洋溢着幸福的笑容。

一名教师想要焕发出澎湃的教育激情，首先心中要有教育理想，然后将理想上升为坚定的教育信念，一旦热爱上本职工作，自然会拥有教育激情。主人公美玉老师在电影前半部分表现出了一种职业倦怠的状态，每天按部就班，对于自己的教学方法从不积极思考，对于学生管理则采取打压手段，天真地以为只要这样就能把学生们治得服服帖帖。可这种教导方式只能适得其反，学生们私下十分讨厌。诚然，这和美玉老师的自身性格十分相关，火爆的急性子脾气就不会很耐心细致地对待学生。但从电影情节中可以看出，美玉老师当时正在打算离开这所学校。寻思着另谋出路对于一个老师来说就意味着没有了教育理想和信念，教育激情在其身上自然也就荡然无存了。可想而知，一个没有了职业理想、信念和激情的老师，每天教授给学生的又将是什么？一个对自己未来都迷茫徘徊不定的老师，又能怎样以身作则地感染教育学生？

教育事业是相当神圣的，它不同于其他任何职业，教师面对的是祖国的花朵，是一张张未曾涂抹过的白纸。学生是一个个易受影响善于模仿的孩子，老师和父母是他们最直接的模仿对象，所以老师的言行举止在学生面前不能随意而为，言传身教的力量是相当大的，不容忽视。学生的内心很敏感，他们善于捕捉老师的言行并加以揣测，他们在意老师对自己的看法，所以老师的心情很能影响他们。试想一下，一个不热爱教育的老师每天传递给学生的是什么？学生从他（她）身上感受到的是什么？电影中的小主人公美囡从美玉老师身上感受到的就是漠视，对自己的漠不关心。美囡是新学期的转校生，刚来到这个陌生的环境，她最想亲近的就是班主任美玉，可好几次美囡满心欢喜地想要和美玉老师倾诉自己的内心，都被美玉老师随意打断。美玉老师满脑子都在想着自己的事，根本无暇顾及学生的内心，现在的这份工作对她来说只是一个过渡，她迫不及待地想要离开，只是还没找到去处。

影片的前半部分都是轻松搞笑的情节，转折点出现在美玉老师的一次对外公开课上，美囡让美玉在有外校领导来旁听检查的公开课上出了丑。美玉老师恼羞成怒，放学后惩罚全班同学，美囡不忍同学们受牵连，找美玉老师求情只惩罚自己一个人，美玉抑制不住心中的怒火不自觉地甩了美囡一巴掌，这一场景恰巧被班上的学生用手机拍下视频并上传到了网络。第二天，许多看了视频的家长纷纷来到学校找校长讨要说法，美玉老师心生愧疚向校长提交了辞呈，校长挽留她时，她坦言辞职的事已经想了很久，原本是想换个教书的环境，可现在发现自己已经不再适合继续当教师了。校长只好同意她暂时离职，给她时间再好好考虑一下。随后美玉去找美囡妈妈道歉，得知美囡的爸爸两年前去世，她更感自责。美囡的情况和她小时候有很多相似之处，她反思自己没有好好了解情况，设身处地地为美囡着想，还把她当成假想敌处处为难，作为班主任的她觉得自己实在太不应该。出门告别后正巧遇上回家的美囡，美玉向美囡诚恳地道歉，美囡哭诉说她一直以来的各种行为只不过是想引起美玉老师的注意，她之前那么想亲近美玉可是都被漠视了，她在家里得不到想要的关爱，所以很想和美玉老师做朋友，但感受到的都是忽视甚至唾弃，她觉得美玉老师眼里根本没有自己，只有美术老师，她不甘心……美玉听了非常震惊，她十分抱歉没能好好地对待美囡，她希望美囡能够重回学校好好读书，不要让妈妈伤心失落，自己则表示将会辞职离开。美玉老师当晚给班里每个学生都写了一封信，她忽然察觉到自己之前都没能用心地好好对待他们，走之前想弥补些，给每个人都写了寄语。第二天美玉早早地来到教室，站在讲台上望着下面一张张摆放整齐的空课桌椅时，她想起了自己当年第一天当教师的情景，一模一样的场景下，她正在认真演练着自己人生中第一堂课的开场白，虽然稍显青涩和紧张，但那份对于自己即将开始的教育事业的激情随处可见。

　　不难想象，当年的美玉老师有着对于投身教育事业的满腔热情，有着对于实现自己教育理想的满心憧憬，有着对于自己教育理念和激情的满怀信心。当年的她一定是个受学生爱戴的好老师，一定是个真心付出、努力实践的好榜样，而现在正在给孩子们分发最后一封信的她已经深刻意识到自己的错误。如果继续当老师，现在的她一定能做得很好，只差最后一把推力就能让她有勇气重新面对，重拾教育事业。美玉老师随后告别母亲驾车离开这座城市，在途中她收到了学生们想念她、挽留她的短信，并遇上了自己教的第一个学生，这个已经当了交警的学生看到自己当年敬爱的美玉老师时非常激动，连连问好并主动放行，在他心里老师的地位比总理的地位还要高。美玉老师被深深地触动了，情不自禁地哭了起来。这一刻你能感受到她的内心一定重拾了当年的那份教育理想、信念和激情，又因为这些经历，现在的她对于教育的感悟肯定更加深刻，回去之后会更懂得善待孩子们并能正确教导他们。第二天美玉老师的身影终于重新出现在了教室，同学们一阵欢呼雀跃，集体为她献唱了教师节歌曲，呈现出一片其乐融融的美好温馨之景。

　　"全国有多少老师是合格的老师？为他人做出榜样行为的就可以称为老师了。"这是校长在挽留劝导美玉老师时讲的一句话。最后重返讲台，重拾教育激情的美玉老师就为那些出现职业倦怠的教师们做出了榜样行为，那时的她就是一名合格的老师。对于深陷倦怠的教师而言，出路只有两条：要么改变职业、改变环境，要么改变自我、改变态度。之前一心想改变职业环境的美玉老师幸运地找到了改变自我、改变态度的契机。愿那些身感倦怠的教师们也能如美玉老师那样抓住机遇，重新点燃对于教育事业的激情。

（吕依玲　执笔）

《麻辣教师》：有智慧更有激情

【片名】*Great Teacher Onizuka*（《麻辣教师》）

【导演】铃木雅之

【主演】反町隆史/藤原纪香/田中丽奈

【国家/地区】日本

【片长】108 分钟

【发行时间】1999 年

【语言】日语

剧情简介：

电影根据日本漫画《GTO》改编，剧情由电视剧版结尾的那个神秘电话展开。这个电话就是邀请鬼冢英吉到幌比内镇中学任临时代课教师。初到幌比内镇，鬼冢就遇到两名想要自杀的学生，在危急关头，鬼冢凭借他的教育激情和智慧，及时挽救了这两名学生。经过第一天的接触，鬼冢了解到之前想要自杀的男生叫市川阿荣（牧民的儿子），女生叫桂木绫乃（校董的千金）。绫乃因为没有朋友，渴望得到关注，于是频频制造"事故"；阿荣喜欢绫乃，却由于性格懦弱不敢向她表白。鬼冢因此明白，要想让二年级C组的学生接受、认可自己，就必须先跟他们做朋友，而且要先跟阿荣和绫乃做朋友。于是鬼冢决定要帮阿荣向绫乃表白，帮绫乃得到友情。随后，鬼冢使出他那令人咋舌的教育手段，怂恿同学们为阿荣和彰彦打架的胜负下注赌博，剪断绫乃和自己乘坐的热气球的绳子，摔倒阻挠、辱骂学生的校董，突破警察的层层围堵把绫乃接回学校，等等。鬼冢的教育手段让人匪夷所思，看似荒诞出格，但是最终却让阿荣在众人面前向绫乃表白，而绫乃也重获友谊，放弃去伦敦留学的决定。同学们最终认可、接受了鬼冢。

教育需要智慧，更需要激情。不知从何时起，老师们越来越厌倦教学，面对一个个既像天使又像魔鬼的学生，他们非常无奈，经常抱怨。对教育事业只剩下抱怨，怎么会有激情？没有激情的老师不会得到学生的认可和尊敬，这是一个恶性循环。

影片中的鬼冢英吉是一个极富教育激情的老师，他生活态度积极乐观，对于学生的各种问题敢于接受挑战，从不逃避困难。初来乍到的鬼冢面对的是一群厌学、捣蛋的问题学生，可是他用饱满的教育激情，在不到一个星期时间内就让学生们接受、认可了自己，他是怎么做到的呢？

知己知彼　了解学生

备课是老师们每天都要做的工作，但备课不仅仅是研读教材，还应该了解学生，也就是知学情。兵法有云，知己知彼方能百战不殆。老师要想顺利地开展教学,就必须了解学生,了解他们的学习状态、思想动态、家庭背景等等。鬼冢刚来到幌比内中学,面对问题学生,他首先做的就是了解这群学生,了解他们的家庭背景、学习和生活中遇到的困难。

鬼冢第一天上班就遇到两起学生自杀事件,先是从铁轨上救下想要卧轨的市川阿荣,之后又凭借自己的教育智慧从楼顶上救下想要跳楼的桂木绫乃。平息自杀风波后,鬼冢去校长办公室正式报到,校长让他到二年级C组任临时代理班主任。随后,鬼冢来到二年级C组上第一堂课,阿荣和绫乃都在这个班上。绫乃仍旧不消停,又玩起了自杀游戏,拿着一把匕首和一包番茄汁假装自杀。鬼冢见状,果断叫其他学生自习,自己抱着绫乃去了保健室。在保健室,鬼冢终于明白,绫乃是因为没有朋友才制造了这一系列"事件",想引起大家的注意。

放学后,丢了钱包的鬼冢无处可去,他找到被自己救起的阿荣,想要到阿荣家借宿。晚上,阿荣一家款待了鬼冢,并邀请他暂住家里。吃完饭,他看见阿荣一个人在对着一头小奶牛说话,之后又在阿荣房间发现一封情书。这封情书是阿荣写给绫乃的,原来阿荣一直暗恋着绫乃,可是因为胆小、门不当户不对等原因,阿荣始终没有向绫乃表白。鬼冢这一次又要出手了,他决定帮助阿荣向绫乃表白。

鬼冢带着饱满的教育激情来到学校的第一天,遭遇了种种问题,但他没有逃避,而是主动去接触学生。他通过跟绫乃和阿荣的聊天,知道他们想要自杀的原因。作为一个有激情的老师,鬼冢决定帮助他们解决问题。

擒贼擒王　摆平"祸首"

经过一天的接触,鬼冢大概了解了这个班的情况,班上有几个问题学生,尤其是阿荣和绫乃这两个想要轻生的学生,他们都有心理问题。要想让这个班的学生接受、认可自己,就必须先跟他们做朋友,而首先就是要跟阿荣和绫乃做朋友。所以他决定帮助阿荣克服懦弱的心理,勇敢地向绫乃表白,帮助绫乃找到友谊。所谓擒贼先擒王,摆平了这两个"贼首",鬼冢相信他就能得到大家的认可了。

第二天放学后，鬼冢利用彰彦想揍阿荣的契机设计了一场赌局，让同学们赌谁能赢。其实鬼冢想利用这种看似荒唐的游戏达到两个目的：一是鼓励阿荣跟彰彦打架，激发阿荣的男子汉气概；二是制造机会让阿荣在绫乃面前好好表现一番。打架一开始胜负就已定，阿荣实在太弱。就在绫乃要转身离开时，阿荣又站了起来，虽然最后还是被击败，但阿荣表现得非常顽强，虽败犹荣。看到阿荣这么顽强，同学们纷纷围着阿荣大呼崇拜。就在这时，鬼冢告诉学生们，真正的朋友不会这么轻易转变的，看到阿荣这么优秀就要跟他做朋友而抛弃彰彦，这不是真正的友谊。之后学生们都陷入沉思，而绫乃的反应很激烈，似乎这刺到了她的某根神经。

第三天，大家开始接受鬼冢，都来到教室上课，只有彰彦想逃课。大家都劝阻彰彦，见此情状，鬼冢很感动，跟学生们说这才是真正的友谊。但绫乃却很反感，认为这是无聊的友情游戏，继而跑出教室。班上没有一个人阻止绫乃，鬼冢为此质问大家为何不劝阻她，整个教室都沉默了，后来阿荣冲出教室去追绫乃。阿荣看到绫乃正在跟镇上的一个老爷爷告别，说自己周末就要去伦敦了。晚上，阿荣跟鬼冢道出了一个一年前的故事，鬼冢听后，认为自己判断正确，绫乃内心非常渴望得到朋友，获得大家的关心和认可。

第四天，鬼冢无意间与绫乃坐上了同一个热气球，趁此机会，鬼冢进一步了解了绫乃。绫乃告诉鬼冢，这个小镇没有什么值得留恋的，已经决定周末要去伦敦。鬼冢把热气球连接地面的绳子剪断，告诉绫乃要学会摆脱一些束缚，摆脱父亲对自己造成的负面影响。

作为富有激情的老师，要敢于接受挑战，迎难而上，以积极的态度面对学生的困难。鬼冢认为先把阿荣和绫乃的问题解决了，其他学生的问题都会迎刃而解，他的教学就能顺利开展了。他把大部分精力都花在了这两个学生身上，想出各种办法引导和激励他们，他总是这么有激情。

不战屈人　获得认可

老师要有激情，绝不是计老师挖空心思去整学生，让学生屈服于老师的淫威，这样的屈服只是外在的。老师不仅要有激情，还要有智慧，要使学生从心底里尊敬老师。所谓"不战而屈人之兵，善之善者也"。要想得到学生真正的尊敬，老师就必须关心学生，替学生解决困难，与学生做朋友，平等地对待学生。鬼冢当老师以前是暴走族老大，应该很能打，但他深知暴力不能使学生真正地认可和接受自己。他想用激情和智慧征服他们，他做到了。

第五天，绫乃带着对小镇的绝望提前离开。鬼冢得知绫乃提前出发去伦敦后，立即跑去教室鼓励正在考试的学生们去挽留绫乃，他对学生们说交朋友不需要看出身，该出手时不出手就不是朋友。学生们被鬼冢的一席话感动，纷纷去追绫乃。可是这时火车已经离开。但是鬼冢还是不放弃，他只身一人开着车赶上了火车并拦下火车将绫乃带回了学校。

一到学校，绫乃看到同学们都在等她，叫她不要离开幌比内，她深受感动。警察以为鬼冢就是悍匪，追着鬼冢到了学校，在一片混乱中，阿荣终于鼓起勇气向绫乃表白，赢得了大家的掌声，绫乃则感动不已。

校董随后赶到，他一脸疑惑地问绫乃，鬼冢这样的人算是老师吗？绫乃回答道："我不知道他算不算老师，但他是我们的朋友。我不用再去伦敦了，因为这里我有很多朋友！"

老师不仅需要智慧，更需要激情。面对学生对自己的不屑一顾，鬼冢没有暴跳如雷，也没有给学生难堪。他凭着自己的教育激情和智慧，专注于学生的困难，关心学生，让学生感受到了爱。有了爱就有了一个好的开始！

（钟仁云　执笔）

《地球上的星星》：未来的尼康老师

【片名】*Stars On Earth*（《地球上的星星》）

【导演】阿米尔·汗

【主演】阿米尔·汗/达席尔·萨法瑞/塔奈·切赫达

【国家/地区】印度

【片长】165 分钟

【发行时间】2007 年

【语言】北印度语/英语

【获奖情况】宝莱坞第 53 届 Filmfare Awards 电影奖最佳导演、最佳影片

剧情简介：

8 岁的印度男孩伊夏热爱绘画，他的脑海中都是奇妙幻想并因此自得其乐。但他的绘画才能没有得到充分赏识，且因学习成绩一塌糊涂，不断闯祸，受到老师责骂，同学嘲笑，动辄得咎……终于学校忍无可忍，伊夏父母只能将他送到郊外一所寄宿学校，寄望他好好学习，不再闯祸。然而在被迫离家后，伊夏消沉、无助、愤懑，情况越来越糟。幸运的是学校新来一位美术代

课老师尼康，改变了伊夏。初次见面，尼康老师热情慷慨，鼓励思考和幻想，课堂上充满欢声笑语，他很快受到了孩子的喜爱。只有伊夏无动于衷，沉浸在自己无尽的悲哀世界里。尼康老师很快察觉到无动于衷的伊夏，询问了伊夏同桌和学校老师后，他独自去拜访伊夏的家。在看了他之前的作业后找出了他的症结所在——读写障碍。此后尼康老师以爱心、耐心、关心、责任心帮助伊夏克服读写障碍，伊夏在学习上一天天进步。最后，伊夏在全校师生参与的绘画比赛中摘得桂冠，其画作刊登在了学校年鉴的封面。在尼康老师的帮助下，伊夏终于重新找回了快乐和梦想。

《地球上的星星》是一部印度电影，以特色的艺术表现手法，展现令人震撼的教育主题。出现在该影片开头和片中的色彩鲜艳、活泼灵动、充满奇幻想象的卡通动画，为电影增添了可爱和动感元素，加上贯穿影片的动听音乐、灵动舞姿，给观众带来美的视听感受和震撼心灵的体验，非常适合儿童、教师和家长观看。

当然该电影的魅力不局限于其展现的故事情节、音乐歌舞和生动画面，而更多在于其引发的教育思考。更直接地说，是这位美术教师的教育激情点燃了整个影片的热点和高潮，给予观众强烈的心灵震撼。细心、观察敏锐的美术老师尼康刚来，就发现了闷闷不乐甚至自闭的伊夏，他翻阅伊夏的画稿和使他受到责罚的作业本、考试卷，开始了解了伊夏的问题所在，原来他是个有读写障碍的孩子，却有着非凡的想象力和绘画天赋。对于患有自闭症的孩子，我们看在眼里，却不明白他们的内心世界，就像星星一样，触不可及。伊夏这颗小星星不幸掉落下来，身上闪烁着痛苦的光芒，刺痛了尼康老师。于是老师用课后的时间，从字母读写开始教伊夏，且运用其教育智慧，采用不同的方法帮助伊夏练习读写。用手指在沙堆里写字母，用彩色的橡皮泥捏成字母，用他喜欢的彩色绘画方式练习数字的书写，在操场上的台阶上跳来跳去地练习计算……如此不断练习，其乐融融，伊夏对学习有了兴致并越来越高，成绩自然也就显著提高。最后尼康老师为了恢复伊夏的自信，只身劝说校长举办绘画比赛，并请全校师生都踊跃参与。果真，伊夏在绘画比赛中赢得了第一名，他的画还被作为学校年鉴的封面，年幼的伊夏也终于拾回了久违的快乐和自信。

此片给观众的留白充满了教育激情。但是教育激情是什么？它是衡量能否当好教师的一个标准。教育激情是教师职业的精神风貌，它是一种活力、一种朝气。片中的尼康老师是一位有个性的老师，帅气、善良、真心、温柔，他给学生上的第一堂课就以歌舞形式登场，灵动、快活、富有感染力，使得在课堂上的孩子们不由自主地跟着老师舞动、歌唱。这么一位富有活力与朝气的老师，哪个学生会不喜爱呢？因而尼康老师很快就融入到了这个班级。其实无论中小学还是大学，教师的朝气和活力都是拉近师生关系的制胜法宝。

除了最表层的特点，教育激情也表现为一种敢于挑战、自强不息的敬业精神。苏霍姆林斯基说，爱学生是基础，敢于挑战是教师上进的动力。尼康老师初见郁郁寡欢的伊夏就心生怜爱，同时给予他更多的关注。在其他老师和校长都对伊夏表示无奈和放弃的情况下，尼康老师也曾表现出担忧。但他还是捧着帮助伊夏的爱心，通过询问伊夏同桌和其他教师，了解他的情况，并独自奔赴伊夏家一探究竟，终于找出了问题所在——伊夏患有读写障碍。他克服各种困难，提议举办全校性的绘画竞赛，并说服校长和老师都参与其中，一个敢于挑战的教师形象跃然呈现。

教育激情是一种由内而外的强烈心境，是对于教育的一种热爱、专注和投入。对教育的赤诚之心和强烈的责任感，使教师能激情满怀，即便在平凡的教学工作中，也能永远保持一种崇高的敬业精神、无私的奉献精神。尼康老师快乐着学生的快乐，与学生、与孩子们在一起便是他最快乐的时刻。在课堂之外，尼康老师坚持在特殊学校做义工，每周都牺牲自己几个小时的时间，帮助伊夏练习读写……种种这些，若心中没有教育激情的火种，又如何能够做到？

德国教育家第斯多惠说，教育的本质不在于传授本领，而在于激励、唤醒和鼓舞。反观现在的教育，未能激励、唤醒和鼓舞学生的最大原因便是教育激情的缺失。

教师有了激情，方能焕发光彩，神采飞扬，启发诱导，激发学生的兴趣，调动学生的参与意识和积极性，从而引起学生的高度注意，提高教学效率。你可看到尼康老师神采飞扬的描述牵动着孩子们的一颦一笑？

教师有了激情，方能细心、亲切地善待每一位学生。生动活泼的学生是茁壮成长的幼苗，需要教师用细心和爱心浇灌，继而成长成才。有了这种激情，尼康老师才能在教学之余，苦思冥想，为伊夏和全班乃至全校学生的绘画才能的发挥而尽心竭力。

教师有了激情，才能恰当地发挥创造性，创造性是对教师的内在要求。时代飞速发展需要教师具有创造性，社会不断前进，不同的家庭、多样的受教育者渴求具有创造性的教师，新课标也指出要以培养学生创新精神和实践能力为重点，因而对教师的创造性要求不言而喻。而创造性是需要教育激情来点燃的，拥有了激情才能恰如其分地对教育施加创造性。尼康老师之所以能组织开办这场别开生面的绘画比赛，不得不说是因为他对教育事业的热爱和满腔的教育激情，而他的这一创造性举措也让伊夏丰富的想象力和创造力在比赛中得到了淋漓尽致的展现。

教育需要激情，但激情源自于哪里？激情源于对教育理想的追求，源于对教育的责任担当，源于对知识、对真理、对本职工作的热爱，更源于对后辈的关心呵护。教师的教育激情不是偶然的也不是瞬间爆发的，就如影片中尼康老师快乐着学生的快乐，悲伤着孩子的悲伤。他在特殊学校任职并抽空帮助特殊学生；在发现伊夏的不快乐后，沉浸其中不能自拔；在赶往伊夏家的途中主动为邻座妇女的婴儿换尿布，请一位童工吃饼干和牛奶……一切都那么自然，足以看出他对学生、对小孩的关心与呵护，因而尼康老师的所作所为也都在情理之中。

尼康老师之所以能保持这种教育激情，更本质的原因在于他心中秉承的教育理想、教育信念。人之所以愿意去奋斗、去奉献，并在此过程中获得快乐和感动，是因为他的热爱，因为他心中的理想和信念。他坚信每一个孩子都是特别的，就像天空中的星星，都能闪耀出独特的光芒；他坚信每一个孩子都是独特的，他们以自己的步调学习；他坚信世上没有差孩子，只要付出爱心、耐心和适当的教育，他们都会焕发出自己的光芒；他坚信应该用快乐和自由的教学风格感染学生，不用规则束缚学生，而应让学生自己去思考，去想象。在教育理想的牵引下，才可能获得专业发展的持久动力，才可能成为真正的好教师，成为一个即使平凡但绝不平庸的教师。

影片节奏不紧不慢,娓娓道来,不突兀,在你看得稍不耐烦时就会有一段歌舞,既符合情节发展的需要又舒缓了观众的疲惫。电影在多组儿童天真烂漫、快乐诙谐的画面中结束,使观众在视觉和听觉中收获别样的异国风情,更给观众心灵上的震撼——每个小孩都是特别的,教育需要我们的激情,学生需要尼康这样的老师!

你,会是未来的尼康老师吗?

(谢燕菲 执笔)

《弦动我心》:用激情点燃激情

【片名】*Music of the Heart*(《弦动我心》)

【导演】韦斯·克雷文

【主演】玛丽安·斯特里普/安吉拉·贝塞特

【国家/地区】美国

【片长】124 分钟

【发行时间】1999 年

【语言】英语

【获奖情况】获得 1999 年奥斯卡奖最佳女主角提名;本片主题曲获得当

年奥斯卡奖最佳原创歌曲

剧情简介：

　　这是一部由真人真事改编的电影。女主人公罗伯塔被丈夫抛弃后，带着两个孩子独自生活，经老同学布莱恩介绍，她来到黑人聚集的东哈林区小学应聘音乐老师。孩子们一开始并不乐意学习这个在他们看来毫无用处的小提琴课程，在课堂上表现得十分调皮捣蛋，学校有些老师也并不看好这个课程，小提琴本身又是出了名的难学。但罗伯塔坚信所有孩子都有能力学会拉琴，她凭着对小提琴的热爱和独特的教学风格，以极大的热情投入到教学中并初见成效，孩子们慢慢地开始遵守课堂纪律，并渐渐喜爱上了这门课程。罗伯塔带领孩子们在学校礼堂举办了一场音乐会，家长们被邀请前来观看，演出很成功。一眨眼，罗伯塔的小提琴课程就开设十年了，它成了学校里最受欢迎的课程之一。然而教育局的一纸通知打破了快乐的教学，因为教育经费的大幅缩减，学校不得不取消罗伯塔的小提琴课程。罗伯塔当然不会就此放弃，为了让课程保留下来，她和家长们一致决定要通过收费演出的方式来自筹课程经费。在朋友们的全力支持和帮助下，罗伯塔和学生们以及多位知名小提琴家共同在卡耐基音乐厅举行了一场十分轰动的精彩演出。罗伯塔的小提琴课因此得到了大力支持并继续开设下去。

　　女主人公罗伯塔是一位充满着教育激情的小提琴老师，之前由于丈夫的海军工作要经常调动，为了照顾家庭，罗伯塔不得不放弃自己的工作，但她心中始终有着音乐教学的理想。于是她的丈夫准备为她开设小提琴私人教学班并买好了 50 把教学所需的小提琴，然而课程还未开设，她的丈夫已移情别恋弃她而去。痛苦过后的罗伯塔决心自食其力重拾教育理想，经过努力，她成功应聘为东哈林区小学的音乐老师，教授小提琴课程。虽然一开始这门课程并不被家长和其他老师认同看好，孩子们也并未对它产生兴趣，但罗伯塔坚信孩子们都能学会并爱上这个乐器，即使小提琴是公认难学的乐器。每天，她都以极大的热情投入到教学中，很快，她的学生取得了令人难以置信的成绩——他们演奏优美，手法熟练。孩子们成了热情、聪明、遵守纪律的小提

二、教育激情是教师职业的精神风貌

琴手。

罗伯塔是一位非常有理想的教师，诚然，她确实很需要这份工作来养家糊口，但她的坚持付出完全是出于对小提琴教育的热爱和执着。她对于音乐教学有着坚定的理想，她认为每个孩子都能学会小提琴的坚定信念造就了她强大的教育激情，她专注于这份事业并全身心投入进去。她充满热情不断创造，她具备超越自我的发展意识以及教书育人的激情和活力。学校还有一位音乐教师——劳西先生，他偏于保守的思想和安于现状的各种教学表现与罗伯塔形成了鲜明的对比，他对于这些孩子的音乐学习能力表示担忧，完全不看好这门课程，不相信他们能学会拉小提琴，但罗伯塔的教学让孩子们都做到了。

心灵感召心灵、精神召唤精神，这是教育事业的真谛。对知识、真理的热爱，对晚辈后学的关心呵护，都是教育激情的不竭源泉。它是一种责任感和使命感，更是一种"朝夕虑其事，日夜经其务"的工作状态。勤勤恳恳地履行各项职责是教育激情最直接的表现形式，它是教育理想的行动化、立体化。纳依姆的母亲不让他学小提琴只是因为她觉得这是白人干的事，她不需要罗伯塔这样的白人老师来这里充当黑人小孩的拯救者。而罗伯塔告诉她，自己来到这并不是为了拯救任何人，只是因为单身母亲的身份需要这份工作，如果她以为这样做是在保护自己的儿子，那就错了，如果阿瑟·阿什的母亲要他放弃打网球仅仅因为这是项白人的运动，结果会怎样？要知道，关键是纳依姆的感受，拉琴的时候他脸上洋溢的快乐表情，作为母亲的她真该好好看看。

这样一种出于责任感和使命感的教育激情是需要用心和智慧的，而罗伯塔就具备这种教育良知和智慧，她不愿放弃任何一个想要学习小提琴的学生。她经常为极具天赋的雷切尔私下单独授课，还为她申请了天才儿童计划并报名了朱丽亚音乐学院，这一切都是她发自内心主动帮助学生去做的。她的这种教育激情完全出于对音乐的热爱和对学生的关心呵护，而这种教育激情又促使她拥有更强大的内驱力去爱护她的学生，如此良性循环。即使面对德肖恩这种一开始并不喜欢小提琴还很调皮捣蛋的孩子，她也并不气馁，还自创一套教育方法。德肖恩也渐渐被老师对于小提琴教育的激情所感染，喜欢上了她独特的教学风格，开始自觉遵守课堂纪律，学习进步得很快。这就是教育的魅力，心灵感召心灵，精神召唤精神。

罗伯塔具有敢于挑战、自强不息的敬业精神，她的教育激情是由内而外的活力与朝气，她充满自信，把小提琴教育事业当成自己的生活追求。当她的两个儿子都为她的婚姻生活着急，帮她刊登征婚信息时，她却说她没有精力和时间去想那些，她一门心思地从事她的小提琴教学，拥有这些和当前这个家她就很知足很快乐了。

罗伯塔深刻理解自身职业的独特性和独特价值，她拥有远大的教育理想和深刻的教育情怀，她具有获得专业发展的持久动力，她是一个好教师。经过十年的辛勤耕耘，罗伯塔让一批又一批的学生乐在其中，学有所成，小提琴课程也因此成为该校最受欢迎的课程之一。然而，教育局通知将大量缩减教育经费，学校不得不取消一些额外课程，音乐课首当其冲。在随后到来的音乐会上，罗伯塔发言道："这可能是最后一场学校音乐会了，因为教育局以及学区总监方面认为，音乐对于我们的孩子来说并不重要，可他们错了，我们是不会同意的。"不论遇到什么困难，罗伯塔都不会放弃她的教育事业，她和家长们商讨要通过收费演出的方式来自筹课程经费。在众多朋友的全力支持和帮助下，罗伯塔和学生们与多位知名小提琴家共同在卡耐基音乐厅举行了一场十分轰动、反响热烈的精彩演出。"十年前，罗伯塔走进我的办公室，因为她要找份工作，因为她有种信念，就是所有孩子都有能力学会拉小提琴，于是我们就联手开办了东哈林地区小提琴课程，通过这个课程，有上千名孩子从中受益，他们由此开阔了视野，拓展了他们的生活空间。如果这样的课程被取消，孩子们的未来就会少很多精彩。"这是学校负责人珍妮特在卡耐基音乐厅演出前说的开场白，可以看出罗伯塔的小提琴课程对孩子们的各方面发展都十分有益，她也因此受到家长的认同和尊敬，就连著名的音乐家、小提琴家都为此感动、敬佩并大力支持。当然，在座的观众也都不自觉地为她激动、鼓舞，特别是她在卡内基音乐厅演奏完毕放下小提琴的一刹那，那种感动和钦佩之情油然而生。

罗伯塔是一位知教、会教、乐教的老师，教师乐教、学生乐学，师生才能教学相长，教学才能交相辉映。感人心者，莫先乎情。她用激情点燃激情，打动学生、吸引学生，引发他们的浓厚兴趣。她用自己的激情潜移默化地感染学生，使学生欢快愉悦、阳光自信，形成乐观积极的人生态度。她的教育激情还营造了轻松活泼的学习氛围，激发了想象力和创造力，化育人格和开启心智，帮助学生健康成长。

最后，献上电影的片尾曲歌词，这是为赞扬罗伯塔这样的好教师而量身制作的，写得特别贴切，与君共享：

> 你永远不会明白
> 你为我所做的一切
> 你对我的信心
> 让我的心灵如此愉悦
> 你永远不会明白
> 你赋予我的才智
> 将伴我终生
> 路漫漫其修远兮
> 吾将上下而求索
> 你使我充满希望
> 你渡我到达光明彼岸
> 你教会我前行
> 你教会我飞翔
> 助我释放潜能
> 助我聆听心灵的音乐
> 你开阔了我的眼界
> 你让我敞开心扉
> 我接触到未知的世界
> 都是因为你无私的爱
> ……

（吕依玲　执笔）

《伟大辩手》：为理想与希望而辩

【片名】The Great Debaters（《伟大辩手》）

【导演】丹泽尔·华盛顿

【主演】丹泽尔·华盛顿/福里斯特·惠特克

【国家/地区】美国

【片长】126分钟

【发行时间】2007年

【语言】英语

【获奖情况】第65届金球奖最佳剧情片提名

剧情简介：

影片取材于真人真事，以非裔高校——威利学院（Wiley College）为舞台，讲述了美国黑皮肤诗人马文·托尔森在战后种族歧视甚盛的岁月里，组建并指导一支名不见经传的辩论队，通过不懈努力最终赢得全国锦标赛冠军的励志故事。在南方诸州，政府依旧沿袭着19世纪70年代制定的对黑人实行种族隔离或种族歧视的法律。黑人没有选举权，并在社区、学校、交通等公共场所以及就业、婚姻、司法、军役等各方面受到残酷的隔离和歧视。

马文·托尔森作为一名有知识、有头脑、拥有高人一等语言天赋的，具有坚定理想信念的杰出黑人代表，非常希望通过自己的力量为同胞们做些事情。于是在课堂教学之余，他开始着手在学校中组建黑人高校的第一支辩论队——威利学院辩论队。在他的精心挑选下，四名学生脱颖而出进入了辩论队——汉密尔顿·伯格斯、亨利·劳伊、唯一的女辩手莎曼萨和年仅14岁的小詹姆斯·法默尔。

在辩论队组建之初，队员们对辩论几乎毫无概念。通过托尔森教授的言传身教，提高了队员们的语言表达能力。在托尔森教授的影响下，队员们掌握了唇枪舌剑的武器，最终用思想的利器战胜对手。托尔森教授的反叛精神和充满激情甚至略带激进的教学方式也因此经常受到激进人士的炮轰，但他始终坚持自己的教育理想和信念，最终依靠团队的智慧和良知赢得最后的成功。

《伟大辩手》这部电影以辩论为主题，以托尔森教授带领的四人辩论队成长历程为主线，反映了20世纪二三十年代的美国黑人通过辩论反抗种族歧视的励志故事。作为影片的灵魂人物，托尔森教授亲眼见证了美国社会加之于有色人种的不平等，并深感自己有教化下一代的沉重责任。作为坚定的民权主义者，托尔森教授时常被当地人称为激进分子。但外界对他的指责和干扰他都视若不见，一心将自己的革命激情付诸辩论，并将这种激情倾注于培养他一手组建的辩论队。此外，影片幽深、精炼的对白一方面烘托了托尔森诗人般的气质，另一方面也把观众引入对黑人生存现实的沉思。

影片的一大特色是将托尔森教授的激情和坚定的信念刻画得淋漓尽致，他的这种激情和为理想而辩的信念也深深影响和改变了他的学生。结果可想而知，他如愿将辩论队送上哈佛的殿堂，并赢得最终的胜利。如果说教育激情是对教育的一种热爱、专注、投入、执着，是一种活力、一种朝气、一种敢于挑战自强不息的敬业精神，那么托尔森教授堪称是具有教育激情的典范。

首先，托尔森教授对教授学生辩论充满热爱。这种热爱一方面是发自内心的，另一方面是怀揣着为黑人争取自由权利的伟大理想。他给学生上的第一堂课便是诗歌。只见他一边口中诵读着经典诗词,一边登上讲台旁边的凳子并站在上面,声情并茂地继续他的抒情式诵读。深谙教育艺术的托尔森教授还善于抓住教育的良机,通过看似好笑的事例引出并不可笑还略显残酷的既定事实,这经常让学生陷入沉思。可以说,托尔森对教授学生辩论的热爱贯穿影片始终,正是这种热爱让他充满激情和动力,推动他不断邀请其他学校辩论队同自己的辩论队辩论,不断克服外界对自己指责的压力,甚至因此被捕也不放弃。

其次,托尔森教授是一个做事专注、投入的人。也许是因为深谙诗歌修辞,托尔森教授兼具诗人的激情和专注。在他挑选辩论队队员时,小法默尔的小声低语被他发现,他随即向小法默尔提问,直至得到满意的回答。为了训练队员们的发声,他让每个队员口含异物,并不断大声而清晰地对答有关辩论的"真理"。

> 谁是你的对手?(Who is your opponent?)
> 对手不存在。(He doesn't exist.)
> 为什么不存在?(Why does he not exist?)
> 因为他不过是反对我所说真理的声音。(Because he is a mute distant voice the truth that I speak the truth.)
> 谁是裁判?(Who is the judge?)
> 裁判是上帝。(The judge is God.)
> 为什么是上帝?(Why is he God?)
> 因为他决定谁胜利,谁失败,而不是我的对手。(Because he decides who wins or loses, not my opponent.)

再次,托尔森教授是一个坚定执着的民主斗士。托尔森教授是一个有思想、才华横溢的人,他百折不挠地反抗种族压迫的抗争精神和执着追求卓越目标的精神感染、改变着周围的人。他甚至将这种执着的理想追求升华为一种教育责任,即帮助那些来自社会底层、备受压迫的黑人学生找回自尊心和被压制的思想;教育他的辩论队学会用真理和语言为武器,为种族平等而辩。

他所要真正传达给学生的是激起他们的信心和斗志，唤起他们的思想。用托尔森教授的话说，就是"去找到，拿回自己的理性思想"。

与哈佛辩论队辩论的机会是来之不易的。直到快要登上前往哈佛大学火车的那一刻，队员们才获悉托尔森教授因为被政府监管而不能与他们一同前往。当威利学院辩论队兴致勃勃地来到哈佛大学即将辩论时，主办方却临时改变了题目——"公民的不服从比正义战争更有力"，威利学院作为正方。在这个悲喜交加的时刻，队员们却因在辩题论点上的不同观点发生分歧而产生矛盾。但最终他们都勇敢而理智地战胜了自私和不自信。可以说辩论队在发展的过程中遇到了各种各样的困难，托尔森教授的那份坚守的执着，最终为他的辩论队化解危机，实现了他们的辩论梦想。

托尔森教授的成功不仅在于把威利学院辩论队培养成了冠军队，更为重要的是他的思想和精神指引着辩论队员们在人生的道路上走得更远。小法默尔，那个当初年仅14岁的小成员，在5年之后成为全美最大民权组织之一的"种族平等委员会"的创始人和领袖；女辩手萨曼莎则成为了一名民权律师，并领导了第一次乘坐种族隔离公交车以示威的"自由行"；亨利则进入了"白人大学"并成为一名牧师。

是什么精神激励着辩论队员们在人生的道路上走向成功？无疑是托尔森教授教会学生的超越辩论的深刻思想。其一，辩论的意义不是说话技巧的简单博弈，而是话语权的争夺。托尔森教授引导学生不要过分关注怎样把东西表达得更精彩，真正应该关注的是怎样思考本身精彩的东西，怎样去引领民众思考。其二，辩手有义务和责任去引领民众思考看似主流之外的重要东西。真正的辩论是要鼓励和引导人们推理、深思、宽容、忍耐，仔细考量各种证据。自古希腊开始，辩论便成为苏格拉底、柏拉图以及亚里士多德等哲人寻求民主的最佳途径。托尔森教授也坚信，他们并不只为辩论而辩，是为自己而辩，为真理而辩，为黑人的权利和尊严而辩。其三，让真理自己说话。托尔森教授认为语言是比原子弹更强大的力量，它可以改变人类文明的进程。关键在于我们是否愿意放下自己的想法，让上帝做裁判，让真理自己说话。其四，辩论的精彩不是华丽的辞藻，也不是单纯的唇枪舌剑，而是话语的力量。霍布斯曾说："没有刀剑，话语不过是空话而已。（Words is words without swords.）"是的，人说的话并没有自我成全的力量。换言之，如果没有一种力量将辩论的"所指"与"能指"弥合，将一切的虚空填满，那么辩论只能是辩者自我中心的一种膨胀。

（郭明净　执笔）

《摇滚校园》：激情的燃烧　生命的唤醒

【片名】*School of Rock*（《摇滚校园》）

【导演】理查德·林克莱特

【主演】杰克·布莱克/琼·库萨克

【国家/地区】美国/德国

【片长】108分钟

【发行时间】2003年

【语言】英语

【获奖情况】第13届MTV电影奖（2004）最佳喜剧表演

剧情简介：

年过三十，视音乐为生命的摇滚乐队主唱杜威·芬，抑郁不得志、生活窘迫，现实的残酷逼着他将希望寄托于年底的摇滚大赛。霍洛斯小学打算聘请杜威的好朋友内德作为学校的代课教师，杜威为了薪水顶替了内德。偶然的一堂音乐课，让杜威发现了孩子们的音乐才能，杜威对于摇滚的热情被再次点燃。

杜威根据孩子们的特长进行了分工，由小学五年级学生组成的摇滚乐队就这样应运而生。这支小小的摇滚乐队承载着杜威的摇滚梦想，在对孩子们的一次次教学中，杜威开始沉迷于做老师的感觉，完成了教师角色的转换。杜威对于自由的追求，对于摇滚的坚持都使孩子们重新审视自己，他们开始考虑学校、家长赋予他们之外的梦想。大赛在即，杜威既要应对校长的教学压力，又要处理孩子们的心态问题，还需面临冒名代课的身份被揭穿的危险……杜威真的能带领他的乐队扬帆起航、创造奇迹吗？魔法教师、摇滚校园的故事还在继续……

《摇滚校园》讲述了冒名顶替的代课老师与学生之间的故事，看罢影片，第一反应是杜威·芬可以算是一名老师吗？他所传递给学生的一切可以算是一种教育吗？他在代课期间的种种表现体现得更多的是他个人对摇滚的热情、对自由的追求等性格特征，还是说作为教育工作者可以借鉴的教育理想、教育激情、教育智慧和教育良知？带着这些问题，继续追问：教育是什么？什么样的教育才是完善的教育？教师的角色身份又是什么？众所周知，关于"教育"的定义多种多样，就广义的教育而言，凡是增进人们的知识和技能，影响人们的思想品德的活动都是教育。根据广义的教育定义，我们也可以将教师的定义加以延伸，广义的教师泛指传授知识、经验，对人的思想品德产生影响的人。基于这些，前面所困惑的问题就迎刃而解了，杜威·芬不仅是一名老师，而且具备专职教师需要学习的良好品质。无可否认，教育就是静静地唤起生命的觉醒，就像雅斯贝尔斯所说："教育的本质意味着：一棵树摇动另一棵树，一朵云推动另一朵云，一个灵魂唤醒另一个灵魂。"就是说，良好的教育是一种体验，是一种生命内在的觉醒，这种体验和觉醒是一个人一生的财富与镜鉴。《摇滚校园》中的杜威·芬正是灵魂歌者的一员，这位拥有魔力的"魔法教师"在摇滚校园用"情感共鸣、思维共振、个性共扬"的魔法成就了学生激情的燃烧、生命的唤醒、灵魂的转向。

情感共鸣

苏联教育家苏霍姆林斯基说:"如果教师不去设法在学生身上形成这种情绪高涨,智力振奋的内部状态,那么,知识只能引起一种冷漠的态度,而不动感情的脑力劳动只会带来疲劳。"影片的开头,当杜威·芬刚踏进霍洛斯小学时,他所抱有的心态仅仅只是混过这几个星期,每天无所事事,坐等放学。这个时候的他谈不上有何教育激情,他与学生之间互不熟悉,彼此看不惯对方的表现。

随着剧情的深入,一次偶然的音乐课,杜威在孩子们身上看到了他们的音乐才能,让杜威重燃摇滚乐的希望,将自己对于摇滚音乐的梦想赋予了这支小小的摇滚乐队。这个时候的孩子们惊讶于杜威的转变,正是杜威这种180度的大变化使得他们开始深思,为什么一个之前让他们不忿的老师,突然摇身一变,成为那个组建乐队、浑身上下仿佛有用不完劲的老师。也许极大的反差更能凸显摇滚之于杜威犹如他的生命,任何人都可以从他疯狂痴迷的状态中看出杜威真的热爱摇滚,学生们也不例外。杜威把摇滚的真谛传达给了大家——摇滚从来就不只是一种音乐,它是一种精神、一种生活方式、一种世界观,它覆盖的可能很多很多。

在杜威的感召下,孩子们渐渐理解杜威,因此出现了一幕幕令人感动的画面。为了摇滚,杜威献出自己的青春,因为他相信摇滚精神是永不熄灭的,"摇滚不是为了赚钱,也不是为了出风头。这是一个非常严肃的事业,我们是有使命的。一场出色的表演,可以改变世界。"摇滚不在于摇首弄姿,不在于标新立异,而是向世界呐喊——我活着,我摇滚,我存在。正是杜威对于摇滚的痴狂,为了重振自己的摇滚事业,他渴望通过自己感化学生,与学生一起构建一支坚持初衷的摇滚乐队。这份坚定让他在不经意间完成了角色的转化,他以为自己只是一名热爱音乐、坚持梦想、为摇滚而活的歌手,他没有察觉,悄然之间,他已经成为了摇滚音乐的捍卫者,摇滚乐的传承者;他以为自己只是在为摇滚的梦想而奋斗,他所做的只是为摇滚比赛而准备,殊不知在这一步步中,他与孩子都发生了巨大的变化,他成为感化孩子、融化学生的一名真正意义上的教师。杜威在摇滚音乐中宣泄着自己的情感，他的激情感染着每一个孩子。学生也成为了一个个充满朝气、个性鲜明的少年。

思维共振

在对孩子们的一次次教学中，杜威开始沉迷于做老师的感觉，在不经意间完成了教师角色的转换。这个一直以来生活的失败者突然发现他的生命充满魔力。杜威对于自由的追求，对于摇滚的坚持，对于生活的坦然都使孩子们重新审视自己，他们开始考虑学校、家长赋予他们之外的梦想。在他们的歌声中，唱出的是他们的觉醒，他们不再是影片开头那些没有太多自己的想法，只是听从老师家长的训教的孩子；他们不再是一味追求成绩，以进入常春藤名校为唯一目标的学生；他们不再是空洞地过着老师、家长为他们安排好的生活的傀儡；他们不再是过去那个只有身体的躯壳，他们拥有了灵魂的高度。这一切的一切都归功于杜威，是他在不经意间运用"情感共鸣、思维共振、个性共扬"的教学成就了学生激情的燃烧、生命的唤醒、灵魂的转向。

个性共扬

杜威根据孩子们的特长进行了分工，由小学五年级学生组成一支摇滚乐队。这是一支完整的团队，杜威因材施教，充分发挥学生的优点，让他们各司其职、各尽其能。这支小小的摇滚乐队承载着杜威的摇滚梦想，在对孩子们的一次次教学中，杜威完成了教师角色的转换。杜威并没有因为自己的摇滚乐队而忽视那些并不擅长音乐的孩子。在最后的家长会上，杜威也忍不住表达出自己的心声，他为这些孩子的才华个性感到骄傲。当然，这些都是在他正确的引导下才得以展现的。人之所以为人，最为根本的就是个性。每个人的个性都不相同，每个班级的学生也各有所长。杜威作为一名"业余教师"能够根据孩子们的个性特点，给每个人都找到合适的位置，展现自己的特殊才华，使整个乐队协调合作，最后的精彩演出证明了他的安排的合理正确。这名"业余教师"在组建乐队时的充分考虑，细心观察每一名成员的心理变化,因材施教从而达到个性共扬,这些都值得专业教师借鉴学习。他本人对于生活的坦然、对于音乐的热爱、对于名利的超脱也是值得我们敬佩的。

　　影片的结尾,杜威和他的朋友内德合开了一间摇滚音乐教室,成为了一名名副其实的老师。魔法教师、摇滚校园的故事还在继续……回顾我们的现实校园、职业教师,杜威所传达的"情感共鸣、思维共振、个性共扬"成就学生激情的燃烧、生命的唤醒、灵魂的转向,正是我们新课改所追求的、生命教育所倡导的理念。《摇滚校园》中的"魔法教师"杜威运用的最大"魔法"就是他的激情,他对摇滚音乐的激情转换为他对教育的激情。教育激情是比教育热情更为强烈的感情,是教师为实现教育理想,追求完善的教育生活而难以抑制的情感。夏丏尊先生说:"教育没有情感,没有爱,就如同池塘没有水一样。没有水,就不成其为池塘,没有爱就没有教育。"所以,教师要做富有爱心、感情丰沛的人。个体生命的三种实践形式——body、mind、soul 中,身体需要活力维持、心智在于创造激发、灵魂依靠激情涵养。教师必须拥有一颗不甘平庸、追求卓越激情的心,才能臻于至善,从真正意义上与学生达到情感共鸣、思维共振、个性共扬。

(陈雅　执笔)

《霍兰先生的乐章》:启迪生命的声音

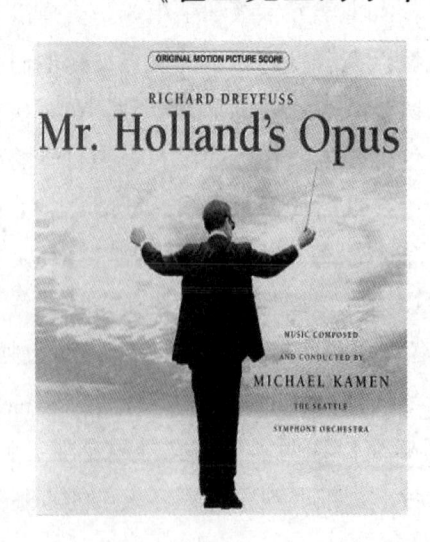

【片名】*Mr. Holland's Opus*（《霍兰先生的乐章》）

【导演】斯蒂芬·赫瑞克

【主演】理查德·德莱福斯/奥林匹亚·杜卡基斯/威廉姆·梅西/艾丽西亚·维特

【国家/地区】美国

【片长】143分钟

【发行时间】1995年

【语言】英语

剧情简介：

1964年秋，在美国俄勒冈州，作曲家格兰·霍兰为了实现他的远大理想，不得不到一所中学从事音乐教师的工作，以挣钱养家。他的这种选择，完全出于无奈，面对生活、家庭的压力，他不得不暂时放下心中的梦想，而在现实中通过音乐教师的微薄收入，来扛起现实的重担。在学校的第一堂课上，他的学生就给他一个下马威——不但弹奏乐器时走调，甚至连大名鼎鼎的古典作曲家巴赫都没有听说过。霍兰的信心遭到了严重打击，同时学校的女校长雅各布斯多次向他提出善意的批评。在霍兰的工作遇到挫折时，从事摄影工作的妻子耐心地劝解和宽慰他；好友体育教师比尔·梅斯特也用自己从教以来的亲身经历，向霍兰证明教导学生需要无私的爱心和充分的时间。

在霍兰先生的悉心培育和谆谆教导下，原本对音乐一窍不通的白人学生格特鲁德·蓝格和黑人学生卢拉斯·拉斯，竟然分别学会了单簧管和大鼓。此时，霍兰的儿子降生了，却是个先天性的失聪患儿。消极彷徨、痛苦矛盾的霍兰，无处排解心中苦闷，和漂亮的女学生罗微娜·摩根有了一段朦胧的恋情。妻子察觉到了丈夫的细微变化，但并没有点破。摩根去纽约深造后，霍兰便将全部的身心转移到了儿子和教学上，和妻子的关系也冰释前嫌。接下来的30年里，霍兰醉心于教学生活，不但提高了学生的音乐素养，而且还用爱心、信任和理解赢得了同事、朋友的尊敬和爱戴。他退休前，深怀感激之情的历届学生们欢聚一堂，为他举办了一场别具一格的盛大欢送会。欢送会上，一支激昂雄壮的"美国交响曲"向霍兰先生在教师岗位上所做的一切，表达了最崇高的敬意。

《霍兰先生的乐章》讲述了一个作曲家——霍兰先生如何成功转型为一位出色的音乐教师的故事。故事虽平实,却很触人心弦;内容虽冗长,却不拖沓。影片给人一种强烈的印象:教育激情是成为一个对学生有用的老师的必要条件!

"师者,传道授业解惑也",古人已经给"老师"下了很好的定义,所以要成为一名合格的老师,必须具备"传道""授业""解惑"这三个最基本的能力与动力!然而霍兰先生刚开始只是为了生活和有更多的时间来创作出自己满意的曲子,才找了这份不怎么喜欢的中学音乐教师的工作。在工作了一两次后,他不仅没有改变对教师这份职业的观点,反而更加厌恶这份职业了。因为一直以来,在他的固有观念里,当教师只是自己的一条"退路",没想到这条退路现在真的派上用场了,而对于教师这个职业,他觉得只是到学校"传道"的,所以他还完全没有准备好怎么去当一个令学生满意,同时也令自己满意的音乐老师。

现实生活中不乏像霍兰先生刚开始一样的教师。由于现实的压力,更多的人把教师这份职业看作是自己生活的来源,认为只要做好本职该做的工作就好,至于大部分学生是否接受自己的教学方式,是否理解自己的教学内容等,好像都与自己无关!所以当课堂上霍兰先生提了一个问题没人回应,提了另一个问题还是没人给予回应时,他便放弃提第三个问题了,而继续自言自语似的讲自己的课,学生爱听的听,听不下去的就干自己喜欢的事。这样没有互动的课堂上,一群没有生气的学生和一个不知道如何继续课程的老师,各自最期待的应该就是下课的铃声吧!然而霍兰先生没有放任自己成为一个"有名无实"的老师,为了自己的音乐理想也好,为了生活也好,最初的这些想法在面对一群天真无邪的学生时都化作了让他成为一个好老师的激情!他的激情体现在牺牲自己的空余时间来辅导个别差的学生,例如想要吹好单簧管的蓝格,对音乐一窍不通的拉斯;还体现在改变自己的上课方式,把学生喜爱的东西与要学习的东西联系起来一并传授给他们。并且他不只是教书本上的东西,还更多地教会学生怎样用心去感受美,用情去体会美,学会发现美、创造美、表达美！没有教育激情的老师，很少在意到这些细节，然而这些才真正是学生最需要的！

　　社会的剧烈变化，价值观的多元发展，物欲的肆意横流，让曾经最受人敬仰的职业——教师也面临着巨大的考验！木心先生写的一首诗《从前慢》里就说得很好："从前的日色变得很慢/车，马，邮件都慢/一生只够爱一个人。"其实不是从前的时光走得比现在慢，而是现在的人的心走得比从前的人快了！一心想成为一名优秀作曲家的霍兰先生，怎样才能同时成为一名优秀的音乐教师呢？一系列生活中的问题让他意识到，他其实可以慢下来，在成为一个优秀的作曲家之前，他可以先成为一名优秀的老师。第一次带着激情去给学生们上课，他发现取得了完全不同的课堂效果，那也是他慢慢爱上教师这份职业的开端！

　　为什么我们对教师这份职业如此敬仰？因为一直以来教师就必须是"春蚕到死丝方尽，蜡炬成灰泪始干"这种默默无闻、无私奉献的辛勤园丁！教师为我们培育出了一批又一批的祖国花朵，而祖国的花朵又是祖国的明天，所以对一个教师最高的评价莫过于"桃李满天下"！就这样，一个又一个成为了"教师"的人陷入了这样的怪圈！为了所谓的"桃李满天下"，他们没有了教师激情，而是带着满满的负担，投身于应试教育的洪流！这样的教育对学生可能一开始是有成效的，比如培养了一堆会考试的学生，比如取得了百分百的升学率。可是当真正进入到实践中时，我想很多学生的内心是空虚的，因为他们的老师没有告诉过他们怎么面对突如其来的实际问题！而霍兰先生带着他对教育产生的激情，在用心教会学生音乐本领的同时，也教着他的学生怎么回归现实。李嘉诚的"蛋喻"发人深省：鸡蛋，从外打破是食物，从内打破是生命。人生亦如是，从外打破是压力，从内打破是成长。当霍兰先生所在的学校因为经费不足要剔除音乐课时，他愤怒地与自己曾经的学生、如今的校领导麦克当面对峙，为的不是个人即将面临失业，而是学生们能得到优良的教育。可能大部分人心中"优良的教育"就是主修课优良，而在霍兰看来，如果大家都在"莫扎特、阅读、写作和算术"中选择算术的话，那学生们将没什么可读可写了！他认为时代并没有变得如何不同，只是看人们有没有意愿去为此抗争！最终的局面没有得到改变，但他也光荣地退休了，看到满堂的学生给他举办欢送会,以及成为州长的蓝格特意回来为其演奏,他作为一名音乐教师的成功已显而易见!他的生命乐章已演奏得非常动听!

总而言之,《霍兰先生的乐章》诠释了一个真理:当一名老师很容易,但要成为一名给予学生满足感同时自己也能获得满足感的老师是一件相当不容易的事!而霍兰先生能成为这样一名音乐教师的关键之处不在于他有多大的教育理想,有多少的教育良心,或是多棒的教育智慧,而在于他全身上下满满的教育激情!是现实赋予的也好,是家人触动的也罢,又或是自己的探索,Mr. Holland's Opus 已深深打动你,我,他!

(张旭耀 执笔)

《春天不是读书天》:重塑魅力课堂

【片名】*Ferris Bueller's Day Off*(《春天不是读书天》)

【导演】约翰·休斯

【主演】马修·布鲁德里克/阿兰·卢克/米娅·萨拉

【片长】103 分钟

【国家/地区】美国

【发行时间】1986 年

【语言】英语

【获奖情况】2014年12月17日入选美国国家电影保护局电影登记部2014年美国"国宝影片"名单

剧情简介：

芝加哥又迎来了阳光明媚的一天，翘课天才费利自然不会在这样的天气里选择枯燥无聊的测验。他伪装生病骗过父母，获得留在家里休息的特许。这令同校的姐姐珍妮十分抓狂。费利找来同样"生病"在家的好友马伦，两人联手骗过教导主任罗宁，驾驶马伦父亲珍藏的法拉利将费利女友思朗接出学校兜风游玩。他们三个在芝加哥市区看画展、看美式足球、进高级餐厅享受生活，而留在学校上课的学生却几乎被课堂逼得抓狂。罗宁先生为了不让深受同学喜欢的费利威胁到他的管理工作，于是"微服私访"，希望能将费利捉个正着，以便逼迫他退学。然而，罗宁先生的诡计并没有成功。

电影《春天不是读书天》的主题是宣扬美国自由主义。然而，在此将跳过这一主题，转而深入关注电影里的学生形象和教师形象，并借此来探寻"春天"胜过课堂的原因和重塑魅力课堂的途径。

电影里，主角费利和马伦两个学生形象形成了鲜明的对比。在一个需要上学的早晨，费利和马伦都因为"生病"而卧床休息，无法上学。费利装病躺在床上，凭借虚弱的神情、冷湿的手、无辜的眼神瞬间就虏获了父母的怜爱与同情，并被要求必须请假在家休息。当父母离开家去上班后，费利马上活力四射，拉开窗帘拥抱阳光，打开音乐随着节奏摇摆，沐浴更衣，清爽地开始了一天的翘课之旅。此时的马伦却孤独地躺在床上，两眼无神地望着天花板。他认为自己病得很严重，几乎快要死掉，所以必须躺在床上。床旁边闪着电火花的灯泡似乎展示着马伦此刻紧张的脑神经系统。为什么同样是正值花样年华的男生，他们的行为想法却是如此不同？从后面剧情可知，这样的差异源于家庭环境的不同。

宋庆龄曾谈到家庭对孩子的影响，她说："孩子们的性格和才能，归根结蒂是受到家庭、父母，特别是母亲的影响最深。孩子长大成人以后，社会成了锻炼他们的环境，对年轻人的发展也起着重要的作用。但是，在一个人的身上留下不可磨灭印记的却是家庭。"可以说，家庭对一个人的性格发展起着至关重要的作用。主角费利生活在一个家庭富裕、父母相亲相爱、幸福美满的家庭里，相比起姐姐珍妮，父母更偏爱嘴甜、乖巧的他。费利"生病"时，父母在他床边看望他时眼里流露的疼惜和表达的关心的话语，足以扫除他心里所有的阴霾。好友马伦却没有费利这么幸福。马伦的父亲是一个喜欢收集名贵跑车却又舍不得开的"怪人"，他讨厌妻子，逼得妻子无法与他相处而离家出走；他不相信儿子，如果儿子不小心擦花了他的名车，他就会狠狠地责怪儿子。生活在这种缺少爱和充满压力的家庭里，马伦变得悲观压抑，畏缩迟钝。

《西安晚报》刊载的一篇文章里说到：指责中长大的孩子，将来容易怨天尤人；敌意中长大的孩子，将来容易好斗逞勇；恐惧中长大的孩子，将来容易畏首畏尾；怜悯中长大的孩子，将来容易自怨自艾；嘲讽中长大的孩子，将来容易消极退缩；忌妒中长大的孩子，将来容易勾心斗角；容忍中长大的孩子，将来必能极富耐性；鼓励中长大的孩子，将来必能充满自信；赞美中长大的孩子，将来必能心存感恩；嘉许中长大的孩子，将来必能爱人爱己；接纳中长大的孩子，将来必能心胸宽大；认同中长大的孩子，将来必能掌握目标；分享中长大的孩子，将来必能慷慨大方；诚实公平中长大的孩子，将来必能维护正义真理；安定中长大的孩子，将来必能信任自己、信任他人；友善中长大的孩子，将来必能对世界多一分关怀；祥和中长大的孩子，将来必能有平和的心境。无论是家庭，还是学校，都需要给孩子创造一个充满爱与宽容、鼓励与赞美的成长环境。

电影里的教师形象直接戳中了学校教育的痛处。春天不是读书天，学生逃离课堂的原因，一方面是学生被明媚的春光吸引，另一方面是课堂被毫无激情的教师所主宰变得枯燥无聊。电影浓墨重彩地刻画了两种教师形象。第一种教师可称为"教学机器"。他们在上课时首先点名，对于生病请假的学生不关心不多问；讲课时语调苍白，自问自答，毫不在意学生是否在听课；不了解学生情况，只顾完成自己的教学任务。这种教师使课堂失去了它应有的魅力，吸引不了学生，以至于上课的学生要么听得眼神呆滞，要么趴在课桌上睡觉，要么已经神游在外。值得深思的是，该怎样打造如融融春日一般的魅力课堂呢？营造魅力课堂的关键在于教师的教育激情。一位充满激情的教师在课堂中是教学过程的设计者、组织者，是学习知识的引导者，是学生学习的合作者，更是学生学习激情的调动者。教师的教育激情来源于教师对教育的热爱、专注、投入、执着。

第二种教师是这部喜剧里面的反派加倒霉蛋——教导主任罗宁先生。罗宁先生想撵走费利，因为他觉得费利会教坏好学生，且人缘超级好的费利会危害到他管理学生的工作。于是，罗宁先生亲自到学校外面逮捕逃学的费利。《春天不是读书天》入选美国国家电影保护局电影登记部 2014 年美国"国宝影片"名单的一个重要原因在于其宣扬了典型的美国人的自由意识和个人主义。片中的教导主任罗宁先生是一个限制学生自由的反派人物形象。在罗宁先生遭遇恶狗追赶、珍妮殴打等一系列惨境后，坐上学校巴士回去时，车里学生投向他的不是同情关心的目光，反而是满满的厌恶。

乖乖待在学校上课的学生错过了美好的一天，逃课的三人经历了一天中所有的美好。在阳光明媚、春风和煦的天气里，驾驶法拉利跑车在芝加哥市区兜风；登上市区最高的大厦俯瞰四周，体验观望大地的美妙；混入高级餐厅享受美食；抛开无聊的历史课，参观博物馆欣赏艺术；加入街道游行表演，费利用激情四射的歌声引爆全场的热情；最后，费利得到了女友思朗坚定的爱情，还帮助马伦摆脱父亲的压力找到真正的勇敢的自我。也许，费利逃掉的不只是限制身体自由的课堂，还有限制思想自由的各种主义，如种族主义、资本主义等。正如费利在电影开头所说："我不相信什么主义，我相信自己。"

（严玉梅　执笔）

《非常教师》：心随生动　情系教育

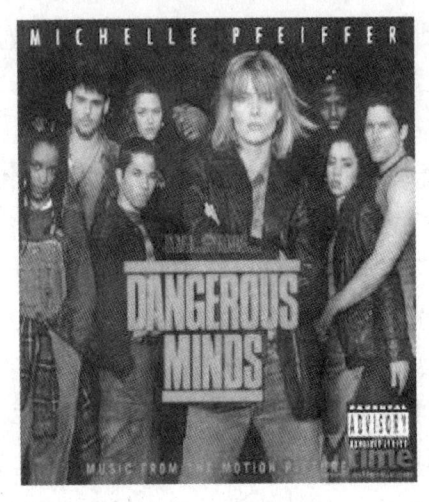

【片名】Dangerous Minds（《非常教师》）
【导演】约翰·N. 史密斯
【主演】米歇尔·菲佛／考特尼·万斯／乔治·杜兹达扎
【国家/地区】美国
【片长】99分钟
【发行时间】1995年
【语言】英语

剧情简介：

影片的主角叫露安·强生，是特教班的英文老师。所谓的特教班就是这个班级聚集了全校最不服管教的学生。这个班级的老师换了又换，但是露安经受住了考验。她不但没有崩溃，而且最终还让孩子们进行着有意义的学习。这其中的曲折、苦难不言而喻。露安怀着教育激情，凭借她的才能和性情，不计报酬的奉献，最终让这些在地狱里挣扎的孩子们进入了学习的天堂。她明白，她教给学生的不仅是学科知识，还有怎么学做"人"。

影片《非常教师》一开幕，闯入耳朵的是一首说唱歌曲 *Gangsta's Paradise*（《帮派天堂》），扑入眼帘的是黑白色的世界，这是20世纪90年代美国的贫民窟。帮派天堂，实则地狱。孩子们搭上校车，来到帕克蒙高中。此后，影片是彩色的……

帕克蒙高中来了个应聘者露安·强生。与其说是因为她丰富的简历，不如说她的到来刚好填补了特教班教师的空缺，副校长让她全职担任特教班的老师。全然不知道什么是特教的露安·强生，欣然走上教师岗位。殊不知特教班让许多老师没上课就望而生畏，而上过课的就会崩溃，这里的孩子们大多数来自破碎、贫困的家庭，被礼貌性地称为有社会问题。果不其然，第一节课，学生们给她的是不屑、调侃、试探、挑衅。或许因为听从好友赫尔的忠告，露安没有对他们大吼，她在黑板上写上挑衅者的名字"艾密里欧·拉米雷"后摔门而出。此时她明白了之前几个代课老师为何崩溃离开，认为自己也无法教这个班的孩子们。赫尔坚定地告诉她，他们只是难教，不是不可教，她要做的就是引起他们的注意，否则就辞职。露安选择了前者。当夜是个不眠之夜，露安认真研读 *Assertive Discipline* 这本书，这本书介绍的是由 Lee Canter 和 Marlene Canter 发展起来的一种课堂管理方法。里面有着这样一个做法——"将初犯者的名字写在黑板上"，这和露安早上的做法如出一辙，显然无效。露安扔掉了这本书和特教班教师熟知的各种惩罚手段。

大部分老师认为需要用强硬的手段来控制学生，他们永远无法了解，教育的真正力量来自激发生命，教师执教的永恒动力来自教育激情。充满教育激情的心，热情、投入、执着且专注。

拥有教育热情的她明白，学生大多是通情达理的好孩子，他们其实只是不了解她，并不是真的恨她，但他们已经学会去仇恨那些权威人物，而在他们看来，她也是权威人物中的一分子。很多学生只是想知道老师对他们是否是认真的，还是一味地按照学校的规定规训他们。电影中，有一个学生以"蒙面汉"形象出现，每节课都有他的镜头。第四节课后，他终于露出了脸，并说："强生老师，你最好是认真的。"他就是试探老师热情的典型代表。

对教育的执着使她明白，循规蹈矩地教学，可能会安稳地保有工作，但同时也失去了一名优秀教师的正直感。露安两次被请进校长办公室。第一次是校长担心教授柔道让学生受伤了学校会吃官司。实际上，露安是有分寸的。首先她不碰学生，其次她是在宽敞的地方指导，再次她只是指导没有危险性的柔道摔法。她还因为举了"不恰当的句子"（"We want to die."）作为例子，受到同在校长办公室的副校长的委婉批评。其实，露安并没有在敏感单词"die"上大做文章，而是在抓住学生注意力之后，转向引导学生用不同的动词替换"want"。第二次被请进校长办公室，貌似是露安犯了更严重的错——她没经过允许，没有通知任何人，就带学生去了游乐场。其实这只是在学生学习了很多诗以后，露安兑现诺言而已。在校长看来，这是对读诗的奖励，但是露安告诉校长，对她班上的学生来说，读诗本身就是奖励。此后露安没有再被请进校长办公室，并且继续着优质教学。也许优质教学有一条准则，那就是要变得无所畏惧。但事先要确定自己是正确的，或者这件事情值得你为之努力或"斗争"。

对教育执着的她懂得，教学成功的第一步是激发学生学习的内在动机。为此露安采取了很多奖励手段，如正确回答词性后的巧克力棒奖励，学习诗以后的游乐园奖励，赢得 Dylan Dylan Contest 之后的"蜜桃"餐厅奖励。但露安绝不止于给学生物质奖励。当一个学生问她继续读诗的奖励是什么，她告诉学生，学习就是奖励，懂得阅读并理解事物就是奖励，会思考就是奖励。当学生不明白地说："我现在就会思考。"她解释说："你会跑，但是训练过的跑法不同。头脑就像肌肉一样，想让头脑强健，就要锻炼它。每个新事实给你另一种选择；每个新观念锻炼出另外一块肌肉，那些肌肉会让你们十分坚强，它们就是你们的武器。这个世界不安全，我要武装你们。"学生追问："诗可以做到这些吗？"她鼓励道："试试看，反正都坐在这儿了。到学期末要是没更坚强、更快或更聪明，你们也没损失。不过要是有的话，那你们将难以击倒。"学习本身就成为了学生学习的动机。

教育执着让她明白，教学是一种完完全全的奉献。当学生问她："为什么这么苦口婆心，不就是来赚钱的吗？"她脱口而出："因为我选择关怀，再说薪水也不高。"的确，假如是为了钱而选择教学，那将是个巨大的错误，因为他们获得的薪水都被用来修复自己在巨大压力下备感疲惫的身心。露安不会因为学校里面没有影印纸而放弃打印诗歌；她自己掏钱，买了那么多奖品；

她请全班同学去游乐场；她请学生去昂贵的"蜜桃"餐厅；她借给学生老巫200美金并表示如果老巫没有毕业，就不用偿还。露安不在乎花这些钱，她在乎的是学生是否进行着有意义的学习，是否都在进步。如果说那些只是金钱奉献，那么更难能可贵的是她奉献了精力和关怀。有多少个不眠之夜，她为学生忧愁，为学生欢喜，为学生心痛。

教育专注告诉她，不要错失教育契机。这样的例子在电影里面比比皆是。在学习动词的那堂课上，露安借机引导出最有力量的动词"choose"。"选择"这个词一直贯穿着整部电影。在"蜜桃"餐厅，培养老巫应对高档饭店服务员时不卑不亢的气度。当露安准备离开学校时，老巫帮忙收拾东西，他说自己毕不了业，因为没有老师会一开始就给A。露安说："保持A比得A更难，每个人都得过A，但保持下去则是一种成就。"

教育激情让她坚持，不能失去任何一个孩子。杜瑞、莱纳没来上课，露安特地去他们家但吃了闭门羹。因为这两个孩子的家长不认为高中学习对孩子的成长有益处，而认为让孩子打扫猪圈、打工糊口更实在。露安为此感到心疼。嘉丽是个非常聪慧的女孩子，但是因为怀孕，要转学到明景中学去学习未来妈妈的各种课程，这意味着嘉丽要舍弃属于自己的美好未来。露安对此感到惋惜。当她得知转学不是必须的，立马就去告诉嘉丽这个好消息，但是嘉丽心意已决。露安感到心痛。艾密里欧本可以避免被枪杀的厄运，但是却因为未能成功向校长举报，他在街头被枪杀了。而没能举报的原因竟然是艾密里欧未敲门就走进校长办公室被赶走。然而校长竟然宣称他是在教学生如何在社会上生存。露安感到心碎，她决定离开。

教育激情告诉她，要成为光，就不能消失。露安因为杜瑞和莱纳兄弟辍学、嘉丽转学、艾密里欧死去而被深深刺痛，决定放弃这个让她如此难过的职业。但是在校的学生们没有让她就这么走掉。当知道露安要离开，本以为老师一直都会在的嘉丽决定抓住最后一次机会，为了自己，为了露安，也为希望露安留下来的同学们，回到了帕克蒙高中。又一次劝说中，学生们用诗里的精神劝说露安留下来，例如"你必须愤怒地抗拒光的流逝"。露安说，她不必对光的消逝愤怒。学生们说，他们才是愤怒的人，他们将露安视为他们的光。因为爱得深沉，露安选择留了下来。

为什么影片的镜头到了帕克蒙高中，色彩变成了彩色？因为露安·强生来了，用她的教育激情，热情而执着的心，去爱学生，给学生带来光，带来了色彩斑斓的精彩世界。

（林群平　执笔）

《我的教师生涯》：一个都不能少　一课都不能落

【片名】《我的教师生涯》（*My Career as a Teacher*）

【导演】 郑克洪

【主演】 梁家辉/秦海璐

【国家/地区】 中国

【片长】 102分钟

【发行时间】 2007年

【获奖情况】 国家广电总局电影局2007年重点推介影片；第30届蒙特利尔国际电影节聚焦世界单元展映片

剧情简介：

影片讲述了乡村教师陈玉43年的教师生涯。1963年，陈玉下乡来到新阳月亮湾小学支教。他认为学生应该全面发展，不同意校长坚持一周只上一节音乐课的主张；他为学生讲述生理知识，让他们更好地度过青春期的学习生活。但这些在校长和旁人看来都和乡村教育格格不入，陈玉甚至被村里的大队调查并被下放到就近农村养猪。劳改期间，陈玉和自己的心仪对象小兰失去联系，他只能一次次修理小兰送给他的那架心爱的手风琴。迫于与小兰分离已久的现实还有自己窘迫的处境，陈玉最终选择和对他心生爱意的周敏结婚，但心里依旧惦念着自己的恩师和小兰。1984年，陈玉恢复了教师工作，仍旧兢兢业业地教学。为了给学生筹集合唱演出服的费用，他带领学生亲手编织竹篮卖钱，但辛苦筹集的资金却因为红旗服装厂的突然倒闭而石沉大海。为了追讨之前垫付的服装费他远赴北京，却一无所获。由于高考失利，陈玉的儿子涛涛选择在北京打拼。涛涛出走和服装费被骗的双重打击令陈玉病倒了。妻子周敏变卖家中的种猪为丈夫垫付400元服装费。周敏后来身患疾病去世。退休后的陈玉拒绝儿子去北京生活的邀请，重新回到月亮湾，用自己毕生的积蓄创建了"月亮湾村青少年活动中心"。

陈玉用自己对教师职业的热爱专注、对育人事业的投入执着，书写了一位农村支教教师的人生华章。受到师范学校恩师的鼓励与支持，年轻的陈玉服从组织安排来到新阳月亮湾小学支教。他秉承着"一个都不能少，一课都不能落"的教学原则，用自己独有的教育激情感染着每一个人。

面对乡村落后的教育理念和孩子们单调乏味的学习生活，陈玉想过放弃支教，但小兰的承诺和恩师的叮嘱让他重新燃起对教育的信心与热情，并逐渐适应了月亮湾的生活。陈玉发现孩子们的课余时间除了学习之外几乎没有其他娱乐活动。他教孩子们唱歌，希望借助音乐的魅力为孩子们开启另一个世界，将来走得更远。他向校长据理力争把每周一节的音乐课增加到每周三节。但在校长看来，与其花时间教孩子唱歌，不如教些实用的东西，等孩子们长大后逢年过节、婚丧嫁娶可以写写对联、状子、祭文，家长们不需要花钱请人干这些事情。陈玉反驳道："难道你希望你的学生长大之后就是个摆摊的？"他坚持利用课余时间教孩子们唱歌。和校长主张体罚的教学理念不同，陈玉主张因材施教。他发现班里的吴春燕嗓音条件好，于是把《音乐论文集》和《实用歌唱法》两本书交给小姑娘看，还细心嘱咐道："不懂的地方到时候问我。"小姑娘有些不自信地说道："我行吗？"陈玉用激将法说道："就看你这态度，我看也不行！"班里的叶宝富在开学后连续几周旷课，陈玉特地到他家进行家访。原来叶宝富的父亲叶少国脚部受伤，母亲出走，他只能在家负责照看父亲。为了让叶宝富跟上教学进度，陈玉主动提出利用课余时间为他补课。陈玉不是圣人，他会因为淘气包张宏才乱扔东西弄脏自己的衬衫火冒三丈。他会急冲进教室，拿起教鞭对张宏才大声吼道："张宏才你要脸不要脸，你都多大了，成天就知道调皮捣蛋，你是不是不挨打不舒服？"但他突然意识到自己这样的行为正像校长之前体罚张宏才一样，于是他选择没收张宏才的弹弓，让他离开。影片这样一个细节既表现陈玉的年轻冲动，又侧面表现他身为人师的理性克制。

村里的孩子们一天天长大，于是陈玉在课上向孩子们普及生理知识，男孩们窃窃私语，女孩们脸红害羞。在封建守旧的村民看来性教育是完全没有必要的。面对校长的厉声质疑，陈玉不满地反驳道："别人说农村愚昧无知，那我们做教师的就要心安理得吗？学校给孩子们传授知识，是让他们认识自己认识世界，连自己都不能认识，怎么认识世界？就是当农民也要当一个有文化有知识的农民。"陈玉无疑是一个有远见有胆识的教师，但在1963年的月亮湾，家长们对此却不能完全理解，他们怀疑陈玉的教学意图，不让自家孩子到校上学。面对公社和"四清"工作组的调查，陈玉无奈被下放到大队养猪。"文革"期间，他发现学生张宏才把汇报演出台词"五洲震荡风雷激"错读成"五川震荡风雷激"后细心指导却反遭到大队宣传部长的严厉呵斥。最后汇报演出出现失误，这时已走下三尺讲台的陈玉仍旧坚守一位人民教师的高尚情操，想替学生们顶罪却因大队长李刚的反对只得作罢，他的学生张宏才和吴春燕因此下放劳改。

1984年，陈玉在南溪完全小学恢复了教师工作。他仍旧坚持自己的艺术教育理念，培养孩子们唱歌的兴趣，《让我们荡起双桨》的动听旋律又一次回荡在校园的上空。随着合唱比赛临近，孩子们的演出服迟迟没有着落。20块钱的服装费对于那些吃不起盐的农村家庭无疑是雪上加霜。为了实现孩子们的演出心愿，陈玉带领孩子们亲自动手砍竹子，编竹筐，用卖竹筐的钱预定了演出服装。屋漏偏逢连夜雨，红旗服装厂突然倒闭，400块钱如石沉大海。陈玉只得北上京城，亲自去服装厂追讨服装费。几经波折，陈玉还是不能追回款项，无奈病倒，最后妻子周敏变卖家中的种猪才补上400块钱。孩子们穿上漂亮的演出服，自信地站在舞台上演唱他最熟悉的《让我们荡起双桨》，陈玉心中感慨万分。年轻时未实现的音乐教育梦在今天终于圆满成真。20世纪60年代，农村信息闭塞，教育理念落后，埋没了吴春燕的歌唱天赋，春燕的女儿小洋遗传了她良好的嗓音条件。陈玉决定让小洋上城里的声乐班。小洋家里经济条件不好，陈玉就自己掏钱供她上补习班；小洋家离城里远，陈玉就把她接到自己家里住。不论刮风下雨、酷暑寒冬，他坚持及时接送孩子上下补习班。小洋不负大家期望，长大后成为了一名歌唱家。在观看中央电视台播放小洋的音乐录影带时，头发花白的陈玉满脸自豪，视力模糊的他恨不得贴到电视机前仔仔细细看清小洋的一颦一笑。

垂暮之年的陈玉仍然坚持按照国家教学大纲关于艺术课的课时规定，安排孩子们的音乐课、书法课。有年轻的教师质疑他不顾学校规定的副科课时安排，不重视提高升学率，对此陈玉只是云淡风轻地回了句："年轻人，我按教学大纲教书有错吗？"他不顾年老体弱，去发廊找回辍学做洗头妹的学生吴桂莲，把她带回家。妻子周敏只能无奈地说："你啊，还是老样子！"诚如周敏所说，无论历史如何变幻，陈玉的人生遭遇怎样的坎坷，他终其一生都在坚守自己的教育信念，保持一位教师的本色姿态。

本片导演郑克洪曾说："《我的教师生涯》不是为了树立一个行业的标尺、一个传统主旋律似的影像符号，主人公只是一名普通的小学教师，如同农民种地，工人做工，教书只是他的职业。我在剧本创作中有意识地淡化主人公的职业身份，试图通过他对职业的态度来展现他对生命的态度。"陈玉的教师生涯是极其普通的。一个学生都不能少，一节课都不能落，在现今看来几乎是每一位普通教师都可以做到的事情。然而陈玉的师德光辉在于，他用自己的一生扎扎实实践行这个原则。

大多数教师的一生不是起伏不断、澎湃汹涌的交响乐章，而是悠扬绵长、舒缓流淌的手风琴声，更是那首令人百听不厌的《让我们荡起双桨》。大多数教师的一生很难在历史篇章中留下具体的影像，但却可以久久存活在人们的心中，念念不忘，总有回响。陈玉就是最好的证明。

（徐龙静　执笔）

《光辉岁月》:"独裁者"的冠军梦

【片名】*Remember the Titans*(《光辉岁月》)

【导演】鲍兹·亚金

【主演】丹泽尔·华盛顿/威尔·帕顿

【国家/地区】美国

【片长】113 分钟

【发行时间】1999 年

【语言】英语

剧情简介:

1971 年的美国弗吉尼亚州种族隔离严重,为了促进种族融合,黑人高中与白人高中合并组成威廉中学,黑人橄榄球教练布恩也因此被调至该校任校队泰坦队的教练。然而,无论是黑人学生还是布恩教练,都受到当地白人的排斥。幸运的是,布恩教练没有在白人的示威下表露出丝毫怯弱,反而用他独裁式的训练和强势的人格魅力引领泰坦队一步步走向冠军之路。与此同时,他们的努力与成就让当地居民看到黑人与白人友好合作的力量。对于一个把橄榄球运动看得比圣诞节更重要的小镇来说，泰坦队的胜利之路也是当地黑人与白人隔阂的破冰之旅。

1954年至1968年非裔美国人民权运动的成果之一，就是终止了美国社会中存在已久的白人和黑人必须分别就读不同公立学校的种族隔离现象，开始实施学校混合制。虽然黑人比以往获得了更多的平等权利，但是黑人与白人之间的种族隔阂仍如冰山一样冷冽而坚硬。而电影《光辉岁月》中的威廉中学在1971年的夏天，成为了亚力山卓市第一个实施白人和黑人混合制的中学，也迎来了第一个橄榄球黑人总教练赫曼·布恩。

"独裁者"的教育激情

布恩教练在调到威廉中学之前是北卡州一所中学的教练，在比赛中获得过五次冠军，本来要升为总教练，结果被一个水平不高的白人抢走了总教练职位。可以说，布恩教练来到威廉中学的目的，一方面是证明自己可以胜任橄榄球总教练的职位，另一方面是带领泰坦队夺得冠军。然而，在这个白人和黑人第一次融合的学校实现冠军之梦可谓是障碍重重。

第一个障碍是尤斯教练，泰坦队的原总教练。尤斯教练从泰坦队队员小时候起就担任他们的橄榄球教练，并带领泰坦队获得了十几次冠军，因此被提名进入弗吉尼亚高中橄榄球名人堂，在学生和当地居民中具有极高的影响力。然而，因为尤斯带的泰坦队没有获得过州际冠军，以及社会需要出现黑人总教练来展示社会的平等，所以尤斯不得不服从校委会的安排把总教练的职位让给布恩。自信天生拥有优越感的白人宁愿辞职也不愿屈于黑人之下，纷纷扬言即使罢赛也不替黑人打球，尤斯留在泰坦队有助于安抚人心。于是，布恩亲自上门拜访尤斯，希望他能留在队里负责防守队的训练。尤斯认为这是给布恩当助理教练，因此拒绝了。但想着泰坦队的队员在自己的眼前逐渐从小男孩成长为今日的青年，尤斯舍不得他们，更何况接下来的州际比赛关乎他们的前途。一名教练的责任与使命感让尤斯最终选择留下，也使布恩遇到的第一个障碍成功解决。

第二个障碍是挺立在黑人与白人之间的种族隔阂。布恩教练带着家人搬入白人居住区,这里没有白人出来问候新来的邻居,他们只是站在自己家的窗户边议论着来了几个黑人。晚上,当校委会委员戴博士跟布恩商量是否让步做助理教练时,门口来了很多黑人,他们把布恩当作了这儿黑人的救世主。因为这儿的黑人除了羞辱和绝望,什么都没有。而在当时的美国,橄榄球运动能使优秀的黑人运动员获得成功与尊重。布恩了解大家的期望,但是他只能回答说:"我只是一名教练。"他深知他不能鼓动大家只支持黑人队员,因为这样会加剧黑人队员和白人队员之间的嫌隙且阻碍队员团结。布恩没有被个人英雄主义冲昏头脑。

种族隔阂来源于白人对黑人根深蒂固的偏见。在白人眼里,黑人是肮脏的贫民,黑人头脑简单四肢发达,黑人是犯罪分子。而新来的布恩教练要改变白人对泰坦队黑人队员的看法。在泰坦队第一次集合时,布恩就大声责骂黑人队员不修边幅损害队伍形象,并要求所有队员下次集合去训练营时必须穿西装打领带,干净整洁地出现在众人面前。对服饰的严格要求不仅是为外在形象,也传达着对橄榄球运动的认真态度。因为种族隔阂,送他们去盖茨堡大学训练营的两辆巴士,一辆坐着黑人,另一辆坐着白人。布恩没有忽视这个细节,不管所谓的民主自由选择,他强制要求所有队员下车,防守组坐一辆巴士,进攻组坐一辆巴士,并宣布坐在一起的人将是在训练营的室友。"进了训练营,我就是独裁者。如果不服从命令,就失去参赛资格。"布恩没有给队员选择和后退的余地。

在这个封闭式的训练营里,只有教练和队员。如何训练队员的体能和球技?如何消除黑人队员和白人队员心里的隔阂使他们团结一心?如何树立他们必胜的信心?这些问题需要在训练营里一一解决。

一排排穿着白色橄榄球服的队员在布恩的哨声下重重地扑向坚硬的地面,像雄狮一样撞击、扑抱、阻挡进攻的队员,穿着厚重的球服做仰卧起坐直到满身是泥土和汗水。"我们的一切都要改变,跑步的方式要改变,吃饭的方式要改变,阻挡的方式要改变,擒抱的方式更要改变,赢球的方式要改变,防守的要诀是决心。""谁是孬种,孬种不敢擒抱,孬种不敢抢球。"这些激励的话语萦绕在奋力训练的队员的耳边,刺激着队员咬紧牙关坚持训练到极限。这样的训练堪比海军陆战队的训练场景。

如何使队员团结一心?布恩首先要求队员了解自己的队友。以白人男孩赖路易开始,布恩要求每位队员每天跟不同种族的队友相处一些时间,了解他们的家庭背景、喜好兴趣。虽然成效不多,但队员们能坐在一起聊天和开玩笑了。其次是要求队员学会彼此尊重。一天凌晨3点,布恩带领全体队员跑步到了盖茨堡战役的战场墓地,这里埋葬着5万名参加南北内战的战士。布恩对队员们说:"他们为了仇恨相互残杀,仇恨毁灭了他们的家园。我们要汲取教训,要是我们在这圣地上无法团结一心,我们也会遭到毁灭的命运,不管你们合不合得来,但你们必须相互尊重。"展现在眼前的恶果深深地震撼了他们,难道要重蹈覆辙吗?历史的悲惨结局难道还不能唤起彼此的友爱吗?心里的隔阂渐渐地烟消云散,训练场、休息室迎来了独特的拥抱、欢快的歌声和彼此间的谈笑嬉戏。半个月的训练结束了,与来时的氛围截然不同,队员们在回去的车上一路高歌,以至于迎接他们的父母和学校白人老师以为他们吃了兴奋剂。

冠军之路,破冰之旅

当泰坦队打破种族隔阂彼此尊敬、友好相处时,小镇中的人们却还停留在原地。威廉中学的白人校委会成员以为布恩在训练营时就会因为处理不好白人和黑人队员的关系而失败放弃,结果布恩成功地带着队员回来了,校委会又要求在接下来的比赛中,如果布恩输掉一场比赛,就撤去他总教练的职务。布恩不能输掉任何一场比赛,因为他热爱橄榄球,且要对家人和整个球队负责。布恩没有将这个消息告诉队员,而是独自承受着这份沉重的压力。当看到比赛前布恩一个人在赛场角落呕吐时,他的这份坚韧令人感动。

第一场比赛险胜,队员们高兴不已,认为自己是英雄。但回到学校后,其他朋友的立场让泰坦队的队员们渐渐失去了团结一致的信念。还好队长白盖瑞和朱利把大家集合到训练馆,一起唱起在训练营时激昂向上的歌曲,才挽回大家的心。接下来,泰坦队在布恩和尤斯教练的带领下夺下了九连胜和全国亚军。这样的成绩使这个热爱橄榄球的小镇沸腾到了极点。以往不接待黑人的餐馆挂出"泰坦队队员免费吃"的牌子,球场的看台上由白人黑人分开坐到后来的挤成一堆为队员欢呼,街上的白人遇到黑人以敬佩的眼神代替了以往的怀疑和鄙视,黑人队长朱利也获得了白盖瑞母亲的邀请和女友的友好握手。种族隔阂的坚冰在布恩教练和尤斯教练带领的泰坦队的努力下慢慢融化成了温暖人心的春水。

《光辉岁月》这部电影是根据真实故事改编而来,虽然这是一部老套的好莱坞黑人体育明星作品,但它传达的人与人之间的沟通和相互尊重却很打动人心。

(严玉梅 执笔)

《乡村女教师》:一切为了教育

【片名】*A Village Schoolteacher*(《乡村女教师》)
【导演】马尔克·顿斯柯伊
【主演】薇拉·马烈茨卡雅/德·萨迦耳/普奥烈聂夫
【国家/地区】苏联
【片长】100分钟
【发行时间】1947年

【语言】俄语

剧情简介：
电影讲述的是一名平凡的乡村女教师瓦尔娃拉将自己的一生奉献给教育事业，最终桃李满天下的故事。刚从学校毕业的瓦尔娃拉怀着对教育事业的热爱之情决定到西伯利亚的乡村当教师，她的决定得到了未婚夫马尔蒂诺夫的赞同。在他们准备结婚的那一天，马尔蒂诺夫因为参加革命被关进监狱。于是，瓦尔娃拉只能只身前往那个偏远的小山村。起初，小山村的人们一点儿都不重视孩子的教育，认为孩子应该去帮忙干活，对瓦尔娃拉的到来也是不屑一顾。一晃三年过去了，在瓦尔娃拉的努力下，越来越多的孩子进校读书。布鲁夫学习成绩很好，瓦尔娃拉认为他应该去上中学，便带他到城里参加中学考试。尽管布鲁夫表现优异，每门成绩都得了满分，但由于他生在农村，学校认为他没有资格和沙皇的贵族子弟一起读书，便拒绝接收他。后来，马尔蒂诺夫被释放出狱，他来到山村与瓦尔娃拉举行了婚礼。但婚后不久，十月革命开始了，作为共产党员的马尔蒂诺夫又回到城里参加革命。瓦尔娃拉继续留在村里给孩子们上课，一边等待丈夫的归来。不幸的是，马尔蒂诺夫在一次战斗中身负重伤，他坚持着回到村里见了瓦尔娃拉最后一面，便离开了这个世界。然而，丈夫的离世并没有击垮瓦尔娃拉，她坚强地回到课堂继续给孩子们上课，因此得到了学生和家长们的尊重与敬佩。一晃几年又过去了，布鲁夫已经十八岁了，瓦尔娃拉决定再一次把他送入城里的中学，布鲁夫终于开始了他梦寐以求的中学生活。随着时间的推移，山村里建起了新学校，瓦尔娃拉成为了校长，她曾教过的学生也来到这所学校担任起教师。无情的战争再次席卷而来，瓦尔娃拉曾经教过的许多学生也纷纷投身于战斗中。瓦尔娃拉亲自送他们上战场，与他们告别，并一直和他们保持书信联系。战争结束后，瓦尔娃拉被授予列宁奖章，她激动万分。她曾经教过的那些学生已经在各个领域有着突出的表现，布鲁夫更是成为了一名德高望重的教授。最后，在一场舞会上，学生们围绕在瓦尔娃拉身边，带着美好的祝愿欢愉地舞蹈歌唱。

"那里缺少教育，可是没有人愿意到那里去，我的理想是教育孩子，假如我们真心诚意、耐心地去教育、感化他们成为好人，即使是一个最坏的人也会变好，但是我们一定要真心诚意地去教。"就这样，平凡的瓦尔娃拉怀着对教育的无限热爱与满腔激情，开始了自己与教育无法分割且注定不平凡的一生。

一切为了教育，从城市到农村。舞会上，单纯可爱的瓦尔娃拉认识了马尔蒂诺夫，她告诉马尔蒂诺夫她要到乡村当一名女教师，当马尔蒂诺夫问她为什么要到西伯利亚去的时候，她透亮的眼睛里透出一股坚定："我要当一名教师，到祖国的边疆去，到祖国需要我的地方去。"扪心自问，有多少人说过这样的话，但又有多少人真正将之付诸实践？更多的人只是停留于口头，但瓦尔娃拉却是真正坐在简陋的马车上，一路颠簸，冒着寒冷的风雪到那偏僻的小山村去履行自己的誓言。刚到乡村，她就目睹了一名老矿工追赶、殴打自己的老婆，却没有人上前制止。这使她深切地感受到了这个乡村的贫穷、愚昧与野蛮，但这并没有磨灭她对教育的挚爱和荡起的激情，尽管她的内心是那么地害怕，那么地孤独，她也从未想过退缩。"孩子们，从今天起你们就是学生了。我要教你们识字、算术，我要告诉你们白天为什么会变成黑夜，谁住在大海的那一边，风往哪里吹，河往哪里流。我要教给你们——思想。"上课前朴实的话语，再三出现，伴随着她毅然坚定的神情，似乎凝聚成一股强大的力量，一股让乡村孩子接受教育的铿锵之力。

一切为了教育，从课堂到生活。"你们都是我的孩子。"这是瓦尔娃拉曾对学生说过的一句话。这句话也是许多老师会对学生说的，但真正能够做到爱学生如爱自己孩子一般的老师又有几个？瓦尔娃拉绝对算得上是其中一个。她无时无刻不在用自己的爱心、耐心关爱着自己的学生，她无时无刻不在用坚毅和果敢与残酷的现实对抗，这一切都是出于她对教育的无限热爱，对学生无私的爱。当她来到学生杜尼雅家，看到杜尼雅贫困窘迫的家快要倒塌时，她满含泪水，饱含同情。而她到底也只是个势单力薄、收入甚微的女教师，又该如何呢？她只能勇敢地冲进淘金者的家，但这些淘金者为了炫耀自己的富有，争相当众烧掉卢布，并要求瓦尔娃拉喝下一大碗酒。无奈的瓦尔娃拉只得照做，她毅然掏出了自己十五块钱的工资，表示要给杜尼雅家盖房子。

这些富人也终于被瓦尔娃拉作为一名女性教师的果敢与善良感化，纷纷拿出钱来。她是一位教师，一位对教育事业执着热爱的教师，正是因为这一份爱，她无私地向学生奉献着自己的一切，无论是学习还是生活。

一切为了教育，从少女到老妇。瓦尔娃拉将自己的一生奉献给了乡村的教育事业，从刚毕业时的风华正茂到最后的白发苍苍，满脸皱纹。瓦尔娃拉是不幸的，她一生都没有属于自己的孩子，和丈夫相聚的日子屈指可数。十月革命胜利后，眼看着幸福的日子就要到来，丈夫却不幸在战斗中负了重伤，牺牲了。然而，她又是幸福的，她把自己的一生献给了伟大的教育事业，献给了乡村贫困的孩子们，让他们通过知识改变命运。她付出自己的青春、学识，培养了一批批社会需要的人才。虽然她没有自己的孩子，但是她的学生都如对待亲生母亲一般敬她、爱她。回想瓦尔娃拉的一生是那么坎坷而又那么纯粹，从漂亮可爱的少女到布满皱纹的老人，这一生中她经历过多少的挫折，但她对教育的热爱与激情却始终没有减退，反而越来越浓烈。

瓦尔娃拉对教育的热爱与执着让人敬佩。她倾尽一生，就像是一支蜡烛，燃尽自己，照亮他人；就像是一位园丁，悉心栽培那幼小的花草，直到它们开花结果，茁壮成长，自己却渐渐老去；就像是一支粉笔，书写知识与智慧，最后却默默地消耗殆尽。

"假如我们真心诚意、耐心地去教育、感化他们成为好人，即使是一个最坏的人也会变好，但是我们一定要真心诚意地去教。"不管在哪个年代，不管在哪个地方，我们都需要这样热爱教育，对教育充满激情，愿为学生、教育工作无私奉献的纯粹老师。一个有激情的教师会潜移默化地感染学生，使学生欢快愉悦、阳光自信，形成积极乐观的人生态度，而一个没有激情的教师很难营造轻松活跃的学习氛围，也很难激发想象力和创造力，更难以化育人格和开启心智。诚然，如果每个教师都能怀抱着对教育的热爱与执着之心来教育学生，关爱学生，把学生当成自己的孩子，我们的教育里就不会出现对孩子无情的歧视、丑陋的体罚、贫富区分等丑恶的现象。

其实，每一位教师或是想成为教师的人，都应牢牢地记住瓦尔娃拉的这句话，"我们一定要真心诚意地去教。"只有这样，为人师者才能像瓦尔娃拉那样为了教育奉献自己的一生；只有这样，为人师者才能秉持对教育最纯粹的热爱，还我们的教育一方净土；只有这样，为人师者才能教育出真正的有识之士、有用之人。

（王秋华　执笔）

《浪潮》：教育激情与教育智慧的力量

【片名】*Die Welle*（《浪潮》）

【导演】丹尼斯·甘赛尔

【主演】约根·沃格尔/詹妮弗·乌尔里希/马克思·雷迈特

【国家/地区】德国

【片长】107分钟

【发行时间】2008年

【语言】德语

【获奖情况】亚洲观众奖最佳影片；德国电影杰出剧情片

剧情简介：

新学期伊始，学校举办了一个以"国家体制"为主题的活动周。体育老师赖纳·文格尔本来已经选定了"无政府主义"的课程，无奈却被同事捷足先登，他只好接受了"独裁政治"的教学任务。课堂上，学生们表现出不屑，一致认为纳粹德国不可能在现代社会重现。面对着大部分只为修学分而出勤的学生，文格尔决定组织一次活动，让学生们体验一下真实的独裁政治。于是，"浪潮"诞生了。被激发了兴趣的学生们商定了统一的"红色浪头"标志、"白衬衫"服装与"挥手礼"手势，而文格尔要求学生必须尊称自己"文格尔先生"。当堂，他便令学生们起立集体用力踏步，将楼下的"无政府主义"课堂搅得不得安宁。兴奋的学生们或粘贴，或涂鸦，让"浪潮"的标志一夜之间出现在全城的每一个角落。格外狂热的蒂姆不顾生命危险，徒手爬上一栋尚在建的大楼顶端喷涂了一个巨大的标志，他还携带了手枪，捍卫自己，甚至整夜坐在文格尔的家门外，捍卫自己的领袖文格尔先生……"浪潮"不断发展壮大，学生们自发占据了学校的某运动场地，不准非"浪潮"成员进入。渐渐地，一些学生，以及文格尔的硕士妻子，感觉到事情有点不太对劲。大家劝文格尔立即停止这场闹剧，然而此时他已沉浸在巨大的权力欲与成就感中无法自拔。他曾因自己与妻子间悬殊的学历差距而自卑，然而在"浪潮"中他感到了前所未有的满足。那些已觉悟的学生想方设法试图阻止活动的继续，却被视为叛徒而遭到孤立甚至报复。终于，妻子的决然离去以及第五天一场水球比赛上学生们的大打出手，让文格尔惊觉事态的失控。于是，第六天他将"浪潮"的所有成员召集到礼堂，点明他们一周以来所作所为之恐怖，意图就此结束课程。然而为时已晚，那名狂热的学生因此幻灭而精神崩溃，开枪打伤了一名同学后饮弹自尽。影片的最后，文格尔被警察带走，而觉醒后的学生们相拥而泣……

　　如何快速有效地把晦涩复杂的知识教授给学生？如何让调皮的学生听话？如何让学生团结起来，减少矛盾？如何实现自己的教育理想？这也许是每个老师都思考过的问题，乍一看，这也是出于好的目的而思考的问题。但是在看过《浪潮》这部影片后，我们需要问的是，教育的目的究竟是什么？

　　许多人对《浪潮》中的独裁政治等极端主义给了较大的关注，分析极权主义、个人主义、群体效应在社会中潜藏的危险。在此要探讨的是另外一些方面，即文格尔的教育者形象、其在整部影片中所扮演的角色以及在这场教育运动中所采用的形式和方法。

影片一开始，文格尔以光头，身穿 Romones（第一支朋克摇滚乐队）的T恤，哼唱朋克音乐的形象出场，暗示了他不拘于传统的个性特征。在他开车前往学校的路途中，他将途中看到的人和事收于眼底，这表明他对于社会状态是较为敏感的。而后与同校工作的妻子的互动，简单两句的调侃和亲昵的举动则表现出他的幽默和善于交际。当文格尔准备许久的"无政府主义"课程被一位无趣又迂腐的同事抢走，他选择了直接与上级正面冲突捍卫自己的权利，但是又不愿意与那位自己厌烦的同事商讨，可以看出他的特立独行和自我崇拜。所有的人物设定都基本指向，这位老师会有与传统规则的教学方式不一样的做法，并且会在短时间内让学生喜欢上他。这是文格尔的个人形象作用，影片后续的发展与他这种性格特征紧密联系。

剧情的展开开始于文格尔先生被迫要教授"民主活动周"的"独裁政治"课程，传统式的教学大概就是将"独裁政治"的定义、手段、发展历史、危害甚至措施一一输出给学生，最后出一套试卷考核知识点（片中教授"无政府主义"课程老师的教学方法）。当然，如果主人公文格尔也使用这种方法，影片就没有往下继续的必要了。他面对的是，如何在希特勒已成为老生常谈的现状下将课程上得精彩，以及如何改变学生的一些误识。

一位优秀的教师需要具备教育理想、教育激情、教育智慧和教育良知。影片在这个时候开始，可以一点点归纳文格尔老师的教育智慧了，即他采取了一些让学生快速融入课堂的方式。

最开始文格尔并不知道自己会采取什么样的方法讲课。第一堂课他选择了提问方式，提问不仅可以简要了解学生对"独裁政治"的了解程度，而且也是最简单的让学生提高参与感的方法。在这种简单的互动中，他意识到学生认为独裁不可能在当下的社会环境中发生。正是出于想改变学生的这种误识，文格尔选择了一个特别优秀的教育方法——身临其境。可以说这个方法非常具有教育智慧和教育激情。

文格尔的教育方式具有实干、互动、心理渗透、强势等特点。对于战后崇尚自由的德国现状，学生的状态是个人化略微严重，重视自己，忽视他人，也没有一个为之努力的方向。文格尔的精明之处在于反其道而行，第一天就改变桌子的排列，把圆圈的排列改变成了方阵，设定自己的称呼为"文格尔先生",规定发言要站立,回答要简洁。这一系列的命令都简单明了,容易被接受。文格尔鼓励学生发言,点出分神的学生,让其有参与感和存在意识。这些都十分有效地促进了教学。第二天他让所有的学生一起配合口号站立跺脚,用身体感触感受集体的力量。这些手段涉及独裁的一些方式,但是从另外一个角度看,如果教育者可以吸收这种让学生切身感受的教学方法也不失为一个可取之处。文格尔有效地将学生对自己的崇拜和一些传播手段、群体效应结合在一起,但他最大的失误在于没有对事态、对自我有一个理性的认识。

由此也可以分析文格尔先生在教育过程中的一些不妥之处。教育是一个双向的过程。老师和学生都会在其过程中发生改变。文格尔并没有意识到在他希望用这种方式教育学生的同时,他自身也被独裁所引起的权力膨胀所影响,将特立独行和自恋情结发展到濒临危险的地步。他在对待蒂姆的态度上也不够严谨,在察觉到蒂姆的过度行为时没有给予纠正,反而采用了放任的方法,这也是最后酿成悲剧无法收场的主要原因。在教育过程中,有许多老师会采取让学生展开联想,放飞思维的方法,但这需要有能控制局势的能力。青年人群处于建立世界观、价值观的特殊时期,教育者应该重视最终传授的观念是否有益于学生。

白衬衫,手势,团体名称,排挤不服从的学生等等,通过这些达到独裁的方式可以反观教育现状。当前许多教育者为了便捷地管理学生,采取了一系列制度化的规则,特别是对于标准答案的重视不仅降低了教育难度,也磨损了学生的个性。注重平等,并不意味着消除差异,而是尊重差异。

影片的最后结局是文格尔被捕入狱,蒂姆伤了一名学生后自杀。但并不能因此妄下结论判定文格尔是一名不合格的老师,更不能标榜他为优秀教育者。文格尔拥有教育激情、教育理想、教育智慧、教育良知,但是他的智慧还只停留在形式上。教育若想要达到好效果,必定要有一个内容和形式相得益彰的过程。大的悲剧,往往是出于自以为是。

(张旭耀 执笔)

三、教育智慧是教师职业的创新之本

教育是一项诗性的事业，也是一项理性的事业。要将教育理想转化为现实，不仅需要激情，还需要智慧。教育是人类智慧的产物，人类又通过教育追求智慧。智慧是教育的内容，也是教育的手段和目的，教育对智慧具有内在性和必然性要求。作为传道、授业、解惑者的教师，不能没有智慧，智慧是教师职业的灵魂和魅力。

通览教育史，每个生生不息的民族都有自己独特的教育智慧，都有许多关于教育智慧和智慧教育的故事代代传承。具有五千年文明的中华民族，同样积累了丰富璀璨的教育智慧。这些以故事、对话、格言、语录、史料等形式存在的教育智慧，对于今天的教师而言，显然是无价之宝，理当充分开发和利用。然而，教育智慧是内生的而非外加的，而且非常麻烦的是，这些主要以书籍和文字符号为载体的教育智慧，必须经过阅读、体验、感悟等极其复杂的环节，才可能被消化和吸收，真正内化到教师的个人智慧中去。反观当下的学校课程和日常教学会发现，偏重知识授受而忽视智慧启迪的现象非常普遍，教育智慧匮乏已成不争的事实。

网上流传着这样一则冷笑话：联合国教科文组织给来自世界各地的小朋友出了一道考题——"请你对其他国家的粮食短缺问题谈谈自己的看法。"结果，在看完题目之后，非洲的小朋友不知道什么叫"粮食"，欧洲的小朋友不知道什么叫"短缺"，拉美的小朋友不知道什么叫"请"，美国的小朋友不知道什么叫"其他国家"，而中国的小朋友不知道什么叫"自己的看法"。

中国的每一位父亲或母亲，每一位负责任的教师，每一位教育理论和教育管理工作者，看到这则略显幽默但更具讽刺意味的冷笑话时，是不是应该认真反思：究竟是什么原因，究竟是怎样的成长经历，让这些孩子陷入了如此尴尬的境地？

在《智慧型教师素质初探》一书的序言中，田慧生教授讲了一个他主持活动教学课题时的实例。为把课题前期的研讨引向深入，学校课题组设计了一道"数学题"，然后让一名数学特级教师对低、中、高三个年段随机抽取的各20名学生进行测试。题目是这样的：一艘船上载了25只羊，19头牛，还有1位船长，要求根据已知条件求出船长的年龄是多少。测试结果是大多数学生居然都算出了具体年龄，只有少数学生对试题的合理性提出了质疑，且质疑者低年级学生居多，中年级次之，高年级最少。

如果说以上两例只是描述了一种现象、一种结果的话，石中英教授在《知识转型与教育改革》一书后记中讲述的故事，则非常生动地揭示了类似现象、类似结果的深层次原因。在小学低年级的一节语文课上，教师正在带领学生学习《雪地里的小画家》一课。该课文的主要内容是说，冬天下雪了，大雪将整个原野都覆盖起来。清晨，小鹿、小鸡等小动物们都出来了，纷纷用自己的足或爪子在雪地上画出了美丽的图画。教师在完成了教学任务以后，向学生们提出了一个问题："为什么青蛙和蛇没有出来？"不一会儿，有一个学生站起来回答说："老师，因为青蛙和蛇没有穿毛衣，怕冷，所以呆在家里没出来。"老师听了很不高兴，用非常严厉的口吻说："不知道就不要乱说！"在让这个学生坐下后，老师又问全班同学："谁知道，谁能告诉大家正确的答案？"这时候，教室里静极了，再也没有人站起来回答。看到这种情形，老师说："我告诉你们，青蛙和蛇是冷血动物，冬天需要冬眠，所以不可能出来。这个道理等你们上初中以后就明白了。"

以现有的教学方式，我们究竟是把学生越教越聪明了，还是越教越愚蠢了？当今的学校教育和课堂教学究竟缺少了什么？这是田慧生教授的反思和追问。类似的教育到底在追求什么？是在培养思想的主人，还是在养成思想的懒汉？是在造就知识的创造者，还是在训练知识的奴隶？这是石中英教授的评析和慨叹。当上面三个例子被放在一起时，笔者思考得更多的是：为什么有些孩子不知道什么叫"自己的看法",而有些孩子又总能找到"结果"或所谓的"答案"?诸如此类的教育后果与教师的专业素养具有怎样的关联?当一个教师直接告诉学生"标准答案"的时候,或者要求学生"不知道就不要乱说"的时候,是基于怎样的知识观和学习观?有没有考虑到学生的内心感受和个体经验?作为教育当事人的教师,是主动的还是被迫的?是清醒的还是盲目的?在应试教育大环境下,一个教师如果没有专业发展意识,没有对教育智慧的自觉追求,何以走出各种伪劣教育的怪圈?何以促进学生的全面发展?

卢红、刘庆昌两位学者曾强调:"做一个有智慧的教育者,应该是每一个教育者的愿望。但是,能做一个有智慧的教育者却只是少数教育者的幸运。普天下教育者的数量太大了,教育家却出奇地少,这充分说明了拥有教育智慧是需要知识、品行和努力的。"尽管我们不能由此推论出只有教育家才有教育智慧,但说教育家和教书匠的根本区别在于教育智慧,应该没有什么争议。我们没有理由要求每一位教师都成为教育家,那是行不通的、不现实的,但要求每一个教师追求教育智慧不做教书匠,却是有理由的、可行的,而且很现实。教育的真谛在于启迪智慧。一个拥有教育智慧的教师是幸运的,一个学生遇到有教育智慧的教师则更幸运。正如朱小蔓教授所言:"教育智慧是优秀教师内在的秉性、学识、情感、精神等个人独具性格化的东西在特定的情境下向外的喷涌和投射。""智慧型教师那临场的天赋、即席的创作、完美的应答以及润物而细无声的绝妙,是孩子们成长的福音,是人们对教育、对好教师永远的景仰。"

只有智慧的教育才能培养出智慧的人,只有智慧的教师才能培养出智慧的学生。而且,只有智慧的教师才能创造精彩的教育故事,才能获得教师职业的尊严与幸福。经师易得,人师难求。一个拥有智慧的教师会成为学生生命中的重要他人或所谓的贵人,而不是一般的教书匠或所谓的匠人。匠人只知传授不知启迪,贵人不但传授知识而且启迪智慧、教导人生。做贵人而非匠人,应成为教师个人职业生命的本体价值和目标追求。

《高三》：风雨同舟　破茧成蝶

【片名】《高三》（*Senior Year*）

【导演】周浩

【主演】王锦春

【国家/地区】中国

【片长】138 分钟

【发行时间】2005 年

【获奖情况】第三十届香港国际电影节最佳纪录片人道奖

剧情简介：

本片讲述的是福建省龙岩市武平一中高三某文科班的莘莘学子应战高考的艰辛过程。年青的学子们每天起早贪黑地学习功课，善良而又严苛的班主任王锦春老师也跟着学生过着身负重任的生活，和学生一起奋战。正值高三，成绩优异的尖子生却很难有很稳定的心态；成绩不好的后进生在生活中很有想法，但却很难得到好的引导；青春萌动的学生在这个最关键的时期早恋。面对如此多样化的学生，王锦春老师不仅要上好语文课，同时作为班主任，还要给学生及时地开展心理疏导，让他们能够将身心更多地投入到学业当中。

剧情以王锦春老师的工作为线索，拍摄了不同心理特征的学生高三生活的真实一面，也记录了学生父母牵挂、忧心的一面。在课间，时常可以看见农民家长们到学校给孩子改善伙食的身影。随着高考倒计时的数字越来越小，孩子们的学业成绩也在不断提高，科任老师们也齐心协力，力争为孩子们考虑到所有高考中可能遇到的问题，并为之提供解决策略。高考，一个牵动无数中国学子之心的字眼。《高三》这部纪录片，把我们的高三生活重现在眼前，让人为之而震撼。在片子的最后，同学们的成绩皆大欢喜，可谓功夫不负有心人。

高三，多么触动人心的字眼。回望高三，浮现在你脑海的是课桌上堆砌得高高的复习资料和参考书，是与同桌争辩一道数学难题的过程，还是初恋的淡淡欣喜和班主任忧心忡忡的目光？

中国恢复高考制度即将三十周年，周浩导演以自己多年身为拍摄记者所磨砺出来的安静与亲和力，拍摄出纪录片《高三》，尽可能真实地还原了高三学子迎战高考艰苦复习的历程。"纪录片就像是一面镜子，每个人都能从中找到自己的影子。"周浩说，对他来说，"《高三》是一个38岁的老男人对一群孩子的看法"。

在当下，应试教育已经成为各行各业批判的众矢之的。然而，改革是一个极其漫长的过程，生长在某些年代，或许你就注定要亲历高三、亲历高考。难道成为众矢之的的高考制度，没有其存在的价值吗？恐怕这种说法也是不成立的。看完影片《高三》之后，除了回望起自己的高三经历，也不禁感谢这段经历，感谢这样一次体验，"经一事，长一智"。影片以福建武平一中的王锦春老师为主要线索，带领我们走进高三，引领我们目睹一位操心的班主任、一位资深的语文老师，用教育智慧感染莘莘学子的全过程。

然而，智慧是什么？教育智慧又是什么？是聪明睿达、才智过人？是教师才高八斗？还是教师与学生的心灵感召心灵、精神召唤精神？

古人云，师者，所以传道授业解惑也。教师要具备充分的智慧，才能在教育中发挥传道、授业和解惑的作用，并将智慧传递给学生。因此，智慧是教育的灵魂，也是教师职业的魅力。田慧生教授曾指出："教育智慧在教育教学实践中主要表现为教师对于教育教学工作的规律性把握、创造性驾驭和深刻洞悉、敏锐反应以及灵活机智应对的综合能力。"

纵观教育史，不同民族都有着自己的教育智慧，并代代传承。然而，教育智慧是由内而外的，而非外力强加所能产生的。它必须经过一系列复杂的过程，才能被个人所内化。而现今的学校教育往往重视的是知识的灌输，智慧的启迪却被忽视。可喜的是，纪录片《高三》为我们呈现了一位教师是如何用自己的激情与智慧去点燃学生希望的曙光的，让我们看见了一位教师是如何通过自己身教式的因材施教，用自己的满腹激情感应学生的心灵，从而唤醒学生的主体性和参与意识的。

智慧的教育，是言传身教的教育。也许您会觉得，高三的学生起早贪黑是件再正常不过的事。然而，影片一开始，我们看见天未亮，传来一个男子叫唤"起来了、起来了"的声音，看见他一张床一张床地拍打沉睡的孩子，将他们叫醒。这是一位学生家长？还是舍管员？或者是宿舍长吗？不，他是他们的班主任王锦春老师。他在用爱唤醒学生。这样的身教式教育，叫学生如何不乐意起早贪黑？

智慧的教师，善于因材施教。有一段非常著名的关于孔子因材施教的故事。

> 子路问孔子："听到鼓励的话就干起来吗？"
> 孔子说："你有父亲兄长在，你怎么能听到这些道理就去实行呢！"
> 当冉有也来问："听到什么就行动起来吗？"
> 孔子则说："应该听到后就去实行。"
> 公西华问道："子路问是否闻而后行，先生说有父兄在。冉有问是否闻而后行，先生说应该闻而即行。我弄不明白，想请教先生一下。"
> 孔子则说："冉有做事缩手缩脚，所以要激励他的勇气。子路好勇过人，所以我让他谦退。"

影片中的王锦春老师便是一位懂得因材施教的智慧教师。在教导平时成绩比较好、自信心很强的学生时，他提醒他们要记住："志在必得、舍我其谁？我考不上，还有谁考得上？我上不了北大，你上北大？笑死了！"对待成绩一般，自信心不是很强的学生，他会告诫他们："吉人自有天相，豁出去了！"对于面对高考已经紧张到麻木的学生，王锦春老师则安慰道："没感觉就好，没感觉就是一种很棒的感觉！""你不要去问接下去会怎么样，你只需要去付出。"

智慧的教师，善于把握学生的情绪、状态，适时地给予提醒。"人最大的敌人就是自己，你要战胜自己才有出息。"班上女生浅唱的一首《那些花儿》掀开了纪录片的序幕，歌声表达了高三学子的所有情愫。有些学生因自己成绩起伏不定，总是惶恐于自己在班上的名次和同学间的分数比较。有的学生对成绩绝望，叛逆逃学。有的学生以游戏手艺赚钱谋生。随着高考的迫近，学生的情绪和状态也在发生着微妙的变化。面对各种各样的问题，一次次"传销式"的激情动员中，王锦春老师引用过王国维的三境界、俗语"吉人自有天相"、鲁迅的"失望惧我，我惧什么"和汪国真的"风雨兼程"，甚至播放齐秦的《狼》号召大家一起跟唱。他力图平缓每一位学生的不良情绪。

智慧的教师，有自强不息的精神，他们朝气蓬勃，专注而执着，敬业而投入。因为热爱教育事业，王锦春老师可以和学生们一同起早贪黑；因为专注于教育事业，他投入到学生的需求当中，全方位地考虑学生的学习需要。为了教育理想去奋斗、去奉献，并全身心投入其中。在一次家长会上，王老师为学生家长透彻地分析高考的严峻性和重要性，提倡家庭和谐，呼吁家长为孩子提供一个温馨和谐的家庭氛围，让孩子的学业没有后顾之忧。

因为对教师职业的那份执着，使得他对每一个学生不抛弃、不放弃："不要去想是否能够成功，既然选择了远方，便只顾风雨兼程。不去想身后会不会袭来寒风冷雨，既然目标是地平线，留给世界的只能是背影。"

教育智慧帮助教师唤醒学生的主体性和参与意识。"如果我是你这个家境，我就像《狼》里面唱的那样，我只有咬紧冷冷的牙，抱以两声长啸。"用歌词、用格言、用肺腑之言，每一次与学生交流，王锦春老师总是激情饱满、阳光四射，争取用自己满满的正能量潜移默化地感染学生。

教育的真谛在于启迪智慧。一个拥有教育智慧的教师是幸运的，一个学生遇到有教育智慧的教师则更幸运。高三的结局，皆大欢喜，大部分同学都成功地考上了大学,为自己的人生开启了一扇启迪智慧的门。纪录片记录的是生活,然而,就如周浩导演所说:"生活本身的戏剧性要比电影有张力得多。"

除了拼搏努力,《高三》还有几分奇妙的意味,因为高三,78个人带着神圣的使命和复杂的忧愁同舟共济,这份美妙的感受,因影像纪录而成为永恒的记忆……

(徐梦诗　执笔)

《全城高考》:教育拯救心灵　教师拯救人生

【片名】《全城高考》(*Mark of Youth*)

【导演】钟少雄

【主演】乔乔/谭杰希/方中信/吴俊余

【国家/地区】中国

【片长】93分钟

【发行时间】2013年

剧情简介:

影片讲述了知名高校红江中学高三(9)班的同学们在紧张地准备高考

时，发生的一系列故事。秦鹏是个文学天才，与爱好艺术和文艺的爷爷相依为命，骨子里叛逆的他总是与老师抬杠、与同学不和，但他写的小说《故国神游》却得到了大家的追捧。班长任雪一心想把中国的传统文化发扬光大，决心报考北大中文系，却被父亲安排出国，在两人关系破裂之时她选择了离家出走。林叶是任雪的闺蜜，因得知父母离异而决定放弃高考。学习委员贺帆家境贫寒，父母省吃俭用为他省下的大学学费却被奸商诈骗，他决定只身前往讨回父母的血汗钱，却让父亲为救儿子而打伤人被拘留。班主任范义本挺身而出，用自己的博学、智慧为学生一一解决了问题。他的雅儒性格，以及对学生的真挚关爱深得学生的喜欢，也体现了中国教师的美好形象。青春年华的懵懂、叛逆期的磕磕碰碰，在优秀教师的指引下，这群孩子最终都有了好的归宿。

一提到高考，大家就想起在厚重的书山下埋头苦学的孩子们，他们对未来充满希望却又掩盖不住些许恐惧。影片《全城高考》就在这样的氛围中展开，高三（9）班，摞起书山的教室，朗朗的读书声。"高考"二字对大多数中国人来说是十分神圣和敏感的词语，它被定义为决定学生命运的关键性一搏，引来社会、家长和老师的极大关注。

在迎接高考这场战役的过程中，难免会遇到各种挑战，但高三（9）班的班主任范义本老师却带领整个班级的学生战胜了一切困难，用教育智慧赢得了自己的精彩教育人生和学生的未来。从字面上来看，教育智慧就是指教育者在对受教育者进行教育时有方法、有智慧，充分实现教育的效果。影片中的班主任范老师就是成功运用智慧教育的典范。从范老师的身上我们可以学习到教师实施教育智慧的方法，也可以了解到这部影片所折射出的需要用教育智慧解决的中国教育问题。

教师的教育智慧就是教师在进行教学活动中的智慧教育。实施智慧教育的方法有很多，班主任范义本主要运用了三种形式的智慧教育，即知识的智慧教育、实践的智慧教育和情感的智慧教育。

知识的智慧教育是指教师教育好学生的前提是自身的博学，个体丰厚的文化底蕴和雄厚的知识储备是智慧教育得以实施的基石。任何一名教师，只有在做到对学生的问题有问必答时,才最能得到学生的佩服。电影中的秦鹏是个文学才子,很自以为是。他自以为对所有知识都掌握得很好,对范老师也不屑一顾。但是,在一次诗词对答中他却答不上来,他的连载小说也被范老师指出错误。虽然秦鹏表面上看不服输,其实从他默默改正自己文章中的错误就可以看出他已经接纳了范老师,也从心底佩服范老师。

实践的智慧教育是指教师以身作则,用自己的实践行动走在学生的前面,给学生树立榜样。范老师与秦鹏进行篮球比赛,约定秦鹏输了就要每天准时上课。秦鹏输了,就只好乖乖地不迟到,好好上课。面对自己最弱的音乐,他与秦鹏打赌,大胆唱出了《好汉歌》,而且还不止三句,让秦鹏兑现了打扫厕所承诺。学生考试失利,他第一个自罚在操场跑步。范老师的这些行动,不仅让一直与他对着干的秦鹏改变了态度,更重要的是,他以身示范、以身作则的形象已深深地印在了学生的心里。不管遇到什么困难,老师都勇敢地冲在最前面,学生也一定可以不畏困难,做到最好。

情感的智慧教育是指教师用感情来教育学生,主要体现在教师尊重学生,关心学生,理解学生。范老师平等对待每个学生,仔细观察每个学生,了解学生的心理动态和行为。为了任雪的自由而受家长侮辱,为林叶种植希望桃树,为贺帆打架、动员一切力量为他撑起爱心高考……要有怎样的爱,一个老师才可以做到这些?也正是老师诚挚的关心、了解和帮助,重新点燃了学生对未来的希望,让他们永不放弃,努力奋斗。

总而言之,教师如果将知识智慧、实践智慧和情感智慧运用到自己的教育教学中,那教师就能很好地实施智慧教育,培养出智慧的、对社会有用的学生。然而,要实现这三种形式的智慧教育却又离不开一个灵魂,即教师对自己教育事业的热爱,对学生的爱。老师对学生的爱不亚于父母对孩子含辛茹苦的爱。一个老师,只有对学生、对自己的职业充满爱,才会运用知识、实践和情感等多种智慧来教育学生。无论是知识智慧、实践智慧还是情感智慧,都是教师用爱拼凑起来的教育,学生在爱的沐浴下才会更加有奋斗的决心和勇气。

从影片中,我们不仅可以看到班主任范老师在一步步解决学生问题时的智慧和潇洒;也可以窥探出我国教育存在的矛盾和冲突。这些矛盾和冲突都可以通过教师的教育智慧来解决。

首先,是影片中体现的教育公平问题。贺帆家境贫寒,父母用命换钱来让孩子有机会上大学的场景,让我们看到了学费对于贫困家庭的沉重负担,也让我们对那些贫穷人家的孩子因为筹不齐学费不能上大学而感到痛心。在高等教育毛入学率已达 34.5% 的中国,上大学、上好大学依然是贫困家庭孩子无法企及的梦想。教师的智慧教育这时候就体现为鼓励学生走出贫寒、靠知识改变命运,为他们提供高质量的教育,让他们凭自身能力可以走进大学,实现自己的梦想。也可以通过自己的研究,让好大学能为更多贫寒子弟提供更多机会来建言献策。

其次,是影片中出现的"留学热"反映出的我国的教育质量问题。任雪的爸爸一心想让女儿出国,这正反映了当代中国只要有钱,父母就会送孩子出国的现实。"弃高考"和"出国热"已经是非常普遍的现象。家长们这样做的根本原因是对中国的教育质量失去了信心。作为教师,有必要从自身出发,不断丰富自己的知识和才干,为学生提供高质量的教育。这种教育智慧就体现在教师能从呆板的体制中走出新意,用自己的力量提升中国的教育质量。

再次,是影片中包含的高考与学生能力、才华的关系问题。秦鹏是个才子,却因为作文跑题无缘大学,但最后成功地成为一名作家。教育最大的失败就是培养出一批批书呆子,使他们忘记了自己的能力和才干。高考不是"独木桥",在准备高考的过程中,老师要善于发现学生的才华,培养学生的兴趣。"我觉得求学不是求分数,读书不是读死书。在 NBA 的保罗·皮尔斯和小奥尼尔,他们从来不是靠考试进大学",秦鹏的这段话告诉我们当今的老师,不能唯分数是命,有才干的学生才可以在人生的考试中轻而易举获胜。

最后,影片告诉我们要处理好家庭、社会和学校的关系。从林叶身上可以看出,家庭对学生的学习有着巨大的影响,家长的一个鼓励,孩子可以成功;家庭的小冲击也可以致命地打击学生。社会的力量从各界人士众志成城为贺帆撑起爱心高考路中就可以看见。有智慧的老师可以很好地处理家庭、社会和学校教育的关系,让家庭和社会都成为学校教育的支撑力,让这些因素都成为学生努力学习的动力。

总之,教师的难得在于可以通过教育化解学生的无知、驱散学生心中的阴霾、拯救学生迷失的心灵。教师的智慧教育体现在教师能够洞察学生的行为，调节教育行为；注重教育时机，转化教育矛盾和冲突；带领学生热爱学习、热爱生活，对未来充满希望。

教师用爱筑起智慧教育的长城，点亮学生的生命和未来。智慧教育源于爱的芳香，来自于爱的灿烂，最终让学生和老师享受"春风得意马蹄疾，一日看尽长安花"的大团圆。

（冯卫　执笔）

《心灵捕手》：卸下心灵的枷锁

【片名】*Good Will Hunting*（《心灵捕手》）

【导演】格斯·范·桑特

【主演】罗宾·威廉姆斯/马特·达蒙

【国家/地区】美国

【片长】126分钟

【发行时间】1998年

【语言】英语

【获奖情况】第 70 届奥斯卡最佳男配角和最佳原创剧本

剧情简介：

叛逆青年威尔是一位来自麻省理工学院的清洁工，工作之外他成天和好朋友查克等人四处闲逛，甚至打架滋事，然而身份如此平凡、性格如此叛逆的他却有着过人的数学天分。他轻而易举地解答了数学教授林保留在走廊公告栏的数学难题。林保发现了这位聪明绝顶却站在堕落边沿的青年，决心挽救他。林保从看守所保释出威尔，但条件是威尔定期研究数学和接受心理辅导。接下来影片围绕心理辅导师桑恩与叛逆不羁的威尔一次次正面交锋而展开，最后桑恩成功捕捉威尔的心灵，帮助威尔顿悟人生的真谛，正视自己的过去和未来，卸下心灵的顽石，使得他踏上追梦的旅程。本片获得第 70 届奥斯卡最佳原创剧本奖，而该片的剧本正是由威尔的扮演者马特·达蒙和他的好友——影片中查克扮演者本·阿弗莱克一起创作的，可以看出他们两位的非凡才华。

艾德勒（MJ. Adler）曾说过，教育从根本上是一种合作的艺术，是人与人、人与自然合作的艺术。现实生活中的教育更多的是家庭环境下家长与孩子的合作，学校环境下教师与学生、教师与教师的合作，社会大环境下人与人的合作。而作为教育的主要形式，学校环境下的师生关系是我们主要关心的部分。那么，教师在与学生的相处中，如何把握全局，引导学生走向成功，从而实现双赢？有学者认为，教育是人类的产物，人类又通过教育追求智慧。作为传道、授业、解惑者的教师，不能没有智慧，智慧是驾驭职业的灵魂和魅力。

那么，作为成为好教师的重要因素之一，教育智慧又是怎么定义的呢？在《教育大辞典》中，教育智慧被定义为"教师面临复杂教学情境所表现的一种情感，迅速、准确的判断能力"。教育不仅局限在传统的课堂内，也包括生活中人与人的关系。《心灵捕手》这部影片讲述了一个心理医生如何依靠自己的智慧来捕捉问题青年的内心，最后让他顿悟人生的真谛，正视自己的过去和未来。影片中所反映出来的教育观点在很大程度上与教育智慧密切相关。

教育需要智慧，教师在对问题学生的教育上更需要智慧。智慧的内涵非常丰富，它是人类教育的最高目标和永恒追求。那么，教育智慧需要具备哪些因素？

教育智慧首先是植根于"师爱"的。古希腊哲学家苏格拉底曾指出："智慧即德行。智慧就是最大的善。"师爱即教师之爱，是教师在教育过程表现出来的一种对学生、对课程、对教师职业的高尚的道德境界。师爱是教师在爱的催化下做出的无私的、不求回报的付出。影片中林保教授不顾其他心理医生的劝说，执意要挽救这个具有超高数学天赋内心却极度自卑的问题青年，他始终坚信能将威尔带上正途，走向光明。林保教授对威尔的坚持是无私的、不求回报的，而这正是在教师的师爱作用下催化而生的。教师的付出反过来让学生感受到教师的爱，一旦学生感受到这种感情，便会在感情、行动上依靠教师、信赖教师。比起强制约束，师爱对教师的催化作用更剧烈，教育的功能更能得到体现。

教育智慧的核心是教育机智。教育机智体现在教师在教学过程中对突发事件的应变能力，它是教师必备的基本素质之一。俄国的乌申斯基说过："不论教育者怎样地研究了教育学理论，如果他缺乏教育机智，他就不可能成为一个优秀的教育实践者。"教师被比作人类灵魂的工程师，是因为教师的一个重要职责是育人，相比教书，育人要难得多。育人不是简单的知识传授，它要求教师能够针对个体差异培养每个人的特征。关于育人，教师除了"师爱"之外，还需要教育机智。影片中林保教授和心理专家桑恩就是靠教育机智来化解威尔的心理阴影的。在桑恩之前，林保教授聘请了很多的心理治疗师来为威尔治疗，希望打开他的心结，走进他的内心，但是专家们的治疗方法早已被这个智商过人的叛逆青年洞悉。他们遭到威尔的羞辱，纷纷宣告威尔已"无药可救"。最后林保只得找他的大学同窗桑恩。桑恩一共为威尔进行了五次心理辅导，就像是进行了五次的正面交锋，其中有无言的交锋、激烈的交锋、粗暴的交锋，每一次的交锋都迫使威尔与自己的内心进行对话。同样，桑恩在治疗威尔的过程中对自我也进行了无限的思考。在一次交谈中，不按常理出牌的桑恩反其道而行，始终保持沉默。最后是威尔忍不住打破这种沉默，于是桑恩说到妻子的缺点，说即使如此她仍然是自己的妻子，两个人在一起就要包容对方的优缺点，人不可能十全十美，每个人都有缺点，如果一个人知道自身的问题，却又不敢直视，那就很是问题。桑恩用妻子的缺点来鼓励威尔正视自己身上的问题。当威尔对桑恩的述说产生了兴趣时，桑恩却戛然而止，好一招欲擒故纵！桑恩对威尔的整个辅导过程是一个曲折而又艰辛的过程，他运用自己的机智和熟练的心理咨询技术，一步步打探威尔的内心，掌握威尔内心问题的症结所在，最后化解威尔的心灵顽石，让威尔重新审视自己，直面人生，思考人生的价值和意义。

教育智慧还需要教师能够洞察学生，理解学生。具有教育智慧的教师需要时刻懂得关注学生，尊重学生。教育机智的发生以热爱学生、尊重学生的情感为前提。桑恩和威尔分享感情经历，分享不曾向外界透露的秘密，一方面是对对方的信任，一方面也可看出桑恩的感情流露。理解学生、尊重学生的前提是教师需要懂得站在学生的角度设身处地为学生考虑问题。影片中，治好威尔的心理医生桑恩，本身和威尔一样，心底深处饱受黑色阴影的困扰，他的感同身受使他更容易捕捉威尔的心灵变化。

教育智慧不是单纯的知识的累加，一个人并不是看了多少本书，就拥有多少智慧。教师职业更是如此，教育智慧需要教师懂得如何在知识积累的基础上建立相应的经验。影片中威尔的所有知识都是从书上获取的，他缺乏更多的人生经验。正当所有观众都为威尔的滔滔不绝和数学天分所折服时，桑恩却能抓住威尔所谓的"智慧"，并用来"对付"他。威尔的智慧不是"智慧"，只是有了一定的阅读量。相反，他的心理辅导师桑恩的智慧则是在书本知识积累的基础上建立起来的经验综合。智慧是人生经验和书本知识的总和。

现实生活中，我们更需要像林保、桑恩这样有教育智慧的教师。教育需要智慧。没有智慧，我们就缺乏在琐屑与繁杂之中洞察精深与微妙的能力；"没有智慧，'教育'就只是心灵和精神的一种牵累，一种'认知结果的堆积'。"拥有教育智慧的教师能够快速引领学生的心灵和精神，能够迅速发掘课程内容，选择教学策略。

电影结束时，威尔跟随自己心灵的选择开着那辆破旧的轿车去南部城市寻找他心中的女孩。影片并没有给出具体情节，留给了观众更多的想象空间。关于威尔的未来，或许是追寻到施佳娜，一起过着幸福美满的生活，抑或依旧和死党查克一起享受唯一的友情，又或是随着林保教授一起成就数学史上的奇迹……我们不得而知，但是可以肯定的是，这个时候的威尔已经和影片开始时的威尔判若两人。而这一切和他的人生导师林保和桑恩密切相关，也正是他们的教育智慧，使得威尔能够重新释放自己的内心。

（林丽征　执笔）

《国王的演讲》：定生慧　慧纳百川

【片名】*The King's Speech*（《国王的演讲》）

【导演】汤姆·霍珀

【主演】科林·费斯/杰弗里·拉什

【国家/地区】英国

【片长】118 分钟

【语言】英语

【发行时间】2010 年

【获奖情况】2011 年第 83 届奥斯卡最佳影片、最佳导演、最佳男主角、最佳原创剧本

剧情简介：

艾伯特的哥哥为美人而放弃江山，于是艾伯特临危受命成为乔治六世。然而，艾伯特从幼年时代开始就患有严重的口吃，几乎连一句话都无法连贯地表达出来。演讲之于国王是多么地习以为常，但是演讲之于艾伯特则是成为国王的最艰巨挑战。他自幼就表现出非凡的英勇胆略，具备担当国王的禀赋，并一直受到父亲乔治五世的青睐和信任。只遗憾患有口吃，令怀才的艾伯特不愿意直面担任国王的这一现实。父亲在世时也多次给艾伯特在国民面前展示的机会，致闭幕词、发表全国演讲，然而当广播里回荡着他断断续续的演讲时，他又是多么地羞愧汗颜、无地自容。妻子伊丽莎白一次一次为丈夫寻找良医，于是结识了澳大利亚的偏方医师罗格。这位医师的治疗方式奇特，让艾伯特无法接受而放弃治疗。然而，一次意外的发现让艾伯特愿意重返治疗，经历一次又一次的磨合，医患关系逐渐发展为彼此信任的友好关系。最终，艾伯特没有辜负众望，在罗格的陪伴下终于在二战前夕发表了一次完整的演讲，鼓舞了民心。电影将艾伯特和罗格的关系变化描写得生动感人，尤其是二者磨合的过程。罗格最终以爱与智慧点燃了一位医师的教育激情，帮助艾伯特走出悲剧的童年，告别自卑的阴影。

洛克非常重视教育的作用，他认为，人们的言谈举止和能力之所以千差万别，较之其他任何事物，教育所起的作用是最大的。因而，百年大计，教育为本；教育大计，教师为本。一名好教师，不仅要有良好的知识结构和能力结构，更要有相对完整的精神结构。教育理想、教育激情、教育智慧、教育良知这四者是教师美好心灵的标志，也是其专业精神的四大支柱。教育智慧是教师职业的创新之本，智慧是教育的内容，也是教育的手段和目的，教育对智慧具有内在性和必然性要求。

那么，作为创新之本的教育智慧如何表现呢？田慧生教授曾指出，教育智慧是良好教育的一种内在品质，表现为教育的一种自由、和谐、开放和创造的状态，表现为真正意义上尊重生命、关注个性、崇尚智慧、追求人生幸福的教育境界。作为教育的一种内在品质，教育智慧应当渗透、内化于包括师生教育活动及教育目的、教育价值、教育过程、教育环境、教育管理在内的教育的一切方面。

我们知道教育不局限于学校环境下的课堂教学，更包括父母对孩子的言传身教；医生对患者的心理引导、动作矫正、语言矫正；舞蹈老师对演员的指导等等。

影片《国王的演讲》中的罗格医师是一位具备教育智慧的教师。他是如何用智慧钥匙打开艾伯特国王心门的呢？

一位拥有教育智慧的良师，有自己的原则，他是个性化的。从本质上来说，每个人的智慧都是独一无二的，与其自身特征有着不可分割的关系。要提高教师的教育智慧水平，关注教师教育智慧的状态，就离不开对于教师个性化的尊重。

罗格医师的性格和他的治疗方式一样"古怪"：当伊丽莎白来到诊所想请他为自己的丈夫治疗口吃，尽管罗格先生知道了她的尊贵身份，却没有一丝畏惧和另眼相待，依然坚定地以"My castle, my rules"（我的地盘我做主）坚持着自己一贯的诊疗作风；面对国王，罗格不是卑躬屈膝的姿态，而是提议双方平等交流；在第一次治疗的过程中，艾伯特王子屡屡感觉自己的隐私被侵犯，自己的心理防线难以坚守，治疗进行到中途，二人的关系竟已步入危险境地不欢而散；为了开启王子紧锁的心扉，他不顾王子因心理防备而表现出的攻击反抗，一茬接一茬地发问；他敢于不畏权威地将那些权威的医师定义为"官方认定的蠢货"。

罗格就是这样一位个性化的教师，在一次一次的磨合之后，他成功治愈了艾伯特的口吃。每个教育者，不论是课堂上的老师，还是诊室里的医师，他们都有着与别人不同的经历。可见，智慧的教育是不得复制的，它不是通过简单的教学、传授就能够取得的，而是每个教师通过结合自己的经历、个性、体验等复杂过程而渐渐生成的，并具有高度的个性特征。

一名智慧的教师懂得慧纳百川。请求罗格先生为自己的丈夫艾伯特治疗口吃病症的伊丽莎白，第一次到诊室与罗格先生会面时，几乎毫不掩饰自己对于罗格先生"又不正规、又很有争议"的治疗手段的怀疑态度，可罗格先生依旧保持风度，很有定力地告诉伊丽莎白："我可以治好他（王子）的病，只要他想治病。"经过伊丽莎白的苦心劝说，艾伯特王子第一次来到罗格的诊室就医时，王子因不信任和受不了不知所云的治疗方式而勃然大怒："不要以为我不知道你们澳大利亚的骗子是如何骗钱的。"爱德华八世即位却沉迷于辛普森夫人的美色，置国家安危于不顾，罗格鼓励艾伯特担任国王，却遭到艾伯特的辱骂："你只是一个酿酒师的儿子，你没资格和我说话！我们的治疗到此结束。"因为没有证书、没有爵位，罗格遭受来自高级官员的各种鄙夷……面对这一切，罗格泰然自若，眼神依旧坚定。他没有在鄙夷声中撤退，而是保持着定力，定生慧，慧纳百川，终究创造了大英帝国的伟大奇迹！

智慧的教师，用爱走进学生的世界。随着剧情的发展，罗格医师和艾伯特王子的关系逐渐由最初的不信任、医患关系紧张，发展为可以吐露心声的好朋友。在影片中，罗格先生很明确地告诉艾伯特：没有人一生下来就口吃。而艾伯特为什么会成为口吃患者呢？这和他悲剧的童年分不开，童年时代，他曾因为先天左撇和膝盖内翻而被强行矫正；他曾受到保姆三年的长期虐待，带来了老胃病。这些苦痛他几乎没有和人吐露过，罗格先生用爱与智慧的钥匙开启了国王的心扉。

智慧的教师，还是不屈服于权威的。罗格医师当初坚持让王子到自己的诊室就医，仅仅是为了自己方便，或者说为了所谓的规矩吗？他所坚持的是自己的治疗手段，遵从的是教育平等，重视的是教育环境。他首先把自己和王子置于平等的地位，而不是在彼此磨合之前就因权威而屈尊俯就。再者，他把王子首先视为一个"人"，而不为所谓"王子"的标签而改变原则。

说到权威，我们不妨将罗格与其他给王子殿下看病的具有爵位的语言治疗师进行对比。那些凭着"证书＋爵位"为国王治病的医生，在罗格眼里，不过是"官方认定的蠢货"，使用不良的教育方式压抑人的发展。

教育智慧不是"证书＋爵位"可以达成的，它需要好的教育方法和教育手段。在第一次会面时，罗格洞察到艾伯特对于自身口吃的绝望心情，他首先要为艾伯特树立信心。他督促艾伯特戴上耳机，听着音量巨大的音乐的同时，朗读一段文字。这时的艾伯特忘记了自己肩负的压力和惧怕的事情，听着吵闹的音乐、怀着气愤的心情（最初他对罗格持有怀疑态度，不理解其用意），朗读文字。罗格将这次朗读的录音刻成唱片，赠与艾伯特。就是这碟唱片，使二人关系在破裂之后重新修复，也让艾伯特王子夫妇看到了未来的希望！

　　罗格先生的教育智慧里，有科学的知识，有先进的教育手段，更有高度的个性、海纳百川的胸怀，有不惧权威的自信，以及对艾伯特的深厚的爱。社会需要这般智慧的教师，只有智慧的教师足够多，才能培养出许许多多智慧的学生，一旦智慧成为一种普遍的现象，那么幸福与职业尊严也将不期而遇。

（徐梦诗　执笔）

《音乐之声》：教育奏响幸福之歌

【片名】*The Sound of Music*（《音乐之声》）

【导演】罗伯特·怀斯

【主演】朱丽·安德鲁斯/克里斯托弗·普卢默/理查德·海顿

【国家/地区】美国

【片长】174 分钟

【发行时间】1965 年
【语言】英语
【获奖情况】第 38 届奥斯卡最佳影片

剧情简介：

修道院院长认为，性格开朗的见习修女玛利亚不适应与世隔绝的生活，决定让她看看外面的世界。于是，玛利亚来到奥地利，在退役军官冯·特拉普家当起了 7 个孩子的家庭教师。孩子们尝试用各种古怪的方法捉弄玛利亚，但是她却丝毫不在意，她用窗帘为孩子们做了游戏服，教他们唱歌、跳舞，帮助他们逃避父亲的批评，渐渐赢得了孩子们的喜欢。特拉普看见家里开始变得温馨、活跃，孩子们生机勃勃，他慢慢接受了玛利亚。特拉普准备与男爵夫人结婚，但是孩子们不喜欢她，她也不喜欢小孩子。特拉普发现自己爱上了给自己家庭带来了快乐和生机的玛利亚，于是，他与男爵夫人解除了婚约，与玛利亚幸福地结合。此时，希特勒正要吞并奥地利，特拉普一家被纳粹分子监控。借着参加民谣节的机会，特拉普家庭合唱队在朋友和修女们的帮助下，逃出了多难的祖国，过上了幸福的生活。

美丽动听的音乐、热情洋溢的歌唱，《音乐之声》给人感觉是在欣赏一场绝妙的音乐会，影片要表达的情感和道理都通过人物的歌唱表达了出来。影片讲述了一个修女在成功教育 7 个孩子过程中所发生的一系列故事。玛利亚是被孩子们百般捉弄的家庭教师，但她却最终留了下来，征服了孩子们和整个家庭，给家庭带来快乐与和谐。因为玛利亚具有常人不具有的教育智慧，通过自身的智慧，一步一步接近孩子，到最后"被离不开"。所以，教育智慧是难得的，它不仅可以成功地教育人，也可以给人带来快乐和幸福。

教师的教育智慧只是教师拥有的众多品质中的一种，智慧的教师实施的智慧教育却是所有教育中最有效的教学方法，也最容易被学生接受，这其中有深刻的原因。智慧教育可以给人带来幸福和快乐的前提，是教师实施的教育能被学生接受。下面借《音乐之声》这部美妙的影片，从智慧教育何以被接受，又何以给人们带来幸福这两个问题出发，阐述其中的深意。

生活中每天都有教育活动发生，实施教育的主体多种多样，唯独有教育智慧的教师才是能实施最好教育的人。因为有教育智慧的教师，会怀着对教育事业的忠诚、对学生浓厚的爱，善于观察，抓住时机，寻找问题的突破口，解决学生的问题，博得学生的欢心。教师在教育过程中实施的智慧教育之所以能被学生接受和喜欢，概括起来主要是智慧教育中的爱可以感化学生的心灵，教育智慧是一个好教师难得的品质，以及有教育智慧的教师会运用最容易让学生接受的方式来教育学生。

首先，智慧教育用爱感化心灵。玛利亚初来特拉普家，7个孩子穿着海军服，执行着船长父亲的命令，依次以军人的方式进行自我介绍。从没有家教经验的玛利亚忘记恐惧和不安，从一开始就喜欢上了这些孩子，很快就记住了他们的名字和各自的特点。她理解大女儿的情窦初开，并决定不告诉他们严厉的父亲。在雷雨天，她用歌声驱走孩子们的胆怯。因为孩子们正式的衣服不利于运动，而且衣服弄坏会被父亲骂，所以玛利亚用换下来的窗帘布为孩子们制作了游戏服。这些细微的举动都体现了玛利亚内心深处对孩子们的喜欢，所以她才会用各种智慧的方法来解决孩子们的问题，让孩子们从心底里喜欢这个老师。

其次，教师的自身素质是关键。玛利亚并没有丰富的经验，对自己的第一次家教也有恐惧之感。她不停告诫自己没什么好怕的，自己可以做好的。心理暗示为她赢得了一个好的开头。玛利亚会做游戏服，会唱歌会跳舞，可以教会孩子们不懂的知识。她还用鼓励自己的方法鼓励孩子们去做自己想做的事情。比如，孩子们说父亲不喜欢他们唱歌，玛利亚则告诉孩子们唱歌也可以赢得父亲的喜欢。而特拉普开始接受玛利亚正是在他看到孩子们为男爵夫人歌唱的时候。多才多艺的教师可以为自己加分。教师的教育智慧也体现在自身素质的发展上，在学生心中，一个了不起的教师就是无所不能的教师。教师自身知识渊博、多才多艺是实施智慧教育的关键。

最后，教育的方式很重要。玛利亚虽然一开始就被捉弄，但她没有选择放弃，而是去寻找方法接近孩子们，用歌声和爱打动他们。在这里面看不见严厉的批评和呆板的教育，而是朋友间的交流。所以，一个有教育智慧的好教师是懂得如何用学生能够接受的方式来教育学生的。针对不同年龄、不同性格和不同特长的学生，老师要采取不同的方法，因材施教，这样的教育才是学生喜欢的教育。

快乐是一种美德，幸福是教育的终极目标。教师的教育智慧不仅表现在被学生接受，而且表现为学生更有激情、有信心地投入到学习当中，取得很好的学习效果。教师的教育智慧还体现在通过发现教育的本质、关注学生的心灵和成长以及对教育的全身心投入，让学生体验学习过程的快乐和学有所成的幸福，以及感受与教育相关的诸如家庭和谐等源于内心的满足感。

第一，智慧教育可以发现教育的本质。关于教育的本质有很多论述，这里比较赞同的是贾馥茗女士在其著作《教育的本质》中所阐述的："真正的教育，其责任必须以引导学习者成人为务，以发展人性，培养人格，改善人生为目的。"影片中玛利亚就用教育智慧引导孩子们成人，重塑了孩子们的人格，改善了孩子们的任性，也改变了整个特拉普家的人生。

第二，智慧教育关注人的心灵。教师的教育智慧体现在关注学生的需要，按需而教。从关注学生的心灵开始，了解学生缺少的是什么，然后用得当的教育填充学生的心理需要和心理空白，让他们找到幸福的真谛，带给他们快乐。玛利亚知道孩子们缺乏母爱，她就给他们母亲般的关怀。知道他们害怕父亲，就教他们唱歌来让父亲开心。教给他们舞蹈，在家庭会议上表演，让孩子们有了自信和力量，也让父亲觉得骄傲和自豪。玛利亚的教育智慧让教育和她本人走进了孩子和特拉普的心灵。

第三，智慧教育需要全身心的投入。无论是基于专职家庭教师的悠闲，还是看到特拉普家缺少一个母亲时激起的责任，从走进特拉普家开始，玛利亚就将自己的全部精力投入到对孩子们的照顾和教育中去。玛利亚考虑到了孩子们没有游戏服，男爵夫人到来时孩子们需要表演等等细节。她将自己置身于这个家庭，所以才会得到孩子们和特拉普的喜欢，也才会收获他人和自己的幸福。

从智慧的教育可以改善人格和人性、可以培养人出发，教师在教育中用智慧的方法直达学生心灵深处，用全身心投入的状态，将学生当成自己的孩子一样教育。这样的教育就是成功的教育，学生也会因接受这样的教育而学到知识，改变自己的生活状态，也因在学习的过程中拥有愉悦的心情而变得快乐，从而获得幸福的人生。

总之，有智慧的教师才可以用智慧的教育让学生欣然接受教育，培养出有智慧的学生。学生将接受教育的过程作为一个启迪心灵的过程，受智慧熏陶的过程，也能取得智慧的成果，因此，这个过程和结果将是幸福的。

如果教育能够让不幸福的人快乐，让幸福的人更加自信快乐，那么这样的教育就是最成功的教育。当然，要实现这样的教育，需要教师全身心地投入，努力寻找教育智慧，将教育引向幸福。教师进行教育的过程就是一个陪学生表演喜剧的过程，克服重重困难就如同战胜心怀叵测的"纳粹分子"，努力的过程就如同奔跑的过程，取得教育的成功就如同抵达"和平的瑞士"，所有的喜剧都该以大团圆结束，所有的智慧教育都可以开启幸福人生。

（冯卫　执笔）

《心灵访客》：窗内的世界很精彩　窗外的世界很无奈

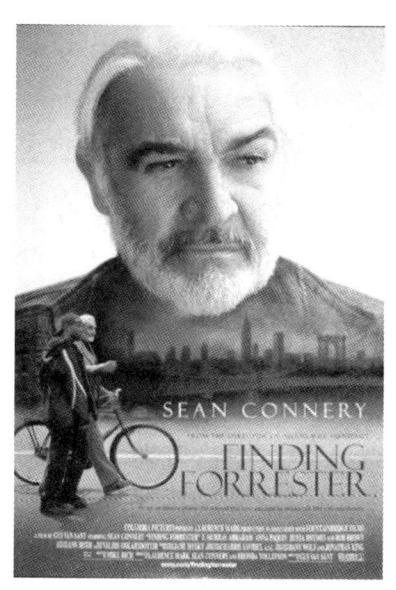

【片名】*Finding Forrester*（《心灵访客》）

【导演】格斯·范·桑特

【主演】肖恩·康纳利/罗伯·布朗

【国家/地区】美国

【片长】136 分钟

【发行时间】2000 年

【语言】英语

【获奖情况】2001 年柏林电影节金熊奖最佳导演提名

剧情简介：

　　一个是蜗居于小公寓足不出户的普利策文学奖获得者威廉·佛罗斯特，一个是从小在贫民区长大但热爱篮球的黑人男孩贾默·华莱士，原本毫无关联的两人由于恶作剧开始有了交集。贾默因为同伴间关于胆量的打赌，深夜闯进威廉家中，却因为慌张逃跑遗落了书包。威廉翻看了男孩书包中的一叠笔记本，并改正了其中的错误。贾默愤愤不平去找威廉说理，却发现威廉的点评深刻有理。贾默凭借自己出色的测试成绩获得梅勒·卡洛学校的邀约，加入学校的篮球队。在一次写作课上，贾默偶然发现威廉的真实身份是著名作家后，便"要挟"威廉教导自己写作。威廉无奈同意但要求贾默不能对外泄露自己的身份，不过问自己的家庭和生活，且不能将屋内一切书稿带出门。在两人的深入交往中，威廉渐渐发掘贾默的写作天赋，贾默也发现了威廉由于亲人因事故逝去的愧疚而长期闭门不出。在学校，由于种族、肤色和家庭经济状况差异，其他白人总是用质疑的眼光看待贾默。为了证明自己的写作才能，贾默私自将自己的书稿带出并参加学校举办的写作比赛。由于参赛题目是威廉公开发表过的文章名，贾默被学校老师怀疑抄袭，面临着学校的调查处分。贾默请求威廉出面证明自己的清白未果，心灰意冷的他在篮球决赛失利后写下一封长信给威廉。最终威廉被贾默的真诚守信和杰出的写作才能打动，重新出现在世人面前，当众朗读贾默的作品，同时也意识到了自己所要寻找的人生。最后威廉因绝症病逝于家乡，他托付律师将公寓的钥匙和一本两人合著的书稿交到贾默手中。

　　一位是闭门不出的著名作家威廉·佛罗斯特，一位是才华横溢的黑人男孩贾默·华莱士。威廉指导贾默写作，逐渐挖掘贾默的写作天赋；贾默诚实勇敢的美好品格和对生活的热爱也感染着威廉，使他逐渐打开因亲人逝去而紧闭的心灵之窗，重新获得与生活交往对话的勇气。他们都在用彼此的智慧感化着对方。这种更广泛意义上的教学相长的关系不知不觉间改变了他们原有的生活轨迹，最终他们勇敢面对自己的遭遇，并与周围的世界"讲和"。

影片折射的教育智慧突出表现为两人彼此鼓励重新生活的勇气。他们都潜移默化地充当彼此的老师。贾默起先只是一个缺乏勇气的 16 岁男孩，除了大家都喜爱的篮球之外，他很少与同伴谈论写作方面的东西。自幼生活在曼哈顿贫困区的他，早已学会隐藏自己内心真实的想法，做着和大家相差无几的事情，讨论着与大家生活相近的话题，因为只有这样他才能获得同伴认可并融入其中。面对老师的提问，同伴表现出一无所知时，贾默即使知道答案也选择摇头；他没有将自己在评估测试中取得优异成绩的事主动汇报给母亲，是为了不让哥哥觉得难受。如果说贾默是在自己从小生活的社区黑人文化中时刻保持谦卑的话，那么面对陌生白人的怀疑和歧视他却是倔强不服输的。当威廉对 16 岁贾默的杰出写作天赋表示惊讶，并随口说了一句"而且你还是黑人"时，贾默变得异常激动，极力反驳威廉关于自己是黑种人的论调，尽管事实上威廉的话语中并没有种族歧视的偏见。两人的初次相见不欢而散。细想可知，贾默强烈自尊心的背后其实是自卑心理。

贾默凭借自己出色的测试成绩获得曼哈顿东区著名的梅勒·卡洛学校的邀约，顺利加入学校的篮球队。贾默和威廉谈及学校写作课上罗伯·克福教授对自己学习能力的怀疑，威廉建议贾默应该努力向克福证明自己的写作才华。威廉不仅对贾默的写作才能充满信心，更相信自己作为一名作家的自信。他不屑于外界对其作品自以为是的评价与分析，那台老式的打字机仿佛是他反抗这个世界，对抗那些评论家的有力武器。在他看来，作品初稿只需要敲击键盘用心写，接着才是用脑子考虑修改。当贾默对写作踌躇万分时，威廉拿出自己的作品《信念的完美季节》，对贾默说道："把它打出来，有时候就是打字的节奏帮我们顺利从第一页进展到第二页。当你的脑海中出现一个属于自己的词时，试着把它打出来。"威廉向贾默传达着随心而写、我写故我在的写作智慧，鼓励他勇敢地将自己内心的想法自由表达出来。贾默由此受到激励和感染，学会在键盘上敲击出属于自己的作品。当威廉对他的作品使用连词开始一个段落表示看法时,贾默解释是为了表现内容的强调作用,并说文学史上许多伟大的作家都习惯使用这种写法,包括威廉自己。威廉对贾默的回答会心一笑,因为他明白这时候的贾默学会了自信和勇敢。

作为作家的威廉拥有向习惯发起挑战的勇气,然而面对亲人因为事故去世,他却选择自我封闭。他早已习惯独自生活,久而久之甚至没有勇气踏出家门,只是透过玻璃窗和望远镜观察着外面的世界。威廉在生日当天,置身于广阔空旷的棒球场,诉说着心痛的往事,贾默只是在一旁认真地聆听着,因为他明白陪伴比交谈更重要。在这一刻,贾默成为威廉的老师,赋予他面对孤独和忧伤回忆的勇气。其实教育在一定意义上不正是一种默契与共且交乎心发乎情的陪伴吗?

面对罗伯·克福教授的刻意刁难,贾默选择隐忍,然而他却公开反对教授对同学约翰·科瑞的刻意提问。冲突之下,他被强令离开教室。为了报复贾默,克福教授向学校提出贾默的参赛作品有抄袭他人之嫌。万般无奈的贾默寻求威廉出面证明自己的清白,然而威廉却让贾默自己承担责任,两人爆发了有史以来最激烈的争吵。威廉坚持认为自己闭门不出的缘由是这个世界的不公平,在自己的亲人命悬一线的关键时刻,别人却丝毫不在乎。贾默却一针见血地指出:威廉不为自己提供力所能及的帮助,对别人遭遇的困难置之不理,其实已经沦落为当年那个护士一样的行径;而他整日闭门不出,躲在这个窗户背后去窥探这个世界,其实就是缺乏勇气的表现。

在篮球决赛决定胜负的千钧一发的时刻,学校董事会成员向贾默提出:只要他赢得比赛就可以撤除对他的调查处分。而贾默选择故意投篮不进,成功捍卫了自己的尊严。他成长了,这样的成长是在和现实生活矛盾的撕扯中,和克福的抗争中,更是和威廉的争辩中获得的。

威廉通过电视看到篮球比赛实况。他默默关闭电视机,站在窗前认真地擦拭着玻璃,思考着贾默先前的一席话。最终,他鼓起勇气搬出多年不用的自行车,沐浴着夜色游走于城市的每个角落。次日清晨,他被贾默深夜书写的一封信所感动,突然间意识到自己活到这把年纪,其实最期待的东西只是一份珍贵的友谊。贾默做了一个朋友该做的承诺,他也有义务为贾默做点什么。于是他来到学校,并在全体师生面前朗诵贾默的那封信以证明贾默的清白。贾默曾告诉他学校的写作比赛中学生必须当众朗诵自己的文章的规则，他曾不屑道："这与写作有什么关系？作家只负责写作，而读者负责阅读。"威廉从来没有当众朗读过自己的作品。然而此时他却在做着自己从前不屑一顾的事情，发生这种转变的勇气是他在和贾默的沟通交往中汲取的。

在此刻，贾默和威廉不仅是互为师生的教导关系，更是家人般的相互依赖的存在。正如贾默在自己的文章中写道："失去家庭强迫我们去寻找家庭，不总是我们血缘意义上的家庭，而是能成为我们至亲的家庭。我们应该用智慧去向这个家庭敞开心扉。"贾默失去了自己的父亲，威廉失去了自己的家人，他们都在寻找可以填补这个缺位的人。在一次次充当彼此心灵访客的过程中，他们成为彼此最珍惜的亲人。

（徐龙静　执笔）

《相约星期二》：一门最后的课程　一位终生的教师

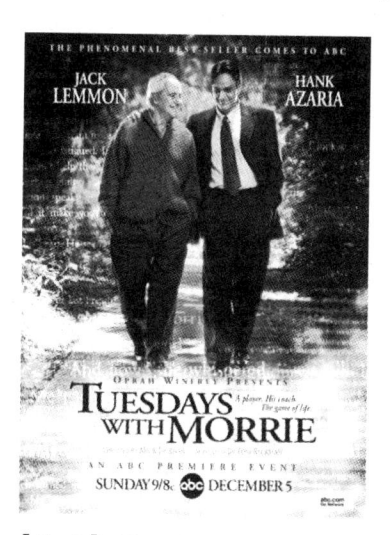

【片名】*Tuesdays with Morrie*（《相约星期二》）
【导演】米克·杰克逊
【主演】杰克·勒蒙/汉克·阿扎利亚
【国家/地区】美国
【片长】89分钟

【发行时间】1999 年

【语言】英语

【获奖情况】2000 年第 57 届金球奖电视类——迷你剧/电视电影最佳男主角提名

剧情简介：

影片讲述了一位患有绝症的大学教授莫里，一个疲于忙碌工作的年轻人米奇和一堂人生课的故事。在米奇的大学时光，两人亦师亦友，米奇总是习惯叫莫里"教练"。那时候的米奇喜爱弹钢琴，希望自己有一天能成为钢琴家。他在毕业典礼上和莫里教授约定：以后要常联系。但毕业之后，米奇最亲近的舅舅因为胰腺癌去世，加上几年空虚昏暗的夜总会生活，米奇放弃了成为一名钢琴家的梦想，找了一份体育记者的工作，成为《底特律自由报》的专栏作家。米奇的生活像一辆时刻奔跑在高速公路上的豪华轿车，金钱、名誉唾手可得。然而在这样高强度生活的背后，却是米奇空洞无比的心，就连与他交往多年的女友詹宁都开始疲惫于他无止境无规律的工作。而作为一名大学教授，莫里仍旧孜孜不倦地育人。他喜欢吃动物的舌头，同时也是一个舞迷。每个星期三的晚上，莫里都会去哈佛广场的"免费舞会"，挤在大部分是学生的人群中，闭上眼睛跟着自己的节奏悠闲地移动步伐。两人 16 年的生活轨道在莫里患上"渐冻人症"（ALS）后再次交集。米奇在美国广播公司"夜线"电视节目上看到了对绝症病人莫里的采访。米奇决定去莫里家，向久违的老师道歉并告别，然而这次抽空的相聚却让米奇开始重新审视自己的生活。在莫里的要求下，米奇在此后的每个星期二从底特律飞到莫里家，聆听莫里的最后一门课程。课程内容是关于生活的意义，课堂以口试为主，内容涉及世界、自怜、遗憾、死亡、家庭、金钱、爱、文化、完美一天等话题，而毕业典礼是莫里的葬礼。在这 14 次课中，米奇用录音机记录下莫里的每一段教诲。同时，在莫里的帮助下，米奇和詹宁重归于好，并决定步入婚姻的殿堂。莫里濒临死亡，他为自己举办了一次生前的葬礼，并回顾自己的童年生活，原谅了早已去世的冷漠无情的父亲，最终平静逝世。

莫里·施瓦兹穷其一生都在充当着教育者的角色。虽然渐冻人症（ALS）像一根点燃在莫里体内的蜡烛，不断融化着他的神经、腿部、大腿肌肉以及躯干肌肉，最后变为一堆凝固坚硬的蜡油。然而莫里清醒的意志却在身体硬壳外，在与米奇的交流中收放自如。换言之，教育智慧对于莫里而言是"收"与"放"之间的平衡状态。"收"指的是莫里内心沉淀的教育品质和教育情感。这种品质感染和情感传达的对象不仅是米奇，还包括莫里的家庭以及收看采访莫里病情的电视观众。所谓的"放"是莫里在与米奇一次次的会面交谈中实施的一系列教育方法，具体包括问答的教学方法以及适时使用引导、激励与共情的教学策略。莫里教授细心观察到米奇多年来的心理变化和遭遇的一系列生活难题，通过实施针对性的启发式问答，向米奇传递着生活的意义，让他逐渐与生活讲和。发生于两人间的教育充盈着自由和谐、开放创造。一位终生的老师，一位迷途知返的年轻人，他们之间的最后一门课程拥有着无限的价值。

米奇得知了莫里的病情，并在毕业 16 年后再次看望莫里，但他仍旧被工作纠缠裹挟，总是不经意间看着手表打着电话；而莫里则拒绝了此时来访的所有电话，享受着和学生阔别重逢的相聚时光。告别时刻莫里询问米奇可否抽空再次来访，米奇以公事、距离为托词委婉回答。莫里听后并没有直接表明自己的态度，而是启发引导米奇学会偶尔停下来数一数自己的呼吸，在呼吸的停顿中感受心境平和带来的乐趣。虽然米奇还没有意识到，但他们之间的最后一课已经悄然开始了。

当米奇再次来到莫里家中，莫里家人正在为莫里准备一场别开生面的"葬礼"。与其说是葬礼，不如说更像是一场赞礼。当全世界的人们都在赶着自助时髦的铁轨，莫里只是站在铁轨边，听着死亡列车的汽笛，内心坚定着自己生活中最重要的东西。当我们的文化教育我们忌讳死亡，莫里选择在生前举行葬礼。活着就意味着能和别人交流，表达自己的感情，感受别人的思想。

莫里用自己独特的视角看待年龄问题。我们的文化总是过分强调年轻的价值，但很少有人意识到年轻也是一种苦恼。由于现有生活的不满足不充实，我们总是习惯回忆过去。但我们一旦找到生活的意义，想看的东西更多，想做的事情也更多，往往更能大胆地往前走。如果只是一味地回首过去，只会让你越来越不甘心变老，总想着和过去的自己比较竞争，然而年龄是无法竞争的，因为你终究会变老。

莫里豁达地教导着米奇衰老不等于衰败的道理，但病魔的纠缠从未远离莫里。面对这一切，莫里是一位诚实的教育者，更是一位连接生与死桥梁的使者。他向米奇真实诠释了这段旅程带给他的感受，提醒着人们如何为这段旅程打点行装。在他看来死亡不应该是一件令人难堪的事，他不愿意为它涂脂抹粉，而是选择诚实地面对自己的身体。虽然有时早上醒来，莫里会暗自流泪，哀叹自己的不幸，但这种心情不会持续很久。莫里始终认为自己是幸运的，因为他还有时间去学习，去和人说再见，去教授最后一课。

米奇起初害怕施爱于人，在莫里的鼓励下，他最终顺利地和女友詹宁步入婚姻殿堂。在聊到与女友几近破裂的关系和无聊的记者工作时，米奇像个受伤迷路的孩子，努力寻找着解脱的出口。观察入微的莫里感受到米奇低迷的心情，他拿起家中的老照片，向米奇讲述自己的童年生活。莫里幼年母亲早逝，沉默寡言的父亲终日忙于工作。父亲在爱人去世之后就丧失了施爱于人的能力，甚至不准年幼的莫里提及去世的爱人。幸得继母的悉心照顾，长大后的莫里渐渐明白人生最重要的是学会如何施爱于人，并去接受爱。生活是一根有反向力的橡皮筋。反向力使得皮筋发生移动，就像我们的生活在持续不断前进和后退。在拉扯过程中，爱永远是胜者。面对米奇遭遇的情感难题，莫里并没有直接告诉他解决的方案，而是借助自己童年的经历，采用春风化雨式的共情理解和激励鼓舞方式。米奇逐渐明白爱是唯一的理性行为，人与人之间的关系是没有固定公式的。因为爱不能像谈判一样获胜，爱是让我们像关心自己一样去关心别人，了解彼此的心情，设身处地地为对方做出自己力所能及的事情。

莫里的教育智慧既表现在他的睿智和通达，还表现在他幽默积极的人生态度。生活于他是偶尔有雾的窗户，适时的情感冲刷，就能拨开迷雾，和生活讲和；死亡于他是停在肩膀上的小鸟，顺其自然，向死而生，就可回归平静。莫里向米奇传递着一种积极向上的生死观。我们都是一朵小浪花，我们都有相同的开始——诞生，也有相同的结局——死亡。如果我们能够平静地面对死亡，我们就能够和生活讲和。面对诸多的情感起伏，我们只有充分沉浸其中，体会它带给我们的感受，让泪水流淌下来，细细品味后，才有资格说我已经超脱于它，我不必受它控制，我能直面这种情感。富有智慧的莫里像成人那样给予迷途中的人们帮助，又像孩子般接受别人的馈赠，渴望回归生活的本真。

莫里的教育智慧不仅是他身上闪光的美好品质和他使用的教学策略，更为重要的是他宣讲的一个个主题，这些主题不仅是宣讲式的，还是建设性的，直到说再见的那一天他都在改变着自己，影响着身边的人。莫里用最后的课程支撑起自己拟定的墓碑碑文——"一位终生的教师"这个头衔。死亡终结了莫里的生命，但没有终结他的课程，更没有终结他与这个世界的情感联系。

我们是否也可以试着每周给自己一个"星期二"，告诉自己有多快乐？因为爱总会赢。

（徐龙静　执笔）

《女生向前翻》：魔鬼教练演绎教师权威的柔与刚

【片名】*Stick It*（《女生向前翻》）
【导演】杰茜卡·班汀吉尔
【主演】杰夫·布里吉斯梅西/帕瑞格兰百妮萨·洛金斯
【国家/地区】美国

【片长】103 分钟
【发行时间】2006 年
【语言】英语

剧情简介：

《女生向前翻》是一部青春励志片。影片开头就惊险万分，高空滑板，空中单车，与警察调情，突然摘下的头盔让你误以为的酷小伙来了个华丽的转身——一个爱挑战极限，不走寻常路的女孩惊艳出场。她就是海莉，年仅17岁，曾经的体操明星。生活在一个父母关系破裂的问题家庭的她，拥有着桀骜不驯、叛逆不羁的性格，终于不幸触动法律，被迫重返让她既爱又恨的体操界，并与体操教练维克曼结下了不解之缘。魔鬼教练维克曼黑脸出场，"威逼利诱"，最后赢得海莉的信任。终于，海莉走出那个封闭、顽固、自暴自弃的自我，重获新生。

在《教育与社会学》一书中涂尔干说："从本质上说，教育必须是一种权威性活动。"教育对象的发展性和不成熟性决定了教师这一主体要树立必要的权威，充分引导学生的发展。当然教师权威并不等于教师的权利主义，多尔把教师的作用界定为"平等中的首席"。因此可以看出教师权威建立在平等、尊重与爱的基础上，目的是引导学生更好地发展，而非树立教师高高在上的形象。

魔鬼教练，黑脸登场

叛逆的海莉在与好朋友一起玩单车极限运动时，因不小心撞碎了一栋建筑的玻璃，被迫重返她既爱又恨的体操界，进入维克曼体操学院接受改造。维克曼教练以堪称"魔鬼"的形象登场：红色短袖T恤，黑色外套，黑色裤子，黑色鞋子，口中还嚼着口香糖。面对随意散漫的海莉，他让助理艾凡在海莉毫不知情、毫无准备的情况下直接把她扛到了一间训练房，并狠狠地摔在垫子上。"这可不是外面的世界，这是我的世界，你不必喜欢我或是这里，但你得放尊重点。"为了驯服海莉，强调训练的规则以及体操的危险性，面对不屑一顾的海莉，维克曼直接打飞掉她的帽子，并趁其不备用一只手将其从平衡木上掀翻到地板上。维克曼还使出苦肉计——让队员不停歇地训练，除非海莉加入大家。但这些丝毫没能撼动海莉那强烈的抵触心理，反倒引起大家对海莉的公愤。维克曼借此机会将海莉拉到外面餐馆谈心，诚恳地劝说海莉东山再起，但同时也告诉她如果她执意拒绝重返体操界，没有人会在意。然后，将海莉一人扔在马路上，开车消逝在黑暗中……

如果用一般教育者的观点，维克曼教练的行为不免侵犯了学生的人身安全和人格尊严。然而，"天将降大任于斯人也，必先苦其心志，劳其筋骨，饿其体肤，空乏其身，行拂乱其所为"。虽相处不久，但资深教练维克曼很快就发现了海莉在体操方面的天赋。同时他也清楚，对海莉这样喜欢冒险，不受拘束又极具个性的女孩，必须首先唱一出"黑脸"。当然体操训练又存在不同于学校教育的特殊之处，在现如今提倡尊重学生，主张个体平等的教育环境下，魔鬼教练铁血无情的训练方式在很大程度上为人们所摒弃，这也在一定程度上导致了教师权威的陨落。

俗话说，严师出高徒。虽不能一概而论，但可以肯定的是，惩罚是必要的，只是在具体方式上应因人而异。惩罚的前提不是为了发泄教师的个人情绪，显示自身神圣的不可侵犯的地位。适当的惩罚是建立在了解学生、关爱学生的基础上的。爱，就要舍得，舍得放手，舍得放开"圈养"模式，舍得让学生自主决定，经历挫折。海莉曾经跌倒在体操上，能不能爬起来，愿不愿爬起来，最终要由她自己来决定。所以在与海莉结束聊天，走出餐馆后，维克曼将她扔在没有路灯的马路上，让她在漫漫黑夜中独自思考，自己决定未来的路。

实力是权威的根本

"权威"一词有不同的解释，但有一点是不变的。要想成为一个领域的权威，要想在学生中建立起权威，必须要有自己特殊的才能。师者，传道授业解惑也。自身缺乏修炼，何以传道给学生？

影片中，海莉虽然同意参加经典赛，但条件是她独自一人训练。潜台词就是：曾一路杀到世界杯的她自认为技术上不需要维克曼的指点，也不认为维克曼能给她什么指点。维克曼对海莉的空翻训练适时指点，然而，海莉却毫不买账，不屑一顾，一心只想自己突破传统保守的体操动作，练就自己独特新颖的风格。最后，海莉发现维克曼教练指出了自身确实存在的问题，终于突破自我，鼓起勇气去众人的训练房找维克曼教练，走出了封闭的训练场地。

当前，互联网技术和通讯设备迅速发展，教师传统的知识权威地位已被撼动。面对这种挑战，教师更应该不断学习，与时俱进，用实力捍卫自己的权威。维克曼在海莉的不屑一顾面前，以自身过硬的专业技能维护了自己的权威地位，最终也更好地帮助海莉突破了自我，超越了自我。

教师的权威不能简单地依靠强制措施、严厉惩罚等外在的手段，而应该是一种无形的、使学生自发地信服的内在权威。因此，教师提升自身的权威时不应该一味地控制学生，制定苛刻的制度以束缚和惩罚学生，而应该回过头来审视自身的知识技能、人格素养、内在涵养，注重自身的内在修炼。

真情可以融化一切

真正的教师权威从来都不是运用权力来压制学生，这更多的是一种外在的、形式上的权威，是建立在教师地位、制度限制、社会舆论等外在的影响的基础之上的。真正的教师权威应该是润物细无声的内在人格的影响。

"千教万教教人求真，千学万学学做真人。"无论是教育还是体操训练，其对象都是人，都要关注到最真实的人，关注人本身的发展，从而引导学生做一个大写的人、真实的人。

平衡木表演前，海莉被母亲对她讲的话刺痛了心灵，返回赛场又遭到队友误会、教练施压。背负如此心理重担的她终于不小心跌下平衡木。失望、伤心、委屈交汇成一滴眼泪打在平衡木上，再次抬头时已然泪流满面，这一幕震撼了现场所有人的内心。平衡木表演完，海莉与教练在赛场外的对话让维克曼真正了解到海莉的内心世界，也促使他致信法官，替海莉支付之前的赔偿金，还海莉以人身自由。这一做法也让海莉看到了维克曼的良苦用心，知道自己之前完全错怪了他。维克曼教练用行动和情感来感染海莉,帮她打开心结,赢得了海莉的信任。海莉也决定用最真实、最努力、最积极的自己回报维克曼教练为自己做的一切。

真情,感人肺腑,催人泪下,它是世间最柔软、最细腻的感情,却又潜藏着无限大的力量。它可以冲垮威严,融化坚强。当维克曼知道自己的四个学生都有参加冠军赛的资格时,再难掩饰内心的激动、眼中的泪水。这一真情流露融化了他曾经所有的威严和严厉。在最后海莉的自由体操表演前,维克曼那句温情感人的话语——我真是以身为你的教练为荣,别有任何保留,搞定他——给了海莉无限动力,她终于尽情释放自己,跳出了那个最真实的海莉。

教师权威是严峻的面孔,更是暖暖的微笑;教师权威是严格的要求,更是平等的对话;教师权威是冷酷的惩罚,更是默默的关注。晓之以理可以让学生恍然大悟,动之以情更能让学生心生敬畏。有时你无需疾言厉色,只要一句深情的劝慰;有时你不必滔滔不绝,只要一个浅浅的微笑;有时你不必多说一个字,只要一个肯定的眼神,就能给予学生巨大的能量。情感的释放,真情的流露是最无形而又最有力的教育智慧。

(化桂珍 执笔)

《孩子王》:农人型教师的教育艺术

【片名】《孩子王》(King Of The Children)
【导演】陈凯歌
【主演】谢园/杨学文
【国家/地区】中国
【片长】110 分钟
【发行时间】1987 年

剧情简介：
　　影片根据阿城的同名小说《孩子王》改编，以"文革"时期知识青年上山下乡为历史背景，讲述了知青老杆儿被选派为偏僻山村一所小学的语文教师的故事。老杆儿得了"孩子王"这一称号，怀揣着成为人民教师的欣喜开始了新的旅程。然而山村学校教学的死板、机械与乏味以及人们普遍陈旧的传统观念，使老杆儿陷入了沉思。面对现实中简陋的教学条件、压抑的社会环境、严重的文化缺失，老杆儿从满怀激情到一片茫然。后来，老杆儿决定勇敢挑战主流教育形态、教育思想和教育方法，从学生的实际水平和真实需要出发，教会学生们说真话，做真人。

　　农民对于土地，有一种特殊的情感，任劳任怨，缠绵一生；教师对于学生，有一种难言的情结，勤勤恳恳，甘为孩子王。教育恰似劳作，春种秋收，因地制宜，不迷信拔苗助长，不追求瞬息万变；"教育是一项慢的艺术"，切不可急于求成，"捡了芝麻，丢了西瓜"。

忠厚老实，低调为人

　　老杆儿是《孩子王》中的一号人物，顶着一个"朋克头"，穿着一身褴褛衫。他是一名下乡知青，经过七年多的历练，早已在农村这一广阔天地滚了一身泥巴，磨出两手老茧，跟队里农民打成一片。突然的"委任书"打破了他平静的生活，看到那鲜艳的邮戳，他惊喜、期待、担心等各种心理交错。朋友们得知后用他们特殊的"拷打"方式和坐地聚餐为他践行。与朋友吃喝完毕，昏暗的灯光下，略带醉意的老杆儿，晃悠着散漫的步子，淡淡地笑着说："为什么会让我去教书呢?"显然对由农民到教师这一角色的突然转变还没有做好心理准备。与校长见面时，他是忐忑不安的；在第一节课开始前，他是紧张拘束的；在第一次见到学生时，他有点手足无措。这些心理变化，都展现了老杆儿忠厚老实的农人形象。

第一堂课上，在得知学校没有给孩子们发书后，他气愤之余又略带几分打抱不平，冲进办公室，但面对校长那敷衍的答复，不屑的态度，他也实在无能为力。回到教室面对学生时，他无奈地、自嘲地甚至略带歉意地笑了几声，然后也像前几任老师一样抄起课本来。然而大篇幅的思想政治材料让他越发怀疑教育的意义。一次课上，他意外发现学生虽然已经读到初三，但基础薄弱到连简单的汉字都认不得，他瞬间茫然了。

低调的出场，憨厚老实甚至略带几分傻气的农人教师形象，让"孩子王"这一传统光辉绚丽的角色来了一个大转身。

牵牛容易，推牛难

俗话说：牵牛容易，推牛难。牛是很倔的动物，不拿出点本领来很难让它乖乖地跟你走。影片有几处提到放牛娃，老杆儿也有过放牛的经历，他们都知晓牛的倔脾气，懂得如何让牛服服帖帖。学生就像牛一样，如果在牛屁股后面推牛，想必是很被动的事情，说不定一不小心还会被牛踢伤。相反，如果站在牛的前面，去牵牛鼻子，则可以顺着牛的喜好和需求充分发挥引导的艺术。教育其实也是这个道理。

读杜威的《民主主义与教育》，我们知道教育就像是农民种田。教师不能单纯从自我的角度出发，不顾学生的需要一味地灌输知识或思想，就像农民不能忽略环境因素任意进行农事安排一样。这也是农人型教师必备的条件——去自我中心。

通过与一名语言不通的少数民族农民的接触，老杆儿好像顿悟了。教育不恰似这无意义的交流吗？我们一味地给孩子们灌输各种刻板知识、思想观念，殊不知孩子们根本听不懂，也没兴趣。这样的教育就好像是站在牛的屁股后面一样,虽然力气花费不少,但牛不仅不会向前,还有可能后退,甚至一屁股坐在地上不走了。在这样的教育下,学生又怎么会喜欢学习呢?教育又有何意义呢?

老杆儿一改以往僵化的教学程序和呆板无趣的教学方法,从学生的实际水平出发,打破死气沉沉的课堂氛围,开辟了生动有趣的课堂。他首先解放了孩子们的身体。上课不用起立,双手无需背在背后,实在有事也可以离开座位。然后,他让孩子们走上讲台,每个孩子都可以在黑板上画出自己不会的生字。这两项改革激发了学生的学习兴趣和激情,使学生成为学习的主人,焕发了课堂生机。课堂上每个孩子都精神抖擞,积极表现,再也不见了往日抄课本时的哈欠连天。课堂上不见了教材,消失了政治材料的灌输,取而代之的是实实在在的识字、作文。消除了孩子们往日的敷衍了事,换来了他们的积极主动,使他们体验到了其中的乐趣,也感受到了教育的意义。学生们好似逃离了鸟笼的小鸟,尽情地在森林里歌唱。

农人型教师掌握好"牵牛"技术的关键在于:读好"学生"这本书,跳出老师的思维定势,试着站在学生的角度思考问题,创造轻松愉快的学习氛围和宽松自由的成长环境,让学生想学并成为学习的主人。

教育是一项慢的艺术

"春种一粒粟,秋收万颗子","十年树木,百年树人",教育是一项慢的艺术,它不会立竿见影,需要耐心等待。正像农民种地一样需要经历冬季的严寒,春日的播种,夏日的酷暑,才能换来秋日的硕果。

蒙台梭利曾说:"我看到了,我忘记了;我听到了,我记住了;我做过了,我理解了。"间接经验的传授固然有其高效性,但直接经验却更加使人刻骨铭心。王福连夜砍竹子写作文,却依然没能赢得字典,这一亲身经历让他永远铭记"要记录一件事情永远在事后"的道理。适当让学生尝试错误,品尝失败,才能静静地等待结果的出现。在结果面前任何言语的说教都显得苍白无力。

教育是急不来的,农人型老师要保有一颗平常心,学会等待,将自己的教学节奏放慢。老杆儿、来娣多次劝王福"不要抄字典",但天真的王福背着"替父亲说话"的梦想执着地在油灯下抄写着。劝说之余,老杆儿更多时候默默地在一旁看着王福抄写。在最后离开时他选择将字典留给王福,并附纸条"王福:今后什么也不要抄,字典也不要抄"。学生是完整的,有独立人格的人,教育要转变学生的原有观念必然需要一个漫长的过程,只有接受学生的本来面目,放手让其经历严寒酷暑、风吹日晒,教育才会焕发出新的生命力。

朴实无华的教育之思

农人型教师的另一特质就是朴实无华。他们不讲究花哨,不追求虚荣,不盲从潮流。知青来娣一直梦想着能当一名音乐教师,但苦于没有途径,便寄希望于老杆儿。于是,老杆儿作词,来娣作曲,最终成就了一首别具风格的歌曲:

一二三四五,初三班真苦,识字过三千,毕业能读书;
五四三二一,初三班争气,脑袋扛在肩膀上,文章靠自己,靠自己。

虽然没有机会到学校教音乐,却积极寻找路径实现自己的梦想;虽然最终没能上一节音乐课,却以另一种方式了却教师情结;虽然没有华丽的曲调,却实实在在地唱出了每位学生的心声。

影片最后一幕呈现的是那片山岗和放牛娃,老杆儿突然明白,山岗上各种各样的动物形象正是那个从未接受过学校教育的放牛娃所创作。"老和尚讲故事"的寓言循环响彻山谷。是啊,当下的教育不正像这老和尚讲故事一样机械单调地循环往复着吗?正像歌词最后一句"脑袋扛在肩膀上,文章靠自己,靠自己",真正的教育只能体现在牵牛之术上,只能在于引导,而最终还是要靠学生自己的学习与体悟。感叹之余,那熊熊的燎原之火仿佛又燃起了教育的新希望。

农人型教师,质朴无华,勤勤恳恳,任劳任怨,不卑不亢,脚踏实地,给学生自由生长的空间,耐心等待教育的结果。

有人说教育是一门艺术，有人说教育是一门科学。然而教师不仅应当具备科学的教育内容和方法，也应当多一份教育艺术。农人型教师，内隐的教学方法，低调的教育艺术，使得其教育智慧"欲盖弥彰"。

（化桂珍　执笔）

《新来的李老师》：智慧照亮未来

【片名】《新来的李老师》（New Coming Teacher Lee）

【导演】王莉

【主演】王宁/韩会亮/李爱玲/周艺勤

【国家/地区】中国

【片长】90分钟

【发行时间】2010年

剧情简介：

小王庄小学是乡镇上一所很简陋的小学，学生寥寥无几，很可能要合并到条件较好的李家庄小学。杨校长为了挽回学校被合并的结局，不停游说教育局副局长，希望把来支教的大学生安排在小王庄小学，经过软磨硬泡，终于让副局长点头同意了。城里来的大学生李青成为了杨校长眼中拯救小王庄小学的救星,然而实际上李老师是没有任何教学经验的"新手",在被问到教学方法时,李老师为了应付其他老师只好说自己发明了新的教学方法——笑脸教学法。这种似乎只是带着学生玩、让学生开心的教学招来其他老师的不满。在期中考试中,小王庄考了全县的倒数第一,这时候的李老师才知道杨校长的理想——让小王庄小学办下去,越办越好。

经过思想斗争,李老师找来其他两位老师,决心挽救小王庄小学。三位老师坦诚相见,相互磨合,融合李老师的新理念和其他老师的教学经验,创造出了真正的"笑脸教学法"。在期末考试中,小王庄小学成绩名列全县第二。然而,这时的杨校长在偷偷参观完建筑、设施、环境都很好的李家庄小学后,为了给孩子们提供更好的学习条件,却提出将小王庄小学和李家庄小学合并……

影片《新来的李老师》塑造了两种典型的教师形象,一种是李老师所代表的新教师形象,有着最新的教育理念,对教育事业和学生充满激情、热情,却没有教学经验;一种是姚老师所代表的古板老教师形象,固步自封,不创新教学观念和方式,只重视学生的考试成绩。影片中这两种类型的教师在教学过程中碰撞、反思,最后互相汲取经验,成长为了合格的有智慧的教师。

中国古代大学者韩愈曾说过:"师者,所以传道授业解惑也。""传道""授业""解惑"三者缺一不可,同时,"授业解惑"只是教师应具备的最基础的技能,当代教师更应该追求的是学会"传道",即教师要自觉追求做一名有智慧的教育者,同时还能做到以智慧启迪学生。教师的教育智慧包括多种因素,是一种复杂的教师综合素养的体现,是内化到教师个人的,只能通过教师自身不断实践、反思和感悟来实现。而当今时代,以应试为目的的功利化教育取向,加上学校与家长给教师们的升学压力,使教师耽于传授知识,个人智慧难以得到真正发展。

有知识才会有智慧

教育知识是教育智慧的基础,追求教育智慧的教师首先要有一定的教育知识。那么什么是教育知识？教育知识除了教师必备的知识内涵外，还应具有对所教授知识的深刻理解、对教学问题的理性思考和对教学规律的把握，只有这样才能"授业解惑"。

电影中小王庄小学的四位老师对所教科目无疑都有着丰富的教学知识，并且能够灵活地创造性地运用教育知识。正是因为掌握了教育知识，了解教学规律，他们才能够在影片最后反思自己，同心协力地创造出"笑脸教学法"，把书本知识通过更丰富、更生动、更符合学生心理的形式展现出来。支教大学生李老师有着其他三位"本土"老师不具备的知识——英语。她在英语课教学的第一节课上，拎了一大筐的菜，一一分发给学生并告知他们这些菜的英文名，叮嘱学生："在这些菜吃完之前，记住自己拿到的和别人的菜的英文名。"我们可以发现在上课点名过程中，学生渐渐把这一系列的英文名都记住了。

有情感才不会懈怠

教师的职业感、道德感，与学生的人际交往、师生之爱等无不表明教师在教育过程必然含有一定的教育情感倾向。教育情感是教育智慧的重要组成部分，同时情感也为智慧的发展提供动力和方向。教师对学生的爱使得教师主动地创造性地运用教学规律，考虑学生的内心情感和个体经验，也能拉近师生之间的距离。正如钱巍老师所说："某种程度上，教育智慧就是一种理性的教育之爱。"

影片中的杨校长说："咱小王庄什么都可以没有，就是不能没有学校啊。"正是他的这种强烈的职业感和师生之爱令他意识到必须改革小王庄的教学。他千辛万苦天天跑教育局就是为了要到一个支教大学生的名额，支教老师李老师到学校后，杨校长也是全力支持她的新思想、新教学方法。令我们动容的是，影片最后杨校长认识到李家庄小学的教学师资、教学环境更好，主动提出合并小王庄小学到李家庄小学。为了孩子们能得到更好的教育，有更明媚的未来，他真正地牺牲了自己的梦想。

李老师在影片中直接表现了对学生的爱。在面对姚老师对她教学方法的质疑时，她反驳说："学习可以一辈子，童年就只有那么几年，非得让他们死学啊？"虽然一开始李老师所谓的"笑脸教学法"存在很多的问题，但正是她对学生的爱与人文关怀成为她要求解放孩子们的天性、主动地创造新的教学方法的动力。影片中叫小瘦的"差生"第一天上课就缺席，而且不尊重老师，上课打闹，期中考试时竟跑去了戏班子学戏。李老师家访后发现，原来小瘦的梦想是要去戏校学秦腔，可是遭到小瘦爸爸的极力反对。为了实现小瘦的梦想，李老师和小瘦爸爸约定："只要小瘦期末能考上县重点学校，就让他学戏。"最后小瘦和李老师一起去了城里读书，虽然影片太过于理想化，但我们应能从中看到师生之间情感力量的巨大。

现实生活中，在应试教育的大背景下，大部分教师不能像影片中的李老师那样可以随意更改课程、实施新型教学方法，但这并不能成为现代教师安于旧方法、老方法的理由。身为一名教师，我们要更多地关心孩子的内心情感，努力做一名培养思想的主人的教育者，而不是把我们的学生培养成"知识的容器"。

有实践才会升华智慧

教育智慧最终通过教育实践表现出来，同时教师在实践中不断积累经验、感悟反思，生成更多的教育智慧。教师在面对复杂多变的教育情境或突发、偶发事件时体现出的教育决策、教育行为能力，是教师智慧的体现和外化。只有在真实的教育情境中能够灵活运用教学规律，创造性地解决教学问题，这样的教师才能是一名有教育智慧的教师。

影片中的四位老师为了挽救小王庄小学被合并的危机，决定齐心创造真正的"笑脸教学法"。李老师刚从大学毕业，有着丰富的新教学思想却没有教学经验，在一开始的教学中一味关注学生的兴趣发展，忽视了知识教学（没有作业任务等）；而杨老师他们有着丰富的教学实践经验，但因长期闭塞于学校，教学方法和模式老旧。四位老师经过磨合和互相帮助，创造了新的教学法，最终在感悟反思中不断成长，在实践经验基础上创新了教学方法。

经过近二十年的教学改革，我国中小学教学风貌已经有了很大的改善，各种新型教学模式、思想、技术层出不穷，比影片中展示的更加灵活、多样。然而那些所谓尊重学生天性、促进学生全面发展的众多现代的新式的教学模式并没有充分激发学生的学习兴趣和热情，学生的创造力和想象力依然被课堂教学消磨。我想真正的问题不在于理论不新、不科学，而是在我们不断照搬国内外先进教学理念和方法时，教师自身是否通过个体实践经验感悟、反思而把先进理论内化为个人的教育智慧。

学生作为具有独立思想和个性的人，其成长必然不是千篇一律的，而有着自身的独特性、偶发性。这就要求我们一线教师能灵活地运用教育智慧，根据学生的实际情况和具体的教学情境，做出恰当的教育决策，从而去采取合适的教育措施和行为。

（王玲玲　执笔）

《三傻大闹宝莱坞》：做敢于创新的智慧型教师

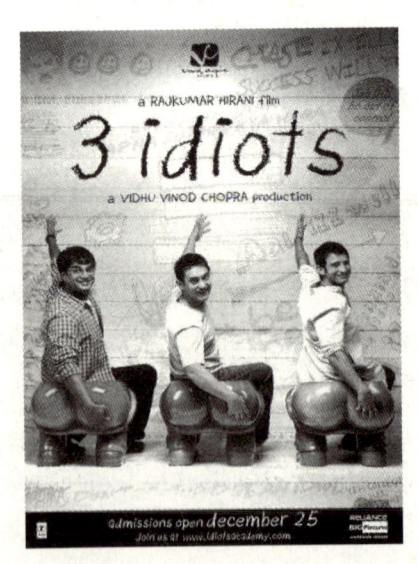

【片名】3 Idiots（《三傻大闹宝莱坞》）

【导演】拉库马·希拉尼

【主演】阿米尔·汗/马德哈万/沙尔曼·乔什

【国家/地区】印度

【片长】170分钟
【发行时间】2011年
【语言】北印度语/乌尔都语/英语
【获奖情况】第37届日本电影学院奖最佳外语片提名

剧情简介：

故事以两位好友法罕和拉杜在曾经的死对头查尔图的带领下一同去寻找多年未见的好兄弟兰彻为线索展开回忆。十年前，兰彻、法罕、拉杜三人进入帝国工业大学学习工业设计。在开学的第一天，兰彻就自制了一个简易导电装置捉弄学长，惹得大家瞠目结舌，也显示了他的与众不同。随后，不管是在校长的训话中，抑或是课堂上，他都敢于顶撞老师，提出不同意见，头脑灵活，不拘小节的他也因此惹怒了几乎所有的老师。但凭借对机械超乎寻常的热爱以及过人的天赋，他的学习成绩始终名列前茅，这与只会死记硬背的所谓的好学生查尔图形成了鲜明对比。拉杜和法罕是兰彻的舍友，拉杜喜爱工程但缺乏自信，做事畏首畏尾，迷信神佛，法罕热爱摄影，但在家人的逼迫下选择了工程学校，三个人关系很好。校长"病毒"是影片中一位极其迂腐的角色，为了显示自己的权威，他处处为难学生。在一次结婚典礼上，他们邂逅了"病毒"的小女儿皮娅，这个与其父亲截然不同、本性叛逆的女孩之后机缘巧合地成为了与兰彻惺惺相惜的女友。乔伊是兰彻的学长，因为多次改良的毕业作品未能成功而被"病毒"勒令延迟毕业，兰彻暗地里帮助他改良，但当成功改良的直升机带着摄像头飞进乔伊宿舍时，镜头里看到的却是他上吊自杀的画面……查尔图由于不会讲当地方言，演讲稿被兰彻掉包后在众人面前出了丑，愤怒的他在当晚与兰彻定下了十年之约，比谁在十年后赚的钱多。在一次醉酒之后，兰彻、法罕、拉杜三人在"病毒"家里闯下大祸，露出破绽的拉杜被逼退学，左右为难之际，他选择了轻生，不过幸运的是，他在家人和朋友的守护中慢慢康复。

毕业前夕，兰彻因帮拉杜偷试卷而被"病毒"赶出学校，碰巧遇到"病毒"的大女儿难产，情急之下，他利用自己的学识和智慧自制了助产的机器，最终婴儿顺利出生。"病毒"也因此对他们释怀，并把象征着荣誉的"太空笔"送给兰彻。在兰彻的鼓励下，法罕选择了自己真正热爱的野生动物摄影，而拉杜也冲破层层障碍最终得到了公司的聘用成为一名工程师。而兰彻则一声不响地离开了学校，没有人知道他去了哪里。影片结尾，自诩为"成功人士"的查尔图带着法罕、拉杜和皮娅在一个硕大的学校里找到了兰彻，而他不仅仅是这所按照自己的理念建立的学校的主人，还是拥有400项专利的大科学家，是查尔图乃至全世界争着要合作的对象。在他面前，那个"成功人士"不得不低下了自己高傲的脑袋。

《三傻大闹宝莱坞》是一部反映印度现行教育制度以及深层次社会问题的经典影片。影片中的校长"病毒"是传统型教师的代表，他片面地追求升学率，忽视学生的全面发展，逼死了与传统教育格格不入的乔伊以及自己唯一的儿子，最终把大部分学生变成了只会学习和听话的机器。毫无疑问，这样的教育方式和教育制度与印度的高自杀率、人才流失等现实问题密切相关。那么如何才能尽可能地避免悲剧发生呢？我想，除了教育制度的改革外，教师也应反省自己，改善自己的教育方式，充分运用其教育智慧培养有思想、有灵魂的现代化学生。

怎样做一名有教育智慧的教师？在我看来，除了传统意义上要求的有渊博的知识、丰富的教学经验外，教师还必须具备合理运用教育机智和谋略的能力，自我剖析、自我反思的意识，以及一颗爱教育、爱学生的慧心。

教师需合理运用教育智慧

教育智慧，即教师合理运用教育机智和谋略的能力。教师在传播知识的过程中，需处处留心，不应只是单纯地教授知识，让学生死记硬背，而需讲求方法，培养学生对知识的热爱，教会学生灵活运用知识，帮助学生挖掘自身的潜力，扬长避短。

影片中有这样一个片段，教授让兰彻回答机械装置的含义，兰彻用短短的一句话"任何能简化工作或节约时间的就是机械装置"作答，显然，迂腐的教授对此很不满意，而当查尔图死记硬背答出那段繁琐的定义时却得到了教授的赞许。兰彻的辩解惹怒了死板的教授，他丝毫也没有给兰彻面子，怒骂兰彻为"蠢货"并将其赶出教室。几乎所有的老师都无法接受兰彻这样的学生，他们眼中的好学生是只会死读书、通过死记硬背来取得高分数的书呆子。

这部影片对当下中国的教师具有很大的教育意义，值得深刻反思。通过回忆我们自身所接受过的教育，试问有几个老师不是如片中的老教授一般只会要求死记硬背来取得高分数？我们的兴趣、天赋被这样的应试教育制度所扼杀，成为了只会背书和考试的机器，严重缺乏创造力和主见。作为这样一个拥有独立人格的群体，学生独特的思想又该置之何地？我相信广大老师也痛恨这种死板、陈旧的教育模式，但又无力改变这种应试制度，那么我们一线的教师该如何做、如何教才能使学生重新"活"过来？我认为，教师应充分运用自身的教育智慧来激发学生对学习的兴趣，使他们愿意学、认真学、主动学，从而能够在学习中发现问题、解决问题、举一反三，而不是老师说一句，学生跟着念一句、背一句，像小和尚念经一般只知其然不知其所以然。

教师需有自我剖析和自我反思的意识

反思，是发现教育问题、突破教育教学常规的重要方法。教师的教育反思属于"元认知"，是对认知的认知。倘若一名教师或教育管理者能基于教育问题和现象进行深刻反思并采取有效的方式进行处理，则必然会取得良好的效果，对学生的成长产生很大的帮助。

作为印度最负盛名的高等学府，帝国工业大学培养出了一批批工程机械方面的精英，然而也暴露出许多非常严重的问题，譬如高自杀率以及人才流失等等。这些问题的产生与学校的管理、教师的教学等方面息息相关。影片中的校长"病毒"从新生入学的发言到日后的种种行为，都显示出他高度专制且极度不近人情的管理方式。在他的教育观念里，只要成绩优异就能成为社会的精英，然而在与兰彻的屡次对抗中，他都表现得很狼狈，最终他认可了兰彻，并把象征着"杰出"的钢笔赠予他。

校长最后的改变与其自我反思意识的提高是分不开的，但他的觉醒似乎太迟了，亲生儿子以及天才乔伊的死都已无法挽回。影片以这样惨痛的教训警醒着如今的教育工作者都要真正地去反思当下的教育问题，不要一味地追求外在的荣誉，而要真正做到外延扩展与内涵发展的有机统一，切实地提高自身的教学能力、自我反思的能力，运用智慧去经营教育事业。

教师需有一颗爱教育和爱学生的慧心

教师对学生的爱应是真诚而无私的，像园丁爱护亲手培育的小树苗，需要精心呵护才能茁壮成长。学生的心灵是非常敏感脆弱的，能得到老师的关爱对他们而言是莫大的鼓舞，因而在前行的路上也会变得更加勇敢自信。倘若一名教师能真正做到爱教育、爱学生，那么他离一名优秀教师也就不远了。

影片刻画了一个极度冷酷无情的校长形象，他把成绩看得高于一切，不顾乔伊为了照顾中风的父亲而耽误毕业设计的事实，用最致命的方式来对付他，把一个天才少年逼上了自杀的绝路，而这一切本可以有另一个圆满的结局。同样，在处理拉杜因醉酒而闯祸的事件时，他丝毫不留情面地勒令其退学，这对拉杜和他的家庭的打击是致命的。

爱是教育的生命线，教师应爱生如子，教师的智慧应在于发现学生的优点并加以引导、鼓舞，永远带着一颗爱学生的心，一切为了学生，不拘泥于一些所谓的陈旧迂腐的规则。校长"病毒"带领学校赢得了很多荣誉，但是他对学生的冷酷无情、他的所作所为带来的恶果足以证明他是一名失败的教育者。所有奋战在一线的教师当以此为警戒，真正地去爱学生，多一点鼓励，多一点平等，多一些沟通，也许一切就会变得不同。

（孙进　执笔）

《小猪教室》：没有标准答案的选择

【片名】*School Days with a Pig*（《小猪教室》）

【导演】前田哲

【主演】妻夫木聪/大杉涟/田畑智子

【国家/地区】日本

【片长】109 分钟

【发行时间】2008 年

【语言】日语

剧情简介：

新学期，六年二班迎来了新班主任星老师，以及一只憨厚可爱的小猪。星老师和 26 个孩子共同约定：接下来的一年大家共同养大这只小猪，然后再吃掉它。为什么会有这样奇怪的约定呢？原来星老师希望大家通过辛勤的劳动和深刻的体验，深切感受到生命的力量，对来之不易的食物怀有感恩之心。

26 个孩子在操场的一角为小猪建了一个温馨的小窝，并为小猪取名"小 P"。孩子们给小 P 喂食、打扫房间、清理粪便；小 P 和孩子们一起踢足球，给音乐课"配音",和孩子们放烟花庆祝暑假来临……围绕着小P,各种令人为难而有趣的事交替发生,26个孩子和老师也悄然发生变化。

毕业之际,小P的去留问题也提上了议事日程。是将小P留给三年级学生继续养,还是遵守当初的约定吃掉小P?双方各执己见争执不休,三次班会激烈地讨论,两次投票持平的票数,都令大家沉默和思考。最后,作为班级一员的星老师投出了自己的一票……

影片的最后,孩子们在歌声中毕业。故事也在孩子们追赶载着小猪的卡车的镜头中落下帷幕。

《小猪教室》由真实故事改编而来。1990年,日本的黑田恭史老师,在班上展开一场为期900天的生命教育课程:他们要共同养大一只小猪,最后再杀掉吃了它。影片中这堂特殊的生命教育课程也招致社会各界褒贬不一的评价。批判的一方,认为很"残忍""根本不是教育"。另一方则被孩子们独立思考生命的精神所打动,认为认真思考生命并不是一件残酷的事。星老师的教育热忱感染了一批批优秀青年教师;星老师迸发出的教育智慧的火花更让世人晃了眼,引发深思。

新学期,星老师居然带着一只小猪来到了六年二班,并宣布了一个振奋人心的计划:一起养大这只猪,最后再一起吃掉它。一场特殊的生命教育课程拉开了序幕。原来,星老师是希望大家通过亲身体验,真正领悟吃掉动物等于让自己得到生命。孩子们异常兴奋,一场特殊的生命教育课程拉开了序幕。

体验教学,寓教于乐

影片中星老师采取的教学策略是"体验教学"。夸美纽斯在《大教学论》中写道:"一切知识都是从感官开始的。"而体验教学策略的最大优点就在于创设具体情境,调动学生的积极性,使学生在亲身经历中引发思考,理解和建构知识。在养小猪的深切体验中,孩子们不是端坐在教室,双手后背,摇头晃脑,背诵框框条条;而是将平时所学到的知识运用在实践中,学会了废物利用，懂得合理分工合作。

在与小 P 相处的过程中，每个人都在悄然发生变化。原本无法理解孩子们照顾小猪的行为的家长，也渐渐开始关心小 P 的命运。开始还会因为小 P 闯祸而惩罚它的孩子们，也逐渐明白何为生命何为责任。不爱吃鱼的熊马，在饲养小 P 之后，真正领会了父亲的话："鱼肉会这么紧实，正是鱼很努力活过的证明，不要辜负鱼的努力。"每次都把鱼肉吃得干干净净。

学校、课堂是学生学习知识的主要场所。可是如何将知识传授给学生是一门充满艺术的学问，如何让学生"乐学"更是困扰着古今中外无数优秀教师。星老师彰显出的教育智慧——"体验教学，创设情境，寓教于乐"，为我们指出了一条值得深思和尝试的道路。正是在这非同寻常的体验中，学生变得"乐学""乐于接受""乐于改变"。

具身认知，收获不一样的思考

时间的车轮滚滚前行，将美好的回忆牢牢地印刻在孩子们的心间。毕业之际，小 P 的去留问题提上议事日程。为争论小 P 的归宿，班级召开了三次班会。

第一次班会，26 个孩子围绕"是否要吃了小 P"展开了激烈的讨论。

"小 P 已经是六年二班的一员，它已经是我们的宠物，所以不能吃它，也不想吃它。"

"不过开始养它前就说好要吃它，虽然小 P 是我们的伙伴，还是应该守约吃掉它。"

"吃了小 P，小 P 就会变成身体的一部分。"

吃或者不吃，两方争执不下，各有理由。

第二次班会，孩子们则围绕着"将小 P 交给三年级学生饲养还是送进屠宰场"又一次展开辩论。

"把责任推给三年级学生，根本就是在逃避。"

"把它变成猪肉才是抛弃小P，而且也是逃避问题。"

"把它变成猪肉然后吃掉，这样才算是负责任。"

"一直养到死才是我们的责任。"

经过第一次讨论后，孩子们基本达成了不吃小P的共识，但是到底怎么做才算是对小P负责任的行为？一筹莫展的孩子们决定用投票的方式作出决定，可是最后13∶13的投票，又让这次讨论无果而终，小P的命运再次悬而未决。

第三次班会，"怎么处置小P才是负责的做法"成为此次班会的主题。

"因为我们从一开始就照顾它，所以应该照顾它到最后，这才是饲主的责任。"

"杀死它只是夺走它的生命，吃掉等于是继承动物的生命。"

"生命的长度由谁决定？既然生命的长度没人能决定，可是现在大家不正在讨论小P的生命长度吗？"

"与其是有形具体的东西，只要留在心里，虽然看不到，也无法触摸到它，留在心中的回忆才是最重要的。"

讨论进行到这里，孩子们已经泣不成声。随后，星老师又安排了一次投票，并决定将这次投票的结果作为最终的决定，可是投票的结果又让大家再次沉默，13∶13。这时有同学提议，星老师也是班级的一份子，也应该投票。星老师会做出怎样的决定呢？

在讨论小P命运时，孩子们从最初的旁观者的角度决定小猪的去留，渐渐地代入对小猪的深厚感情，感同身受地思考小猪的命运。星老师在第一次班会时坚持当初的约定——吃掉小P，而在随后的两次讨论中都犹豫了。他本应更多地站在教师的角度理性地处理这件事，但最终深受学生感染，无法作出抉择。这样的讨论本来就是一道永远没有标准答案的选择题，向左走或向右走，都没有错，面对的也将是完全不一样的风景。可是这样的思考，却是任何课本、任何说教都无法教会学生的，稚嫩的脸庞脱口而出的话语，是一次次面对餐盘的停顿，面对无忧无虑的小P的思考。

离身理论认为认知是抽象的、离身的，与外界环境是相互独立的存在。具身理论则强调人的认知和思维都是具身的，都有赖于我们的身体与环境的交互作用。影片中，以仁科老师为代表的一派持"离身理论"观点，认为靠着说教或者课本也可以教会学生感谢生命。而星老师则坚持：正是由于太依赖言教跟课本，孩子们才连"开动"都不说，"让孩子们有深刻的体验，就像用身体用力冲撞，能深切感受到生命的力量，才算是真正的体验教育"。

通过体验教育的经历，经过身体的真实感受，是任何课本都无法传授的真知。通过体验教育引发的思考，才是最无价的珍宝。因为，"生命"的意义，只有靠自己的亲身经历去丰富和储存。

记录这个生命教育课程的纪录片的最后，记者问黑田老师，在他的心中好的老师是怎样的老师？黑田老师说："好的老师应该让学生学会独立思考。"伟大的教育家苏霍姆林斯基也在《给教师的一百条建议》中形容："儿童学业落后的原因，就在于他没有学会思考，周围世界里的各种事物、现象、依存关系和相互联系，没有成为儿童的思考的源泉。让实际事物教给儿童思考——这是使所有的正常儿童都变得聪明、机敏、勤学、好问的一个极其重要的条件。"在这堂生动的生命教育课中，孩子们收获颇丰：他们学会了如何与身边的人合作，学会了如何照顾他人，学会了自己去经历去思考，思考自己与动物的关系，思考生命与生命的关系，在亲身经历中丰富了生命的意义。影片中的星老师彰显出的教育智慧不仅体现在教学策略的运用上——创设情境，进行教学；更在于对具身理论的良好把握，用身体引发学生思考，用身体促进认知发展，真正了解生命的意义。

在孩子们清澈悦耳的毕业赞歌中，回忆历历在目，这次的生命教育，有泪水有笑颜，小猪的生命之旅结束了，但是孩子们的生命之旅却刚刚开始，对生命的思考将是孩子一生宝贵的财富。

（俞文琳　执笔）

《放牛班的春天》：音乐感化心灵

【片名】Les choristes（《放牛班的春天》）

【导演】克里斯托夫·巴拉蒂

【主演】杰拉尔·朱诺/狄迪尔·弗拉蒙/雅克·贝汉

【国家/地区】法国

【片长】97 分钟

【发行时间】2004 年

【语言】法语

【获奖情况】第 77 届奥斯卡金像奖最佳外语片提名；第 77 届奥斯卡金像奖最佳原创歌曲提名；第 62 届美国电影电视金球奖最佳外语片提名；第 17 届欧洲电影节最佳作曲

剧情简介：

著名音乐家皮埃尔·莫朗奇在一场音乐会前接到了母亲去世的消息。音乐会结束后，他立刻启程返回故乡法国出席母亲的葬礼。晚间，50 年未见的老友派比诺送来了一本年代久远的日记本，这本日记本是莫朗奇的音乐启蒙老师克莱蒙特·马修留下的。莫朗奇翻看着日记本，往事一幕幕浮现在脑海中。

克莱蒙特·马修本可以凭借自己的音乐才华成为一名音乐家，但他的才华与当时的主流社会格格不入，事业不得志让他最终成为了一所男生寄宿学校的学监。这所寄宿学校名叫"池塘底教养院"，学生都是一些所谓的"问题学生"，他们不喜欢读书，却喜欢调皮捣蛋、做各种恶作剧。学校的校长以及教官们采用"行动—反应"原则惩罚犯错的学生，因此挨打、关禁闭是学校常见的现象。但马修是一位心地善良的老师，他相信每位孩子都是天真、可爱的，他没有选择用同样的方式来对待学生，而是为这些孩子组建合唱队，希望通过音乐来感化这些孩子的心灵。

当然，马修组建合唱队的过程并不是一帆风顺的，校长不支持、孩子们调皮任性等都是合唱队顺利发展所面临的障碍。但马修老师并没有选择放弃，而是凭借自己的爱来感化这群孩子。最终马修的努力获得了好的结果，孩子们的歌声得到了伯爵夫人的赞赏，校长被解雇，而学生莫朗奇成为了一名世界著名的音乐家。

《放牛班的春天》是一部讲述师生情的电影。影片的主人公克莱蒙特·马修虽然有音乐才华，但这个爱好与当时的主流社会格格不入，他来到了一所名叫"池塘底教养院"的男生寄宿学校当学监。这里的学生不是普通的学生，而是一群所谓的"问题学生"，他们由于打架、偷窃、恶作剧等被普通学校开除，送到这里进行"特别"管教。因此学校用"行动—反应"原则处置犯错的学生，体罚、关禁闭在这里是常见的现象。但是马修是一位心地善良、理解学生的老师，他没有与其他教师一样奉行这所学校处置学生的方式，而是希望通过爱和音乐的方式来感化这群学生。某天晚上，马修老师无意间听到这群孩子在宿舍唱歌，于是他选择组建合唱队来让这群孩子发现自己，找回本真。

刚来到学校时，马修在门口碰到了派比诺，这个孩子每天都在大门口等父亲的到来，但却不知道父母已经在二战中身亡。马修进入学校时又遇到门卫师傅被学生的恶作剧弄伤。心狠的校长并没有首先将师傅送到医务室，而是要求先抓住"凶手"。在抓"凶手"的现场有孩子直接叫马修为"秃头"。刚进校所耳闻目睹的这一切都体现了这所学校的可怕。马修并没有因为孩子的种种不良行为对他们进行惩罚，然而学校的校长以及其他老师早已习惯用"行动—反应"的原则处理学生。最后马修知道真正的"凶手"后，打算将他带到校长那里，但听到校长处理学生的可怕方式后心软了，他采取了既人性又能教育犯错孩子的方式——让这个孩子去医务室照看受伤的门卫大叔，之前这样的"惩罚"方式一定是不存在的。我们从犯错孩子的眼神中看到他体会到了马修老师的好意。因此，马修老师教育方式是值得称赞的。

音乐可以感化人的心灵，它是人们表达情感的一种外在方式。但这部影片所设置的地点却是一所专门管教"问题学生"的学校。这里有厚重的高墙、黑暗的禁闭室、可怕的校长以及教官们，似乎这里所有的一切都不会与音乐扯上关系。但马修却创造了这样的奇迹。某个夜间，马修听到学生在宿舍里唱歌，歌词内容是辱骂他的，歌曲的调子也没有。若是一个普通的教师一定会责骂学生，但马修老师非但没有责骂这些学生，反而与学生一起唱歌。通过这个无意的发现，马修认为这些孩子有唱歌的欲望，于是萌生了教孩子们音乐的想法，这也是实现他教育理想的极佳机会。这所寄宿学校的孩子们已经很久没有体会到爱的感觉，冷酷的校长、严厉的教官把他们看作无可救药的坏孩子，只会用惩罚的方式对他们进行管教，然而马修老师对他们一次次的宽恕，一次次的关爱，让他们渐渐敞开心扉，与他一起开启属于他们的音乐之路。

随后，马修老师组建了合唱队，并根据孩子们不同的嗓音区分了高音和低音。对于不会唱歌的派比诺则安排他做指挥助手，对于同样唱歌跑调的学生则安排他拿指挥谱。这一段马修老师充分发挥了每一位学生的能力，这也正好印证了"没有教不好的学生，只有教不好的老师"这句话，这里的"好"并不是指学生考试成绩有多高，而是学生潜力的最大限度发挥。

加德纳的多元智能理论认为传统学校一直强调学生在逻辑—数学以及语文（读和写）两方面的能力，但这并不是人类智能的全部，不同的人会有不同的智能组合。一位真正的好老师应该去发现不同学生的不同智能组合，而马修老师正是做到了这一点,他发现了不同的嗓音,并发现了一个真正让他惊奇的声音,那就是莫朗奇的声音。莫朗奇在学校教官的眼中就是一个有着天使的面孔,却有着魔鬼心肠的学生。但在马修老师眼里,他是一个拥有极高音乐天赋的孩子,他一直引导着这个孩子向音乐的道路上前进。

马修老师让莫朗奇担任合唱队的独唱,但培养莫朗奇的过程并不是一帆风顺的。莫朗奇是一个"恋母情结"很重的孩子,当新来的问题学生蒙东说他妈妈坏话的时候,莫朗奇非常愤怒。随后莫朗奇偷偷跑到校外观察自己的妈妈,当他发现妈妈在努力工作时才放心地回到学校。但是当发现马修老师与妈妈在学校走得很近的时候,他竟然抛下一瓶墨水砸在马修老师的头上。马修老师并没有用言语批评莫朗奇,而是采用了冷处理的方式。他取消了莫朗奇的独唱部分,并声称他的独唱是可有可无的。其实这是一个冒险的决定,因为这有可能影响到莫朗奇的情绪,让他自暴自弃。但马修老师坚信自己对莫朗奇的了解以及对事情发展的掌控能力,最终证明这个处理方法对这位难以驯服又倔强的孩子是有效的。当伯爵夫人来到学校观看学生的表演时,马修老师给了莫朗奇"赎罪"的机会,此刻他的嗓音似乎比平时得到了更大的释放,因为此时是感恩的嗓音,是被谅解的嗓音。

最后,由于学校发生了火灾,马修老师被校长开除了。他与学生的这份深厚情谊在学生们扔出的纸飞机以及挥动的双手中完全体现了出来。可以说,马修老师的人生是成功的,虽然他没有成为真正的音乐家,但他却把一个"问题学生"培养成了一位世界知名音乐家。

这部影片通过音乐的形式传达了一种爱的教育。马修老师是真正的爱的教育的践行者,他是一位兼具教育理想、教育激情、教育智慧以及教育良知于一身的老师。即将走上教师岗位或者已经在岗的教师应该反观我们在教育过程中出现的问题,看看我们在教育学生尤其是问题学生时所采用的教育方法是否得当,这部电影是否有值得我们学习的地方。总之,希望这部电影能使我们每个人都有心灵上的冲击,或多或少为我们的教育作出一点小小的贡献。

(廖红燕 执笔)

《草房子》：老师，请摘下您的"有色眼镜"

【片名】《草房子》（*The Grass House*）

【导演】徐耿

【主演】曹丹/杜源/吴琴琴/企喜荣

【国家/地区】中国

【片长】102 分钟

【发行时间】2000 年

【获奖情况】第 19 届中国电影金鸡奖最佳剧本；第 8 届中国电影童牛奖优秀剧本；第 14 届德黑兰电影节评审团特别大奖"金蝴蝶"奖；第 13 届意大利 Giffoni 电影节"铜狮"奖

剧情简介：

电影《草房子》是根据曹文轩的同名小说改编的。影片主要讲述了小学生桑桑身边的故事。桑桑目睹或参与了纸月、陆鹤、杜小康、蒋老师、温老师和爸爸桑乔的故事。他用"我的梦"纪念这段平凡而又难忘的小学生活。

纸月是个转校生，坎坷的生活给纸月渲染上神秘的色彩。桑乔对纸月有着特殊的感情，父亲般地照顾她。站在远处，你一定能从一群孩子中发现那泛着金光的秃头，那便是有缺陷的孩子——陆鹤。陆鹤为捍卫尊严制造了会操风波，但也成功出演了杨大秃瓢这个角色。从被"歧视"到被认可，陆鹤孤单地挣扎着、反抗着，完美地展现了缺陷少年坚强的意志和男子气概。杜小康骨子里也透露着不凡的男子气概。麦场被烧，他勇敢地站出来；家道中落，年少的他与厄运拼搏，不卑不亢。爱荣誉胜过爱学生是桑乔的典型特征。桑桑因毁坏他的荣誉本，遭到一顿毒揍而病倒了。桑乔每天背着桑桑看医治病，额头的皱纹、头上的白发不经意间增加了许多，人也变得憔悴了。那一刻，桑乔父亲的伟岸在桑桑脑海中深深扎下了根。

《草房子》是桑桑美好童年的回忆，是纯真无邪的梦，也是已经消逝的童年。

甜美的童谣、茂密的芦苇荡、金黄色的草房子、稚嫩的背影……一个个充满童趣的画面拉开了电影——《草房子》的帷幕。电影里孩子们和老师的故事也慢慢地向我们诉说着。

桑乔是爱荣誉胜过爱学生的油麻地小学校长。蒋一轮是油麻地小学博学多才的老师。新转到油麻地小学的学生纸月，因听话，学习成绩优秀，安静又懂事，获得桑校长和蒋老师的赞许。桑桑是桑校长的儿子，古灵精怪，爱戏弄"秃鹤"。"秃鹤"原名叫陆鹤，因为他没有长头发，孩子们都管他叫"秃鹤"。陆鹤成绩不好，因为没长头发，孩子们总是嘲笑他。起初，他是不在意这些的。可是，自从桑校长不让他参加会操比赛之后，陆鹤变了，变得孤独而偏执。蒋老师却没有发现陆鹤的巨大变化，在陆鹤要求参加会操比赛时，他简单的一句"陆鹤，放学了，赶快回家去吧"就拒绝了陆鹤的请求。桑校长的否定，蒋老师的淡漠，同学们的嘲讽，一步步逼迫着陆鹤萌发报复他人的极端想法，以此来捍卫被践踏的尊严。最后陆鹤捍卫了尊严，可是油麻地小学却丢掉了第一名，陆鹤也被孩子们进一步孤立起来，没有人愿意和他一起劳动、玩耍、学习。陆鹤知道这不是他要的结果，不是他渴望的"尊严"，可是他毕竟只是个受伤害的孩子，他需要老师的呵护和理解。

桑校长和蒋老师为什么会坚决反对陆鹤参加比赛，丝毫不关怀和尊重他？仅仅是因为陆鹤没长头发吗？如果真的是这样，为什么文艺汇演找不到人演杨大秃瓢这个角色时，都没有人记得陆鹤呢？为什么桑桑找不到作文本时，蒋老师只是慈祥地摇摇头，眼神中透露着关爱和安抚之情呢？为什么纸月上课总是迟到，老师没有批评她反而提出要去她家做家访呢？其实，这是教育中存在的一种给学生贴标签的现象。老师一旦给学生贴上"差""傻""坏""懒散"等类似的标签，就会习惯性地不加分析地朝着标签方向判断和评价被贴标签的学生，即便这些学生做了非常有意义的事，教师也不会去表扬他，而是叮嘱他注意自己的缺点。因为这些标签，老师戴上了"有色眼镜"。桑校长和蒋老师戴上"有色眼镜"看待陆鹤已经很久了。

教师不是简单的教书匠。韩愈《师说》中将教师界定为："师者，所以传道授业解惑也。""传道"是教师最基本的职能，而为学生"解惑"，呵护学生脆弱的心灵，铸造高尚的灵魂，才是教师最本质的职能，也是其教育智慧的表现。温幼菊老师就是这样一位教师。温老师是桑桑心灵的导师，当桑桑因为鼠疮而沉浸在漫无边际的悲伤与痛苦中时，她为桑桑点燃了生活的热情。在那间药味缭绕的小屋里，温老师一边给桑桑熬着药，一边哼着小调，偶尔还给桑桑讲她和她奶奶的故事，桑桑则安静地依偎在温老师的怀里。温馨而安静的场景一直伴随着桑桑度过了茫然而惶惑的岁月，培养了桑桑坚强、善良的品质。当桑桑问温老师为什么能吃十多年的苦药时，温老师微笑着说："因为我想好好活着，看着你们活蹦乱跳地长大，因为我想做个好老师，因为你们喜欢我的音乐课……"温老师的回答字字心系着学生，体察着学生的需要，关注着学生的成长，而这便是智慧型教师最纯真的表现。

油麻地小学的河流旁经常会传来悠扬的笛音，那是蒋老师闲暇时的佳作。蒋老师是一位知识渊博、才华横溢的年轻教师。可是，他只是知识渊博的教师而非智慧型教师。古希腊最早的教师被称为"智者"，言下之意，教师应该是有智慧的人，是智慧的化身。作为一名优秀的教师必须拥有教育智慧。教育智慧是智慧型教师与教书匠的核心区别，也是一线教师职业发展和追求的方向。就每一位教师而言，教育智慧是随教师的成长而生长，是教师在专业知识、教育教学经验、育人能力、情感、精神等方面逐渐积淀出来的，体现在不同情境下老师的教育教学行为上。蒋老师拥有扎实的专业基础知识和丰富的教育教学实践。但他没有真正做到教书育人，没有照顾像陆鹤那样的特殊学生，没有关心到学生心理的成长及品德的涵养，而是机械地服从领导却毫不考虑学生的需求。在他看来，只要教好书，听从领导的安排就是优秀教师。其实，那样的教师只是个不注重教师教育智慧生长的教书匠。电影《草房子》正是因为桑校长和蒋老师忽视教育智慧，戴上"有色眼镜"看待陆鹤，才有了陆鹤在雨中歇斯底里怒吼，向桑校长提出退学想法的画面，才有了陆鹤在表演会操时将帽子抛向天空捍卫自尊的混乱画面，才有了同学们孤立陆鹤充满敌意的画面。

智慧型教师润物细无声，是学生成长的福音，是学生幸福之事。影片中陆鹤之所以不幸，是因为蒋老师片面地理解教师的职责，误解了教师智慧，戴着"有色眼镜"看待他的学生。透过这副"眼镜"，桑桑是一个学习成绩好、爱玩爱闹的学生，纸月则是求之不得的安静听话的好学生，而学习成绩不好的差生、贪玩又爱挑起事端的坏学生就是陆鹤。雕塑家罗丹有句名言："美是到处都有的。对于我们的眼睛，不是缺少美，而是缺少发现。"蒋老师正是因为缺少发现陆鹤的优点和闪光点的眼睛，已经看不见陆鹤为赢得尊重作出的努力和进步。直到陆鹤不负众望，出色地演绎了杨大秃瓢这一角色，直到演出结束后，陆鹤一个人在芦苇旁边伤心地哭着时，蒋老师才下意识地醒悟到自己做错了什么。

有缺陷的孩子也有自尊，也有闪光点等待教师去发现。教师应该取下"有色眼镜"，公平公正地看待每一个学生，放弃对"差生"的固定看法，用发展的眼光看待学生，肯定和欣赏"差生"的进步。

教师，请您对"差生"多一份理解和尊重，理解他们的极端行为，尊重他们的尊严，尤其是对那些充满自卑感的"差生"。

教师，请您对"差生"多一份肯定和支持，相信他们，给他们发挥优点的机会，从学习和生活等方面给予他们帮助和支持。

教师，请您对"差生"多一份赞扬和激励，他们的进步需要你们的表扬，即便是微小的进步。

教师，请您对"差生"多一份关怀和呵护，在你们温暖的呵护和深深的关爱中，让他们体验自尊。

教师，请摘下您的"有色眼镜"，展现你们的教育慧眼，做一名智慧型教师，修炼你们的教育智慧。

（徐容容　执笔）

《死亡诗社》：让每朵生命之花自由绽放

【片名】*Dead Poets Society*《死亡诗社》
【导演】彼得·威尔
【主演】罗宾·威廉姆斯/伊桑·霍克
【国家/地区】美国
【片长】128 分钟
【发行时间】1989 年
【语言】英语
【获奖情况】第 62 届奥斯卡金像奖最佳原创剧本；第 47 届美国金球奖剧情类最佳影片提名；第 43 届英国电影和电视艺术学院奖最佳影片；第 43 届意大利大卫奖最佳外国电影；第 16 届法国凯撒奖最佳外国电影

剧情简介：

威尔顿学院号称是全美国最好的预备学校。对于这所以传统、荣誉、纪律、卓越为四大信念的学校来说，约翰·基汀老师的到来如同一阵春风，打破了一直严肃刻板的教育氛围。在课堂上，他鼓励所有学生站到课桌上，换一个视角去观察周围的世界；他鼓励学生学习自由主义思想的诗歌；引导学生在校史楼内聆听逝者的声音，探究生命的意义；让学生在操场上大声喊出自己的理想。基汀老师自由发散式的哲学思维和自由主义的认识态度让学生产生了强烈的共鸣，他们开始学会独立思考和做自己。但随着时间的推移，不幸却发生了：尼尔在成功表演《仲夏夜之梦》话剧后选择了自杀，而责任被推到了基汀的身上……

故事是从威尔顿学院的开学典礼展开的，在典礼上同学们相继点燃手中的知识之烛。在这所号称全美国最好的预备学院，一直秉承着四大信念：传统（tradition）、荣誉（honor）、纪律（discipline）和卓越（excellence）。而实际上，在这种严格要求之下，学生心中还有着另外四大信念：模仿（travesty）、恐怖（horror）、颓废（decadence）和污秽（excrement）。这其实是巨大压力之下的一种反抗。

当基汀老师还在威尔顿学院学习的时候，他并不是一个特别突出的学生。从毕业生年鉴上可知，他当时是校刊编辑，是橄榄球队队员，还是"古人诗社"的成员。他不是一个臣服于规则和埋头于学业的"好学生"，而是一个勇于追求自己热爱之事的人。如今，他因为对教育事业的热爱，选择回到了母校。

威尔顿学院的课堂常常是压抑无趣的，对于早已习惯这些的学生们来说，基汀老师的课堂显得非常特别。在第一次课上，他穿着干净的白衬衫，吹着口哨出场，引起了学生们的极大兴趣。原本吵闹的教室安静了下来，所有人都用探询的眼光看着这个"奇怪"的老师。基汀特别的自我介绍，更是让学生们充满了好奇。基汀教给学生们的第一首诗是 *Seize the Day*（《及时行乐》）。这不仅是他的人生态度，更是他希望可以传达给学生的人生理念。他还带领学生聆听先人们的声音，让他们靠近和认识那些过去被他们所忽视的东西。当然,对于这种打破传统的老师和课堂,大家有着不一样的看法,有人认为与众不同,也有人认为阴阳怪气。生活中也是这样,有些人作了打破传统的事情,就会面临不同的声音和压力。

在另外一节课上,发生了让学生们更加意想不到的事。基汀老师不是照本宣科,而是非常不客气地批评了导论中他所认为的并无道理的地方。更出乎意料的是,他要求所有学生把导论撕掉。在得到基汀的再次确认后,学生们像是找到一个发泄口一样开始疯狂地撕书。他们这么做并不是因为认同老师的观点,而是在长久的压抑之下对传统教育和课堂的一种发泄和反抗。其他老师对于基汀的教育方式和课堂有着很多质疑和反对,但是基汀对此毫不畏惧并且坚持自我。在面对质疑和讽刺时,他也非常不客气地进行了回击。

通过基汀的课堂,我们可以看出他是一个非常崇尚自由主义和浪漫主义的人。在课堂上,他让所有的学生站到讲台上,让大家学会换一个角度来看待这个世界;他带领学生到中庭踏步,让他们走出自己的步调;他让学生在操场上大声地喊出自己的理想;他让每个人站上讲台朗读自己创作的诗……他用自己不一样的教学方式引导学生,让他们变得有胆量,学会做自己和说出自己内心的声音。学生们逐渐接受和喜欢上了这样一位特别的老师。他别样的教学风格就像是面包上的奶油,让原本单调无味的课堂变得有滋有味。

所有学生都受到了基汀的影响,尼尔属于比较特别的一个。尼尔是个开朗优秀的学生,有一个对他严格要求的父亲。父亲很早就为尼尔制定好了人生规划,并且不允许尼尔做任何影响学习或者与这条路无关的事情。在父亲强硬的态度之下,尼尔尽管再有不甘,最终也往往选择屈服。其实,这所学院里的大多数学生都是如此,他们都在朝着父母长辈划定好的道路上走。那条道路自己不一定喜欢,却是家长或老师大都推崇的。

尼尔非常喜欢基汀,因为他是一个与众不同的老师。在基汀老师的影响下,尼尔带领同学们成立了一个秘密组织——"古人诗社"。每到夜里,他们就偷偷跑出宿舍来到山洞里,围成圈,唱歌吟诗。他们像是找到了一个可以宣泄压抑已久的内心的地方,在这里找到了遗失已久的快乐和自我。

尼尔一直在父亲规划的人生之路上前行,而实际上他从小就向往着当一名演员。《仲夏夜之梦》的演员招募,再次点燃了他的演艺之梦。一切都很顺利,他通过了海选,自己伪造了家长同意书,参加排练,一切似乎都在朝着目标前进。而在正式演出的前一天却东窗事发——父亲在朋友那意外地知道了这一切。父亲非常生气,命令他立刻退出,他非常痛苦和不愿意,但是不得不答应。后来在基汀老师的鼓励下,他将自己内心真实的想法和对演艺的渴望与热爱告诉了父亲,最后父亲也默许了他参加演出。在正式演出到一半的时候父亲也赶了回来,他想看看这件儿子这么热爱的事到底是什么样的。演出非常成功,但是刚一结束,父亲就将尼尔带回了家。父亲并没有因为演出的成功而感动,他决定让儿子从威尔顿学院退学。尼尔非常痛苦,但面对严厉的父亲,他选择将所有的不甘和对梦想的热爱压在心底。令人痛心的是,在这天夜里,充满绝望的尼尔作出了自杀的决定。他脱去上衣,打开了冬夜里的窗户,戴上了精灵的花环……他的死让父母、同学还有基汀老师,都陷入了极度痛苦之中。

尼尔死了,但一切并没有结束,校长开始审判学生。"古人诗社"一员的卡麦隆在此时选择了背叛大家,将一切事情和盘托出。卡麦隆是一个适应生存于传统教育下的学生,他享受着优秀学生的光环和其他人的恭维。而基汀老师的课堂和教育方式让原本优秀的他变得不再突出,原本让他感到满足的东西也都不见了。这或许是他背叛的主要原因。在父母和学院的压力甚至是逼迫下,学生们不得不在把一切罪责归到基汀老师身上的文书上签字。最终学校达到了目的,基汀被解雇了。

在离开学校之前,基汀回教室拿东西,当时校长正在上原本基汀所教授的课。在基汀即将走出教室的时候,学生们一个个站上了桌子,喊道:"Oh, captain, my captain!"他们在用自己的方式和基汀老师告别。校长非常生气地制止他们,但并没有用。基汀看着这一切,眼中含着泪水……

基汀是一位非常成功的老师,他用自己特别的教育方式将信念传达给了学生,甚至改变了学生。他让学生重新认识了诗,学会如何去创作属于自己的东西;他让学生学会做自己而不是跟别人一样,让他们走出自己的步调;他让学生敢于在众人面前自信地表达自己;他让学生勇敢地说出自己内心真实的想法,而不仅仅是服从……

在生活中,我们往往强调听父母的、长辈的、领导的,很少会反过来问问自己真正想要的是什么。大多数人都是在适应着这个社会,在潜在规则的条条框框中行走,只有极少数的人会去追求真正渴望和热爱的事情。《死亡诗社》传达给我们:一个人不仅要学会表达内心的感受,还要认真地走好属于自己的人生之路。

(张旭亚 执笔)

四、教育良知是教师职业的道德底线

所谓良知,即一般人所应具备的对于真、善、美的正确判断能力。所谓教育良知,即一般教师所应具备的对于教育之真、教育之善、教育之美的正确判断能力。教育良知是教育理想、教育激情、教育智慧的源生之本和可靠保证。或者说,教育理想、教育激情和教育智慧的表现形式千差万别,但它们的共同基础在于教育良知,在于教育者对于教育事业的忠诚和对于受教育者发展潜力的无限信任。

良知是人之为人的基本原则和道德底线,教育良知是教书育人、为人师表的内在要求和前提条件。教育是一项实践性、价值性、反思性特别强的事业。一个真正具有良知的教师,为了维护教师职业的价值和尊严,为了捍卫教育的科学性和人文性,会自觉接受各种形式的质疑和批评,会随时随地站出来与各种各样的"反教育行为"做斗争。良知所呵护的是人的价值和人的尊严,教育良知所呵护的是教育者的价值和尊严,它具体而鲜活的表现形式就是教育批评和教育改革。其中,教育批评指向过去和现在,教育改革指向当下和未来。

求真、向善、审美是人之本性,也是教师职业活动之本性。如果否定这一本性,关于教育理想、教育激情、教育智慧和教育良知的所有话题,都将失去基本的价值尺度和可靠的思想基础。"千教万教教人求真,千学万学学做真人。"这是陶行知对于教师职业"求真"品性的高度概括。"恻隐之心,仁之端也;羞恶之心,义之端也;辞让之心,礼之端也;是非之心,智之端也。"(《孟子·公孙丑上》)这是孟子教育思想的人性论基础,也是其对教育活动"向善"品性的严密推导。"学校无小事,事事育人;教师无小节,节节示范。"这句不知语出何人但几乎每个教师都耳熟能详的格言,则具体而深刻地道出了教师职业"求真、向善、审美"的价值追求。

首先,一个具有教育良知的教师应该是一个具有"求真"精神的教师。具有"求真"精神的教师追求教育之真,培养的是具有科学、务实精神的人。追求教育之真,就是要做真教育,而非假教育。真教育是依靠真心做教育,是教育家管理教育。假教育往往是被官僚、商人掌控的教育,这些人不懂教育,只想金钱和权力,只会谎报成果、编撰新闻,制造所谓的政绩、商机。

其次,一个具有教育良知的教师应该是一个具有"向善"品质的教师。具有"向善"品质的教师追求教育之善,培养的是具有善良品质和高尚情怀的人。追求教育之善,就是要做善的教育,而非恶的教育。善的教育是依靠善心做教育,不抛弃、不放弃、尊重、宽容、同情、关爱每一个学生,而恶的教育则有意无意地使用冷漠、讥讽、体罚、暴力等方式摧残身心、奴化心灵。

再次,一个具有教育良知的教师应该是一个具有"审美"意识的教师。具有"审美"意识的教师追求教育之美,培养的是具有审美情趣和爱美之心的人。追求教育之美,就是要做美的教育,而非丑的教育。教育之美,美在它的真和善。教育之丑,丑在它的假和恶。美的教育是依靠童心做教育,因为童心最美。美的教育朴实自然,顺应学生的身心发展规律。丑的教育矫揉造作,满足的是成人世界的偏好和虚荣心。

最后,一个具有教育良知的教师应该是一个具有"仁爱"之心和社会责任感的教师。"仁爱"是中华传统美德的核心理念,是以人为本教育思想的基点,也是教育之真、善、美的集中体现。俗话说,教育是一种良心活。一个教师具有怎样的教育良知和职业道德,取决于对教育之真、善、美的认知程度,取决于能否体悟到教师职业的责任感、崇高感和荣誉感。需要警惕的是,因为受"分数第一、升学至上"思想的影响,因为市场经济原则和功利性评价标准的广泛推行,在当前的教育领域中,各种失真、伪善、腐败现象时有发生,人们开始对教育品质和教师职业道德颇有微辞,乃至强烈谴责和愤怒。

而这正是我们呼唤教育良知的根本原因所在。

　　总之，相对于教育理想、教育激情和教育智慧而言，教育良知具有先在性、基础性和决定性地位。"教育良知在引导生命追求价值与意义的教育实践中显得更具有优先性。它以命令的形式要求教育者、教育管理者和教育学者本着对生命的理解、尊重与信任，在各自的教育实践中各司其职，各尽其份。"或许，我们可以将教育理想视为一粒粒饱满的种子，将教育激情视为一轮普照万物的太阳，将教育智慧视为广袤肥沃的土地，将教育良知视为无处不在、无时不有的水和大气。当越来越多的教师拥有了这些基本条件，我们便可期待那教育的春天！

《鲁冰花》：慧眼才能识天才

【片名】《鲁冰花》（*The Dull-Ice Flower*）

【导演】杨立国

【主演】黄坤玄/于寒/李淑桢/陈松勇

【国家/地区】中国台湾

【片长】99 分钟

【发行时间】1989 年

【获奖情况】第 40 届柏林影展人道精神特别奖；德国鲁尔国际影展首奖；加拿大国际儿童影展导演创意奖

剧情简介：

台湾某个偏僻的乡村小学里来了位从大城市外调来的美术老师郭云天，在美术课上他发现其他老师眼中的"坏学生"古阿明是个绘画天才；而众老师眼中的模范生——乡长的儿子的画只是墨守成规。郭云天鼓励古阿明画画，对他照顾有加，却常常引起学校里其他一心想要讨好乡长的老师们的不满，甚至引起了冲突。

校长委托郭云天挑选选手代表学校参加全县的美术比赛,郭云天力荐古阿明,却遭到其他老师的反对,最后经过所谓的"民主"投票,乡长的儿子林志鸿再次代表学校参赛。心怀对学校的不满、失望及对古阿明的歉意,郭云天带着古阿明的一幅绘画离开了水城乡。落选后的古阿明得了肝病却没有钱治疗。没来得及完成最后一幅画,贫病交加的小阿明渐渐闭上了双眼。此时郭老师把阿明的画送去国外比赛得了世界第一,可是静静沉睡在坟墓中的阿明却永远不能知道……

《鲁冰花》是较早的一部反映台湾20世纪六七十年代教育制度的电影。电影中的老师们培养所谓的"模范生",要求学生动作整齐划一、不能调皮,画画的标准是要画得"像"……而当时台湾的这种机械、呆板式的教育制度与当今祖国大陆的教育制度又何其相似!作为一名教育者,该如何做才能避免像电影中那样扼杀一名真正的天才?该如何培养学生的创造性而不是单一的模仿呢?教育到底是要学生变成充满奴性的学习机器,还是成为真性情的有志之士呢?这就要求教师要用自己的良知说话。

教育是一项促进健全心灵、净化灵魂、修养德性的全面发展的事业,教师的教育工作担负着"促进人的灵魂健康成长"的使命,所以教师首先必须具有教育良知。什么叫教育良知?即教师必须坚守自己的职业道德和责任感,不断追求探索实现教育本真意义的方式,把学生的精神发展作为第一要务。如果一个教师具备了教育理想、热情,更有着大智慧,却缺失了教育良知,那么他培养出来的学生很可能会缺失人的创造力、想象力,最后成为空有高级知识分子外壳的"机器人"。

教师应该具有求真精神

什么是教师的求真?即教师的"富贵不能淫,贫贱不能移,威武不能屈"精神。在现代社会,教师这一角色逐渐失去了崇高和神圣感,越来越成为一个职业的代名词,成为人们养家糊口的"饭碗",那么这是不是就意味着教师们一定要和其他职业一样,为了保住"饭碗"而放弃文人的尊严与教师的良知，无视教育的本来目的，以谄媚讨好上级为宗旨呢？

在这部电影中，最大的官、最有钱的人无疑是水城乡的乡长，因此乡长的儿子林志鸿就成为了电影中老师们争相特殊照顾的对象。当学校要选派代表参加美术比赛时，老师们就选古阿明还是林志鸿展开了激烈的争论，郭老师一个人的据理力争显得那么的无力苍白。虽然郭老师是教画画的"专家"，但面对高高在上的钱权时，也只能成为众矢之的。而古阿明知道再一次不能参赛时，这个纯真的孩子极度地委屈、愤怒却又无可奈何，他满含泪水说出的那句话又是何等辛酸："有钱人的小孩子什么都比较会！"小小的孩子还不懂什么叫特权、什么叫不公，却已经深深地受到了这种特权、不公带来的伤害！

教育者靠真心和良知来教育学生，我们担负的责任是"教书育人"。当我们面对那一群群全身心信任老师、渴求知识的学生时，我们要铭记作为教师的责任是做真教育。学生是没有高低贵贱的，不应该给他们贴上一个个标签，不能以是否有钱或有权来判别他们的好坏，这样才能无愧于教育者的身份，没有折损一个教育者的尊严，才是凭教师的良知做真教育。

教师应该具有向善品质

什么是教师的向善品质？即教师的"己所不欲，勿施于人"的品质。教师对待学生、对待教育要持有一颗善心，关心、尊重、理解每一位同学。在学校教育中，老师与学生是教育者与被教育者的关系，是一种平等交互的关系。然而在实际教学过程中教师很容易变成一种"权威者"，说一不二。让我们走近《鲁冰花》，看看电影中的郭云天老师是如何关心尊重学生的。

刚到水城乡的郭老师在外写生时，第一次遇见了我们的主人公阿明。看到这样一位陌生人在画画，古茶妹骄傲地说自己的弟弟阿明画画也很好，当下郭老师的回答是让阿明看看他的画，评价指点一下。这种行为就是一种平等意识的体现，他没有把小孩子的话当成儿戏，也没有小看这样一个小孩子，而是平等地交流。老师们只有和学生平等地交流，方能听到孩子们的心声和真正的想法。

再者，郭老师了解到阿明家境困难，甚至由于茶虫成灾必须在家摘茶虫而无法上学时，他带领班里几十号学生一起帮着阿明摘茶虫，去乡长家求情帮阿明家里打农药，最终帮助阿明重返课堂。教师的工作不是单单传授知识那么简单，教师在与学生长期频繁的接触中会自然而然产生情感，或喜爱或厌烦。而在这样的相互关系中，教师想要让学生爱老师，首先我们教师要爱学生、关心包容学生。教学相长说的正是老师和学生在相互学习中共同进步、共同成长。

所以教师要转变那种自己是"权威"的观念，走下"神坛"，走近学生，无论是学习还是生活中，学会把学生当作与自己地位平等的人来看待，认真倾听学生的要求，平等对待、关心爱护他们。关心学生、尊重学生绝不是口号式的呐喊，而是要求教师付诸于思想和行动上的，这样我们教育出来的学生也会是一个具有善良品质和高尚情怀的人。

教师应该具有"审美"意识

什么是教师的"审美"意识？即教师要追求教育之美，有"审美"的意识，能够看到每个学生身上的长处并扬长避短。教师还要依靠童心做教育，顺应学生的身心发展规律来做教育。

第一次上课，郭云天让学生们自由画画，并把所有学生的画全部展示出来让其他老师一起鉴赏。郭老师大力赞扬阿明的画，因为阿明的画充满了孩子的天真与想象，富于创造力；而林志鸿的画却深受其他老师的喜爱，因为林志鸿的画画得"像"，人们看得懂。当我们在教育学生时，我们不能对待他们像对待成人一样，让他们以成人的意志为意志，以成人的性情为性情。正如电影中郭老师所说的："儿童本来有的是纯真，往往因大人的教导，限制了孩子的天分。孩子的世界除了吃和睡，就是想象。"

电影中还有这样一个画面，学校进行演讲比赛，一个10岁左右的小女孩上台，声情并茂地演讲"如何复兴中华文化"，语调抑扬顿挫，动作慷慨激昂，演讲词发人深省。这不正是老师们眼中的"模范生"吗？然而郭老师却忍受不了，"反正都是老师们写的演讲稿，老师教的腔调、手势，谁得第一不都是一样吗",转而高兴地和古阿明那群"坏孩子"玩起游戏来。慷慨激昂却又沉闷的大人式演讲词从远处传来,与古阿明他们开心的笑声形成鲜明的对比,不得不引人深思。郭老师教画画时带着这群孩子在山里奔跑嬉戏,在湖边散步写生,通过亲自接触自然、感悟自然,孩子们的画不用手把手地教自然而然生动起来,要知道亲自接触自然、体悟自然,远远比死盯着书中的"死物"鲜活也生动得多。

  教育的终极目标是培养人格完满、精神健康、心灵丰盈的完整的人,然而现代性教育却更加重视工具性的教育,强调知识教育,忽视精神教育,追求的是快餐式的竞争化的满足。教师应该承担起知识分子的责任,坚守自己的教育理想,坚持对教育之真、教育之善、教育之美的追求,以培养具备优秀人性、完满精神和崇高灵魂的完整人格为己任。

(王玲玲　执笔)

《我的老师》：爱心即教育

【译名】*Sam-Chuk*（《我的老师》）

【导演】Thanit Jintanukul

【主演】Poramet Noi-um/Jaruwan Somtoa/Teerapat Yamsri/Pongsatorn

【国家/地区】泰国
【片长】115 分钟
【发行时间】2009 年
【语言】泰语

剧情简介：

影片讲述了一位中学教师帮助七名吸毒学生戒毒的曲折经历，展现了师生之间浓厚的情谊与老师无私奉献的精神。片中的七个孩子因为在学习和生活中遇到种种问题和困惑，他们在寻求解决的办法时误入歧途，最终走上了吸毒的道路。老师在知道他们吸毒并了解了他们各自吸毒的原因后，想尽办法去改变这七个失足孩子，帮助他们戒毒。拯救他们的过程是异常艰辛的，老师该做的都做了，该想的都想了，但是父亲的失望、母亲的眼泪，加重了孩子们的压力，外界异样的眼光、同学们的嘲笑更使他们心灰意冷，所以他们又拾起毒品，去麻痹自己、放纵自己。父母绝望，朋友远离，只有老师一直陪伴在他们的身边，信任和鼓励他们。与此同时老师意识到自己一个人的能力是有限的，就算他竭尽全力也很难做到让这些孩子彻底地远离毒品，因此必须要发动整个社会，让身边的每一个人都参与到这场禁毒斗争中来，齐心协力帮助这些孩子戒毒。在老师的坚持不懈和无私付出下，这些孩子被老师的真情和关爱所感化，决心不再吸毒。

教育良知是教书育人、为人师表的内在要求和前提条件。"求真"精神是教育良知的第一要义。Pinte 老师做的是真教育而非假教育，他是靠"真心"做教育。在影片中，Pinte 老师把这些吸毒的学生当成自己的孩子来对待，发自真心地关爱他们，帮助他们戒毒，他做的是真正的教育工作，而不是虚伪的表面工作。也正是由于他做的是真教育，才能够真正地打动这些孩子的心灵，取得最佳的教育效果。正是他对学生真诚的关爱，使得学生能够发自内心地接纳他，听从他的教导，最终改邪归正。影片中 Pinte 老师的话不多，更多的是默默无闻的行动和付出。他自己花钱买药帮学生戒毒，上网查询戒毒的方法，替学生家长求债主宽限还债期限，让商店不要卖酒给学生的酗酒爸爸，为孩子们开设戒毒夏令营等等，这些事虽然都是小事，甚至有些看来显得愚蠢或没什么效果，但他确实是在尽自己最大的力量做着真正的教育。

"向善"品质是教育良知的第二要义。Pinte 老师在知道学生吸毒后，没有责备、呵斥他们，而是用一颗宽容的心对待他们，耐心地询问他们吸毒的原因，帮助他们一起寻找问题，解决问题。刚开始孩子们说起他们为什么会吸毒，Wan 的经历最让人感动，感动到心疼——一个只为了能干更多活才去吸毒的孩子，我们怎么开口去责备他呢？每个孩子都是那么纯真，却走上了吸毒的路，在他们看来，那只是一种捷径——提高精神，排解压力，甚至只是为了哥们义气。Pinte 老师本着"人之初，性本善"的信念，追求着教育之善，不抛弃这些学生，给予他们最大的宽容与关爱。学校知道这七位学生吸毒的事情后，组织了一场会议商讨如何处理这七名学生。其中一位老师把这七名学生比作七颗肿瘤，认为应该将他们割掉，以免危害整个学校，Pinte 老师则反对说："如果我们把那些'肿瘤'留下，然后全心治疗，总有一天，那些'肿瘤'也许就会消失。"当一个灵魂孤独的时候，很容易沉入消极的深渊。拯救他的唯一办法就是爱，爱使他感受到温暖，从而对自己有信心，于是他才能有力量更积极地面对一切。这位老师用他的爱，他的关心，抚慰这七名吸毒孩子受伤的心，让他们感觉到温暖，让他们知道自己没有被放弃，前途依然是光明的。

"审美"意识是教育良知的第三要义。影片中 Pinte 老师在帮助这群孩子戒毒的过程中，曾经对自己的做法有过怀疑："我不知道是想对了还是错了，拿那群孩子来教养。"妻子问他："那你有没有信心，你能不能做到？"他回答："他们本性并不坏。"老师看到了孩子们身上的优点：他们本性是善良的。这也是教育之美的所在，教育之美，正是美在它的真和善。影片中 Pinte 老师的真诚善良与学生的真诚善良共同谱写了教育的美丽乐章。

教育良知还要求教师具有"仁爱"之心与社会责任感。作为一名教师所要做的就是以关爱学生之心去对待学生。当另一名老师看到 Pinte 老师为学生买药戒毒时，对 Pinte 老师说："那些学生不会意识到您是这么尽心地帮助他们戒毒的。"Pinte 老师回答说："我只是尽一名教师的职责。"当 Pinte 老师当面指出一位家长逃避孩子吸毒的问题，且为了自己虚荣的面具而要让自己的孩子退学到其他地方上学时，家长恼羞成怒地说："那是我的孩子。"老师反驳："那也是我的学生。"吸毒学生 Pan 无父无母，最终想放弃戒毒，逃离戒毒夏令营，老师劝他回去，Pan 说："我不想回去，老师别来管我。"老师回答："但是我是你的老师，我会照顾你的。"最后在老师帮助这些学生成功戒除毒瘾后，有人问 Pinte 老师："我很佩服老师能让他们有今天，老师您是怎么做到的？"老师回答："因为我是他们的老师。""我是他们的老师"这句话是多么的平实，但同时又包含了多少内涵！也正是这句话衬托出了老师的伟大。Pinte 老师认为自己对学生所做的一切都只是在做自己的本职工作，是自己作为一名老师应该做的，这是他的教师责任感的体现，也是一种"仁爱"之心的彰显。Pinte 老师正是从一件件小事做起，以自己的良知践行着"仁"。他对学生的"仁爱"之心衍生出他的教师责任感，这是他崇高职业道德的真实体现。

教育理想是教师职业的内在动力。影片中的 Pinte 老师认识到了自身职业的独特性和独特价值，他坚信教育是能够帮助人弃恶从善的，是能够促进学生自我转变与发展的。正是基于这种教育理想，教师职业对于他来说不仅仅是谋生的手段，更是他的一项事业。Pinte 老师为了他的教育理想去奋斗、去奉献，全身心地帮助这七个孩子戒毒。他不认为这些孩子无药可救，他敢于接受在别人看来不可能成功的挑战，具有一种"天行健，君子自强不息"的精神。在面对教育问题时，许多老师经常会对一些事情和学生表示无奈，于是"无奈"似乎成为了这些老师回避问题的一种借口，这也是缺乏教育理想和教育激情的表现。当家长、一部分老师和村民们对毒品这个在本地存在已久的问题表示无奈和愤怒时，他们也只是停留在无奈和愤怒。一个人的力量很渺小，可不能因为渺小而摇头说一句"无奈"。Pinte 老师意识到了帮这些学生戒毒这件事情的困难性，但他仍尽力而为，对自己所做一切的成败得失在所不计。某种意义上说即使没有取得成功，但老师已经履行了自己的义务，这种义务在道德上已完成，而不在于从外表看是取得了成功亦或失败。同时 Pinte 老师是个勇于面对问题，挑战困难的人。他认为自己有把握教养好这些学生，只要还有一丝希望他都不放弃。他尝试各种办法去帮助学生戒毒，虽然并没有什么奇招妙法，但他就像老树一样，坚韧而默默无语，有些事情

"明知不可为而为之",这是他对教育的一种热爱、专注、投入与执着。

在老师的关心照顾下,这七名学生最终戒除了毒瘾。他们每个人都在老师面前表达了自己的感激之情。Wan 说:"今天是老师的生日,我们想用蛋糕来回报老师,能让我们有今天,如果没有老师,我们可能死在街边了。"Bot 说:"我不走运,有个爱醉酒的老爸,但我还有老师您一直给我信心!"Bo 说:"我毕业后,要做警察尉官,我接证那天老师一定要来!"Aik 说:"泼了的水,老师有能力把它再装回去,我真的不敢相信,很佩服你,老师!"Yot 说:"老师,我的妈妈不会再为我哭泣了,我发誓!"Pan 说:"我的父母都过世了,一直以来我谁都没有,但现在我有新爸爸了,那,老师可以做我的爸爸吗?"孩子们真诚的发自内心的感激之情,无疑是 Pinte 老师最大的欣慰。谢谢您,即使曾有动摇仍未放弃!谢谢您,我们最终相信了您所相信的!谢谢您,让我们在玫瑰园中寻到了关爱与坚持!

(黄茜 执笔)

《高考 1977》:转折年代的良知坚守

【片名】《高考 1977》(*Examination* 1977)

【导演】江海洋

【主演】王学兵/孙海英/周显欣/赵有亮

【国家/地区】中国

【片长】110分钟

【发行时间】2009年

【获奖情况】第13届华表奖优秀故事片；第18届金鸡百花奖最佳编剧

剧情简介：

故事发生在1977年的东北某农场，农场的革委会主任老迟手下有一大批城里来的知青，他们已经被困在这里八年，人人都想离开这里。然而老谋深算的老迟却并不希望他们离开，尤其是他的得力助手潘志友。在得知潘志友和陈琼有了恋爱关系后，他把先遣队队长的职务给了不起眼的陈琼，想让她靠先遣队建功，然后顺理成章将其保送大学，从而拆散这对恋人。另外，一心想得到推荐上大学机会的强子等人很不服气，他们为了自己的梦想也一直在明争暗斗。陈琼虽然获得了一直梦想的荣誉，但只要一想到被打成"历史反革命"的父亲陈甫德，她的内心就备感痛苦。

然而就在此时，高考制度将于当年恢复的消息悄然传开。对这突如其来的变化最难以接受的便是老迟。为了保证大燕洼工程的进展，他武断地决定只有先通过农场的考核才能报名参加高考，希望借此留住这些年轻人，他的这一做法激起了强子等人的反抗。最终，潘志友的劝导，以及陈甫德对女儿无私的爱唤醒了老迟的人性，在赶考的知青最需要帮助的时刻，他驾着拖拉机帮助他们及时赶到考场，成为他们坚强的后盾。影片的最后，老迟念出了一个个被录取的名字，这也象征着一代人的命运就此得到了改变。

《高考1977》讲述了"文化大革命"结束后重新恢复高考的故事。影片中的老迟是反面人物的代表，他具有极强的组织性、纪律性，拥护党的领导，希望能够带领这些知青完成一项又一项的工程，为国家效力。然而他忽视了这群有文化的青年并不甘愿留在这里，他们希望抓住每一个走出去的机会。没有受过教育的老迟显然不明白教育对一个人的影响，因而在接到恢复高考的通知时并不愿意告知知青们而且设置了重重障碍试图阻拦。与他不同，作为教师的陈甫德给知青们带去了恢复高考的讯息和复习资料，希望他们认真备考，用知识改变自己的命运。作为一名教育工作者，毋庸置疑，他是有良知的。

何谓良知？良知即一般人所应具备的对于真、善、美的正确判断能力。所谓教育良知，即一般教师所应具备的对于教育之真、教育之善、教育之美的正确判断能力。一名合格的教师应在职业生涯中始终恪守教育良知，将其作为实践活动的道德底线和最高原则。

教师应具有求真精神

"千教万教教人求真，千学万学学做真人。"这是陶行知对于教师职业"求真"品性的高度概括。"师者，所以传道授业解惑也。"教师对学生的影响体现在方方面面，所以更需要具有求真的精神，要在做人做事上真诚坦荡、表里如一，这样才能培养出具有务实精神的学生。

老迟是深受"文革"影响的典型负面人物，用影片中强子的话来说，他是没有"人味儿"的，只会一味地要求知青们劳动改造。在那样的大背景下，教育成了假教育，成了"四人帮"阴谋论的机器，毫无求真可言。然而，陈甫德老师的存在展现了混乱的年代里一个教师的灵魂操守，他听到关于恢复高考的消息后，不顾一切地只身跑到农场传达这一讯息并带来了复习资料。本着求真的精神，他用真心来给愿意听他讲课的学生上课，在得知老迟不公正的决策后，他伪装成上级领导企图改变他的决定，这一切只是为了给学生创造继续学习的机会。

教师要教给学生知识，更要教会学生做人。因此教师在传道授业上应具有求真务实的精神，做好学生的表率。在当前的个别学校，一些教师为了评比而纵容学生作弊，不仅败坏了考试风气，更严重的是使学生沾染了弄虚作假的坏习气，这种恶劣的作风可能会伴随学生的一生。如今，整个社会都充斥着金钱至上的不良风气，这与学校的教育不无关系。教育者、教育管理者都应该用真心来做教育，长此以往，整个社会的风气才能扭转，人人求真务实的局面才有实现的可能。

教师应具有向善品质

"恻隐之心,仁之端也;羞恶之心,义之端也;辞让之心,礼之端也;是非之心,智之端也。"(《孟子·公孙丑上》)这是孟子教育思想的人性论基础,也是其对教育活动"向善"品性的严密推导。罗素也曾说过,"在一切道德品质之中,善良的本性在世界上是最需要的。"教师的职责是教书育人,因而必须在拜金思想和享乐主义盛行的世俗社会中守住内心的圣洁,保持一定的道德高度,甘为人梯,不断向善。

被扣上"历史反革命"的帽子后,陈老师一直对自己的女儿心存愧疚,但内心坦荡。只是陈琼一直不能原谅父亲,生活在自卑的痛苦中。陈老师用自身的行动为我们树立了一个好父亲、好老师的榜样——虽身处困境却念念不忘学生的前途命运,真正用心做教育。所以他再次登上讲台,急切地想把知识传授给这群被"文革"耽误了多年的学生,试图帮助他们改变自己的命运。

在当下的中国,尤其是农村,教师往往会采取一些极端的做法来惩罚学生,不公正地对待学生,恨不得把差生踢出班级,而对优等生则是宠爱有加,久而久之,形成差生越来越差、优等生目中无人的局面。这类教师丧失了作为教师应该具有的基本品质,且不说爱生如子,就连基本的尊重、宽容、平等都无法做到。关心、尊重、爱护学生绝不应只是口号,教师需要真正地去感悟如何让自己真正成为具有向善品质的人和具有高尚情怀的人。

教师应具有"审美"意识

教学是一门艺术,具有情感性、创造性、审美性等特点。一名优秀的教师,除了需具备丰富的知识和娴熟的教学技巧外,也应当使其教学过程自觉按照美的规律来进行。马克思曾说:"社会的进步就是人类对美的追求的结晶。"教师历来是学生的表率,教师审美意识的提高也是对学生审美教育的过程。

影片中所讲述的那个特殊的年代，教师被学生和政府无情地轰下讲台，毫无形象可言，谈何通过自身来影响学生？学生在教唆下任意欺压教师、长辈，何来美的教育？陈甫德老师本是一名优秀的教师，却被错误地打成"历史反革命"，是当时千千万万个受迫害的老师的代表。多年不公正的待遇并没有使他忘记自己选择当一名教师的初心，他一直保持着读书人的儒雅形象，衣着整齐、大方得体，重回讲台的他以自己的学识、品德、情操影响着渴求知识的知青们，对他们道德情操以及审美素质的提高产生了潜移默化的影响。

真正具有审美意识的教师，能在其举手投足间、一言一行中透露出卓尔不群的魅力而去影响一代又一代的学生。现实生活中，大部分教师都能保持良好的师者形象，以他们对于美的感悟影响着学生。然而，近几年发生的教师性侵、虐待学生的事件不绝于耳，教师在人们心中的形象大打折扣，这样道德败坏的教师又谈何对学生进行审美教育？因此，师范院校在培养教师的时候应注重强调审美意识的培养，帮助学生在潜移默化中提高自身的道德情操。

教师应具有"仁爱"之心

"仁爱"是中华传统美德的核心理念，是以人为本教育思想的基点，也是教育之真、善、美的集中体现。习近平主席在北京师范大学考察时曾强调，全国广大教师要做有理想信念、有道德情操、有扎实知识、有仁爱之心的好老师，为发展具有中国特色、世界水平的现代教育，培养社会主义事业建设者和接班人作出更大贡献。

影片中的陈甫德老师虽被扣上"历史反革命"的帽子多年，仍心系国家和社会，在恢复高考后勇敢地承担自己的社会责任，以仁爱之心激励着每一位积极进取重返考场的学生。仁爱之心是教师的从业之道，古往今来，多少教育大家践行着以人为本的理念关爱学生。苏联教育家苏霍姆林斯基说过这样一句话："没有爱就没有教育。"诚然，没有爱的教育就像一潭泛不起任何涟漪的死水。

教育，就是用生命去守护生命，用生命去唤醒生命。然而，在当下中国仍存在着教师侮辱、体罚学生的行为，他们以所谓的高分数为借口，实则缺乏作为一名教师的基本素养。

（孙进　执笔）

《入殓师》：生如夏花　死若秋叶

【片名】*Okuribito*（《入殓师》）

【导演】泷田洋二郎

【主演】木本雅弘/山崎努/广末凉子/吉行和子

【国家/地区】日本

【片长】130分钟

【发行时间】2008年

【语言】日语

【获奖情况】第32届加拿大蒙特利尔国际电影节美洲大奖；第81届奥斯卡金像奖最佳外语片

剧情简介：

影片讲述了主人公小林大悟从东京乐团的大提琴手转变为老家山形县入殓师的故事。小林原来所在的乐团解散了，迫于生计压力他最终决定和妻子美香回到老家山形县。除了拉大提琴之外，再没有一技之长的小林，回到老家也是很难找到合适的工作。偶然间，饭桌旁一家旅行社的招聘广告吸引了他，因为这份工作没有任何工作经验的要求。当得知新工作是要做每天与死人打交道的入殓师之后，小林不禁大吃一惊，但是面对社长佐佐木的劝说以及丰厚的报酬，他还是决定试一试。上班后，第一份正式的工作就是为一位两周前去世的老太太整理仪容，这使得小林内心受到极大冲击，决定辞去工作。然而，在社长充满智慧与良知的教育引导下，小林经历了人妖青年、丢下幼女的年轻母亲、寿终正寝的老爷爷等各种各样的死别后，逐渐爱上这份工作，并对人生、亲情、爱情、死亡都有了重新的认识。

"生如夏花之绚烂，死如秋叶之静美"是泰戈尔《飞鸟集》中的诗句，也是我们看完电影后的第一感悟，同时也应该是主人公小林大悟热爱上入殓师这一职业后的感想之一。一直以来，我们都对死亡充满了恐惧、害怕，甚至面对陌生人的尸体时，会多多少少觉得厌恶、晦气。小林也不例外，起初对死亡感到畏惧、悲伤，然而在公司社长，更确切地说是老师充满良知的教育下，小林逐渐爱上了入殓师这份神圣的职业。

教育良知即指一般教师所应具备的对于教育之真、教育之善、教育之美的正确判断能力。人有良知，方能称之为人，良知是一个人最基本的道德品质。教师要想成为一名真正受人尊敬的教师，那他首先要做一名具有教育良知的教师。在平常的教学工作中，教师不仅要教育好自己的学生，同时还要做好新教师的指导工作。因为新教师初入职场，对工作还有很多陌生、不适应之处，需要老教师的指导帮助。影片开头，采用倒叙手法，小林开着车，行驶于茫茫大雪中，心中想到"我记忆里这里的冬天，好像没有这么冷，从东京回到山形老家快两个月了，这期间，度过了忐忑不安的每一天"。电影播放到中间时，我们知道，这是小林初为入殓师的前两个月，之所以心中忐忑不安，是因为对入殓师职业的不适应，甚至是抵触。然而，老师佐佐木从求真、向善、审美三方面对小林的教育，使他最终热爱上自己的职业。

求真，即追求真理。大众对入殓师或多或少都有些贬低、反感之意，认为是不正当的职业。影片中小林的妻子、儿时玩伴都在劝他找一个正经工作，死者家属认为做入殓师是因为在赎罪，甚至他自己最开始也在想："这是我必须所受的处罚吗？因为母亲最后的时刻我没有陪伴她，接下来，我该怎么办？"但老师佐佐木并没有看不起自己的职业，不管外界如何看待他，他总是待人彬彬有礼，做事有条不紊。死者家属因为小林师徒二人迟到五分钟，便对着他们大喊："不像话，你们不是靠死人吃饭的吗？"老师听后仍是深深鞠躬，表示歉意，然后平静、细致、温柔地为死者整理遗容，让死者脸上重新焕发生机，最后家属感激地说道："这是她这一生最美的一次。"整个过程使小林感受到入殓师是一份神圣的职业："把失去的人重新唤回，赋予永恒的美丽，这个过程平静、细致，最重要的是必须充满温柔的感情，目睹每一次的生离死别非常安详，那个深深地打动着我。"面对小林的退缩，老师并没有用很多的言语去劝说，而是用实际行动向小林展示入殓师职业的价值。

向善，即依靠善心做教育，不抛弃、不放弃，尊重、宽容、同情、关爱每一个学生。这一点在影片中体现得尤为明显，小林曾有两次想要放弃，然而都是在老师的坚持下，坚信自己的选择，感情得到升华。第一次是为两周前去世的老太太整理遗容，因为情况糟糕，所以小林深受打击。站在桥边，望着河里两条逆流而上的鱼，其中一条因为撞到石头而死去，小林说道："真是可怜啊！拼命游上来就是为了去死，反正是死，何必那么辛苦。"可以看出此时小林对于人生持消极的态度，而后老师命运般地出现在桥边，说小林天生就是做入殓师的人，使小林半信半疑地坐到老师的车上，接下来老师细致的工作深深地打动了小林，由此他开始积极地投入到工作中。第二次是因为周围亲人、朋友的极力反对，以及死者家属的不理解，小林决定辞职。小林和老师坐在充满绿色生机的屋子里吃饭，老师讲起他做入殓师的缘由，是因为妻子因病去世后，为减少心里的痛苦，老师将妻子打扮得漂漂亮亮的，那是他送走的第一个人，从那以后便开始从事入殓师职业。老师说道："一种生物靠吃另一种生物生存，想要活着，就得吃，吃就要吃最好的。"这之后小林感受到了入殓师职业的神圣，坚持了自己的选择。影片最后，在小林父亲去世后，老师默默宽慰小林，将车借给他并带着最好的一口棺材。老师坚持以善来教导小林，每个细节都体现了对小林的关爱，使小林最终热爱上入殓师这份工作。最后小林给睡着的老师盖上一件衣服，也体现了小林对老师的关心与感激。

审美，即看到学生的优点并培养学生的审美情趣。只有"知人"才能"善用"，老师只有看到学生的优点才会有针对性地进行教育。影片中，我们从社长助手上村百合子的口中得知，社长对小林的喜爱，他凭直觉就觉得小林是适合做入殓师的，所以才会执意挽留、用心培养。从楼上的休息室可以看出社长其实是一个很有生活情趣的人。充满绿色的别致房间也着实让小林吃惊不小，这个房间充满了生机，与平时纳棺时的黑白形成强烈的对比，也从一个侧面告诉小林不管工作如何，要学会培养自己的生活情趣。圣诞节时，小林来了兴致，在社长的同意下，他为佐佐木和上村百合子拉大提琴助兴。在这部电影中，音乐是不可或缺的重要元素，配合着小林感情的变化，音乐大师久石让谱写的电影的背景音乐与情节配合得恰到好处。

社长求真、向善、审美的教育思想贯穿了整部影片，使小林终于从迷茫中找到自己的前进方向。最后他为父亲纳棺时，父亲的形象逐渐清晰，小林的感情最终得以迸发，成为整部影片的高潮，妻子美香也终于认可了丈夫的职业。"死亡是很正常的一件事，我会死，你也会死，死这件事很正常"，正如诗人泰戈尔所言"生如夏花之绚烂，死如秋叶之静美"，生死不过在呼吸之间，活着就要像夏花一样绚烂夺目，面对死亡的时候也要像秋叶一样，安静、肃穆、回归自然。

（曹月明　执笔）

《天堂的颜色》：重燃生命之光的教育

【片名】*The Color of Paradise*（《天堂的颜色》）

【导演】马基德·马基迪

【主演】萨利迈·菲兹/穆赫·辛拉迈扎尼

【国家/地区】伊朗

【片长】90分钟

【发行时间】1999年

【语言】波斯语

【获奖情况】2000年蒙特利尔影展最佳影片；2000年入围奥斯卡最佳外语片

剧情简介：

影片主要讲述了一位特殊儿童的遭遇。眼睛是心灵的窗户，它让我们看到周围缤纷多彩的世界，同时让我们真切地看到别人对我们的关爱。但对于影片的主人公穆罕默德米来说，这一切似乎很奢侈。他的命运从一出生就与常人不同，他是一个视力有障碍的儿童。他不能看到这个缤纷多彩的世界，更不能看到周围人关怀他时的眼神、表情、动作,可以说,他是不幸的。由于视力的障碍,他被父亲送到一所盲人学校读书。暑假来临,同学们都被父母接回了家,而穆罕默德却因父亲没有准时来,只能孤单地在学校等待。终于盼来了父亲,穆罕默德非常开心,因为他终于可以和疼爱自己的奶奶和姊妹们团聚了。

回到家后,穆罕默德与奶奶和姊妹们度过了开心的时光,感受到了这个充满爱的世界。然而穆罕默德的好运很快被打断,父亲为了满足自己内心的私欲——再娶,将他送到一个木匠家里学习木艺。奶奶得知此事后离家去寻找穆罕默德,父亲害怕此事闹大将奶奶求回了家,但奶奶却因淋雨感染了风寒,最终离世。父亲的婚事也因奶奶的去世而告吹,于是他决定将穆罕默德接回家。但在回来的路上,当父亲牵着马通过一座桥时,桥突然断裂,穆罕默德落入了湍急的水流中。此时父亲由于矛盾的内心,没有及时去救穆罕默德,而是犹豫片刻之后才去救自己的亲生儿子。后来父亲随着湍急的水流漂到了海边。第二天清晨,父亲苏醒后,看到了穆罕默德,他迅速跑过去紧紧地抱住他的身体。这时,一缕阳光洒在了穆罕默德的手上,或许那就是天堂的颜色吧!

《天堂的颜色》主要讲述了一位特殊儿童的遭遇,但这里仅探讨影片中的教师角色对现实中即将成为教师或者已经在职的教师有何启发作用,因此本文将从有限的教师镜头中探讨这个特殊群体的教师。

《天堂的颜色》出现的第一个镜头便是这部影片中主要的教师拉曼尼。拉曼尼的出场有些特别并带着一丝悬念,因为影片以声音开场,这声音由一个成年男子和一群孩子的声音组成,当镜头逐渐出现图像时才让人恍然大悟,原来成年男子正是盲人学校的教师拉曼尼,这群孩子则是盲人学校里的学生。由于孩子们的磁带被弄混了,拉曼尼老师只能通过逐一播放磁带让孩子们来认领。从开场可知这是一部讲述一个特殊群体的影片,它首先向观众点明了影片主角的特殊性,他不是一个正常的儿童,而是一个盲童;其次影片揭示了这个特殊群体的教育环境是特殊的,他们不能在普通的学校读书,而是在盲人学校接受特殊的教育;最后,影片向我们呈现了这个特殊群体的教师,这里的老师与普通教育的教师不同，他们所面对的教学对象是身体有残疾的孩子。

第二次出现拉曼尼老师的镜头是他为即将放假回家的学生们送来可口的饼干，并亲切地与主人公穆罕默德交谈，谈话的内容无不透漏出老师对学生的那份关爱。虽然拉曼尼老师的学生是一群身体有障碍的学生，但是他没有因为这些孩子身体的缺陷而歧视他们，而是在细微处关注着这些特殊儿童的心理动态。同样在这些特殊儿童身上也可以看到他们乐观的生活态度，他们为弹琴的小伙伴鼓掌伴奏，将胸脯当乐器。其实特殊儿童有着属于他们的生活方式，只要常人能够给予他们足够的爱，他们便能乐观地生活下去，影片中的拉曼尼老师正好做到了这一点，这是值得所有老师学习的。

第三次出现拉曼尼的镜头是小伙伴们陆续被父母接走了，只剩下了穆罕默德。这时拉曼尼老师走过来坐在穆罕默德身旁，告诉穆罕默德他父亲很快就会来学校，随后拉曼尼用穆罕默德的电话假装给他父亲打电话。从穆罕默德的表情可以看出他知道拉曼尼老师是骗他的，但他还是欣慰地笑了，因为他感受到了老师对他真切的关爱，他愿意去相信这个善意的谎言。后来拉曼尼老师给了穆罕默德一台录音机，帮他度过等待父亲的无聊时光。作为一名特殊教师，拉曼尼深知穆罕默德等待父亲时内心的焦虑与不安，他用老师对学生的那份关爱，并且完全站在学生的角度思考问题，让穆罕默德最终由焦虑转为喜悦，这说明拉曼尼不仅是一位具有教育良知的教师，更是一位充满教育智慧的教师。

第四次出现拉曼尼老师的镜头是在校长办公室。穆罕默德的父亲拉美萨尼不愿将穆罕默德带回家，想寄希望于学校，但拉曼尼老师告知拉美萨尼，学校将要放三个月的长假，没有人可以照顾穆罕默德。这个片段里，校长与父亲的一番对话让人触动，校长说："我们这里是教育中心，不是慈善机构，即使是慈善机构也只收留孤儿以及不能胜任父母的人的孩子，谢天谢地，穆罕默德是个有家庭的孩子，并且你还是一个努力工作的人。"是啊，穆罕默德是不幸的，但同样也是幸运的。不幸的是他一出生就是一个盲童，但幸运的是他还有一个家庭，家里有疼爱他的奶奶和姊妹们。但是他的不幸出生却让父亲痛苦不堪，并认为他是家中的负担，仅仅因为他不能承担养老的重任。

这不由让人思考：儿童的价值到底是什么？在拉美萨尼的眼中，儿童的价值就在于能够给父母养老。其实在中国的传统观念里亦是如此，例如中国的至理名言"百善孝为先"，这其中的"孝"字，就表明了子女有一大重任就是为父母养老，若不为父母养老则是不孝的。但是对于像穆罕默德这样先天有缺陷的儿童，还可以用这样的价值观去要求他们吗？他们本来就已有自卑、愧疚感，如果再加上亲人对他们价值的否定，那么他们对自身的未来将更加的绝望。此处父亲对其孩子的行为与老师对其学生的关爱形成鲜明的对比，试想若穆罕默德的父亲能够给予他多一点的关爱，再加上学校老师的关爱，这孩子一定会健康快乐地成长。

最后一次出现拉曼尼老师的镜头是他带着拉美萨尼去接穆罕默德。拉曼尼看到穆罕默德正在找东西，便问他在寻找什么，穆罕默德答他在寻找移动电话，但此时的拉曼尼并没有过去帮他找到移动电话，而是一步一步地指导穆罕默德，让其自己摸索到移动电话。此处表现出拉曼尼老师的教育智慧。想想现在很多普通教育教师在教授学生时所使用的教学方法，他们大多还是采用灌输式的教学方式，极少让学生主动获取知识，这极不利于学生的发展，因为学生的创造能力在教师的灌输教学中是很难培养出来的。再看看拉曼尼，面对有视力障碍的孩子丢失东西时，并没有因为学生身体的障碍去直接帮助他，而是通过语言的引导让其自己发现移动电话。这样的方式不仅可以培养学生的探索能力，而且还能够提高盲童的自信，对他们的心理健康发展极其有利。

这部影片的教师角色是教授特殊儿童的教师，他们最需要具备的就是教育良知，也是教师职业的道德底线。一个人能够将特殊教育教师作为自己的职业，其内心一定是具有教育良知的。因为特殊教育教师的教学对象与普通教育教师的教学对象完全不同，他们的教学对象是有身体残疾的人，是社会中的弱势群体，而且内心有着极大的自卑感，需要通过社会的、家庭的、学校的关爱来弥补内心的自卑、愧疚感。因此，特殊教育的教师必须拥有教育良知，深知自己的教育责任，对自己的教育对象给予更多的爱，让他们通过这份爱来感受这个世界的美好。

（廖红燕　执笔）

《一个都不能少》：都是贫穷惹的祸

【片名】《一个都不能少》（*Not One Less*）

【导演】张艺谋

【主演】魏敏芝/张慧科

【国家/地区】中国

【片长】106 分钟

【发行时间】1999 年

剧情简介：

因为水泉小学唯一的老师高恩满准备告假照顾病危的母亲，村长不得不从隔壁的村子找来13岁的女孩魏敏芝做代课老师。高老师临走时再三嘱咐魏敏芝，要好好看住学生，一个都不能少。在高老师走后不久，学生明新红由于天生跑得飞快，被县里的体育老师选中要带走训练培养。魏敏芝牢记高老师一个都不能少的嘱咐，就把明新红藏了起来，可明新红最终还是被带走了……学生张慧科因为家里穷欠了债，母亲又生病卧床不起，不得不跟着同乡人一起进城打工。但是魏敏芝因为"一个都不能少"的承诺决心设法去城里找他，结果路费不够，辗转曲折，徒步走了一天一夜。魏老师到了城里，却联系不上张慧科,她想方设法,通过播放广播、写寻人启事找人,但是都无济于事。最后她跑到电视台,在门口见人挨个询问找台长,最终惊动了台长,在台里录播了一段感人的"寻人"特别节目,引起极大反响和关注。找到张慧科之后,魏敏芝带着社会各界捐赠的学习用品和钱财物资回到了水泉小学。

都说"教师是太阳底下最光辉的职业",常常把他们比作"孺子牛""园丁""蜡烛"等等。因为教师劳动的特征以及教师所肩负的责任,使得他们具有热爱学生、教书育人、以身作则、为人师表、甘为人梯、敬业奉献的职业道德品质。这些教师职业道德的核心在于教育的一种良知,我们称之为"教育良知"。教育良知对于教师的职业道德行为起着规范性作用,能够增强教师的职业使命感,促进教师自我价值的实现。

教育良知是教师职业道德的出发点,是所有师德最起码的底线,也是所有道德体现的核心。孟子提出:"恻隐之心,仁之端也;羞恶之心,义之端也;辞让之心,礼之端也;是非之心,智之端也。"(《孟子·公孙丑上》)良知的最基本构成是人皆有之的恻隐之心、羞恶之心、辞让之心、是非之心等。例如,由恻隐之心而生发的仁爱心、同情心,可能凝练成为教育工作者的无私奉献、亲切关怀、克己利他的爱的教育精神;由羞恶之心而生发的羞耻感、愧疚感,也会练就教育工作者的认真负责、积极上进、公平公正、明辨是非善恶的价值判断体系等。所以,作为基本性质的教育良知,是教师教育职业道德和社会责任感的形成的决定性因素。

敬业与奉献

"爱岗敬业"是教师最基本的职业道德。一个具有教育良知的教师,必然忠于教职,热爱自己的工作岗位,在这平凡而伟大的岗位上任劳任怨,奉献自己的青春和热血。高老师作为水泉小学唯一的老师,在几个月都没发工资,生活物资有限的情况下,还坚持在破旧不堪的校舍默默守护着这些孩子。可由于老母亲病重,高老师不得不告假回去照顾母亲。村长找来邻村13岁小学毕业生魏敏芝作为代课老师。高老师在向魏敏芝交代好学校的事情后,也许是对这份自己守护多年的职业寄予了深厚的感情,晚上辗转反侧,彻夜未眠。临走时他再三叮嘱魏敏芝,班里的学生都已经溜了十几个了,要把学生看好,"一个都不能少"。高老师工作态度的认真,对学生就学的坚持和对山区农村教育不离不弃的精神,令我们动容。作为偏远山区的农村教师,"一个都不能少"的叮嘱深刻地体现了教师该有的职业道德和对教育职业的深厚感情。"再穷不能穷教育,再苦不能苦孩子",孩子是祖国未来的希望,他深知孩子们只有接受教育,学习文化知识,才能为国家的建设出力,这也正是他对班上孩子一个都不能少的坚持。

徐特立曾说:"教书是一种很愉快的事业,你越教就越爱自己的事业。"毋庸置疑,高老师热爱着自己的教育事业,爱着这些可爱的孩子们,在教育事业的岗位上尽职尽责、勤勤恳恳。作为一个有教育良知的老师,在教育职业中热爱教育、热爱学生、甘为人梯,是教师"为人民服务"的行动,是教师人生价值的体现,也是教师对社会、对人民不可推卸的责任,更是历史赋予教师的神圣使命。

爱心与责任

"没有爱就没有教育",这是每位教师都懂的道理。没有对学生、生活、教育事业的爱,教师不可能有责任心和爱心。责任能激发人的潜能,唤醒人心中的良知。美国著名心理学家弗洛姆说:"责任并不是一种由外部强加在人身上的义务,而是需要对所关心的事件做出反应。"确实,只有当我们明确目标,清楚自己的责任时,才会尽心尽力克服重重困难,坚持把事情做好。作为一个有教育良知的教师,更需要在教育事业中拥有强烈的责任感。

教师的责任感,首先是对学生负责,尊重每一位学生,促进他们品德、智力、体质等全面发展。影片中魏老师就因为高老师的"一个都不能少"的嘱托,竭力保持着集体的完整。学生明新红天生跑得飞快,被县里的体育老师挑选去训练培养,魏老师坚持"一个都不能少",把明新红藏了起来。无奈村长想方设法把明新红带走,魏老师凭着倔强和执着的劲头,一路追着汽车跑了很久,最终无功而返,我们看到了魏老师焦急的神情和滚烫的泪水。而另一个学生张慧科因为家里穷,跟老乡到城里打工去了。虽然这个学生平时调皮捣蛋,但是因为高老师"一个都不能少"的嘱托,魏老师决定设法赚钱进城找张慧科。因钱不够混上车后半路被赶下来,魏敏芝坚持走了一天一夜才到城里。为了找张慧科,她发广播,写寻人启事,来到电视台在门口等了一天半,终于见到了台长。通过录制节目,她找到了张慧科,同时还得到社会各界的热心关注和帮忙。这让我们看到了人性的真善美,也突出了魏老师这位年仅13岁的乡村教师的顽强毅力,执着和吃苦耐劳的精神,对待学生和教育工作的责任感。

农村教育 路在何方

这部影片向我们展示了边远山区农村教育的贫穷、落后现状,与城市大多数孩子所受的优质教育形成鲜明对比,发人深思,令人动容。电影中,高老师在走之前对魏敏芝说:"除去四个星期天,还有26天,我给你26支粉笔,你每天只能用一支粉笔。"后来张慧科因为调皮把一盒粉笔撞落地上,学习委员张明仙一点点捡起那些粉笔头,并写了一篇感人的日记。在我们眼里粉笔是不值钱的东西,但在他们眼里是多么珍贵。这在表现出山区农村小学的贫困的同时,也突出了孩子们不贫困的心灵。而如今我们大多数都市里的学生坐在明亮的教室里,配备了丰富多彩的课程和专业的教师队伍,但还是有学生不好好珍惜享有的优越的教育资源,逃学厌学,甚至打架斗殴,扰乱学校的学习风气和氛围。还有些教师缺乏教师该有的教育良知,为钱而教,教学技能低和教育职业道德丧失,不得不说这是教育在某种程度上的失败。

尽管现在的教育发展很快,农村很多地方的教育现状都有了明显的改善,但这些交通闭塞的偏远山区,仍然需要社会的支持和帮助。因此需要政府采取相应的政策,加强对偏远山区农村教育的扶持。首先是要加大对山区农村教育的投入,改善教学设施和条件,让山区孩子享受到应有的教育资源。其次,提高山区农村教师的待遇,使他们能够安心于自己的教育工作,这样教学质量才能够有所保证。最后,就是呼吁广大优秀教育工作者,乐于奉献,以教师强烈的教育责任感,自觉前往山区农村支教,为带动落后山区农村教育的发展做贡献。

(邓利蓉　执笔)

《烛光里的微笑》：好教师唤醒一代人

【片名】《烛光里的微笑》（*Her Smile Through Candle Lights*）
【导演】吴天忍
【主演】宋晓英/丁嘉元/杨津
【国家/地区】中国
【片长】98 分钟
【发行时间】1991 年

剧情简介：

影片《烛光里的微笑》讲述的故事发生在上海市边缘棚户区的潘家弄小学，身体羸弱的教师王双铃用自己的教育良知和教育热情唤醒了一群淘气的、被校长等人认为无可救药的孩子们。从医院刚检查完身体回来的王双铃老师不顾医生的嘱咐，接手了全校公认的"乱班"四（2）班。故事就从王老师接手这个班之后开始，在王双铃老师的帮助下，这群孩子们不断改掉以前的坏习惯、不断进步。每个学生都是可爱的，都是她不会放弃的，在她的不放弃不抛弃的坚持下，每个学生都在进步。最后王老师为教育事业献上了自己的一生。

教师这个职业令人敬佩，老师值得我们爱戴。老师像辛勤的园丁，勤勤恳恳；老师像蜡烛，燃烧了自己照亮别人……这个社会若没有无私奉献的教师，也许就没有这么美好。教师这个职业是特殊的，不会有立竿见影的效果，而是细水长流。

做一名好教师有四个要件，教育激情、教育智慧、教育良知和教育理想。这四个要件是做一名好教师必不可少的条件。教育良知是其他三个要件的基本，是源生之本和可靠保证。教育良知即一般教师所应具备的对于教育之真、教育之善、教育之美的正确判断能力。如果你没有教育良知，又怎会有教育激情，怎会有远大教育理想？

电影讲述了上个世纪八九十年代，王双铃老师用教育良知让一群调皮捣蛋的孩子们"改邪归正"，走上正确的人生道路的故事。

王老师接手这个班，走进教室的刹那中了一"枪"，她没有怒颜相对，而是抑制住内心的不满，静等学生安静。面对这样一位沉着的老师，孩子们渐渐安静了。王老师上课方式特别，首先讲述自己当老师的故事，学生听得津津有味。学生有自己的兴趣爱好，王老师不是制止而是支持鼓励，全面发展学生是王老师教书育人的重点。王老师还让学生提出了对她的希望，学生一个接着一个发言井然有序，完全不见刚进教室的那种乱。陆明希望老师不要干涉他们踢球，王老师答应了。

令人印象深刻的是王双铃老师用《我怎样长大》这一作文题激发孩子们的想象力，让他们的脑海里满是关于长大的遐想。每个孩子都有自己长大的方式与过程，需要教师和父母的引导及关爱，需要老师用激情与良知告诫他们，时刻引导他们走向正确的人生方向。

小朋的父母因贩卖黄色碟片被警察带走，其他人知道后对小朋讽刺加嘲笑。王老师把小朋带回家，像妈妈一样无微不至地照顾他。但小朋心灵受到了创伤，开始厌学，一次受同学欺负后，小朋逃学出走了。王老师一直惦记着出走的小朋，出去寻他，因追小朋半路心脏病复发。不懂事的小朋并不知情,他跟着半路碰见的小胡子叔叔胡吃海喝。最后小胡子叔叔由于赚不到钱就要小朋还钱,小朋无奈只能找王老师,然而恰好老师家里没人他就私自拿走了钱。在不了解内情的情况下,王老师的丈夫大刘说小朋偷了家里的钱,王老师却没有这么认为。小朋回到家后,王老师没有严厉呵斥他,而是让小朋说清事情的经过。大刘看见小朋本子上记的那些菜名不是偷钱买吃的,而是小朋记录的在王老师家里吃的每一顿饭,说长大了好好孝顺王老师。孩子是懂事的,孩子是善良的,不该怀疑孩子,孩子的心灵是脆弱的,哪怕一点点伤害都会对他们的整个人生造成不小的影响。

老师对学生的爱是无私的,无论成绩好坏。丽萍因为经常被妈妈打骂,心灵受到了比同龄孩子要多的伤害。丽萍在一次被妈妈责骂后离家出走,周妈妈无奈找到王老师。王老师和大刘一起在黑夜里冒雨寻找丽萍,最后在火车站附近找到了丽萍,身体与心灵都受伤的丽萍看见王老师后,抱着老师嚎啕大哭。王老师细心地宽慰着孩子,周妈妈感动了,也知道自己错了。王老师爱丽萍,也无私地爱着班上每个学生。这一刻的爱挽救了一个幼小的生命,丽萍有了自己的梦想,王老师忘了自己的病痛,欣慰地笑了。

丽萍努力学习,用行动证明了自己。在班级考试中很多同学得了高分,丽萍虽只考了 77 分,但 77 分对于从来考试不及格的丽萍来说已是非常大的进步与鼓励。王老师欣慰地说:"周丽萍的 77 分和宋婷婷的 100 分一样令我高兴啊,因为她一下子提高了 30 多分,这样使我们四(2)班消灭了不及格。"为了鼓励进步的丽萍,王老师拿出微薄的工资买了书包、文具盒奖励给丽萍,丽萍感动得哭了。虽然这只是一个小小的奖励,然而这样的奖励将会影响这孩子的一生。现实中,对于学生的进步,只要老师一个肯定的眼神,孩子们也会争先做最棒的自己。

陆明和爸爸都是足球爱好者,王老师接手的第一堂课,陆明就希望老师不要不让他们踢球。孩子有爱好,老师和家长一定要支持。但理想是美好的,现实是残酷的,就在王老师一再向校长提出取消出租学校场地时,悲剧发生了。在操场踢球的陆明看见心爱的足球马上就要被汽车轧过,赶紧去救球,然而自己的腿却被汽车轧断了。陆明的妈妈不分青红皂白,到王老师家里大闹一通。王老师没有生气,她和家长一样爱着这些孩子,看着受伤的陆明她心里也难过，但是她知道作为母亲会更难过。王老师没有记恨陆妈妈，反而经常去医院看陆明，安慰陆明，给陆明讲足球故事。陆明感动了，坚强面对伤痛，积极配合治疗。王老师还带了陆明最喜欢的足球运动员的来信鼓励他：只要自己有信心，有毅力，一切都会好起来，这点痛和伤又算得了什么呢？陆明和王老师笑了，身影消失在夕阳下。

四（2）班在王老师的带领下不断进步，为了奖励学生，王老师决定带着他们去郊游。海边阳光下孩子们像天上的小鸟一样自由地飞，像海里的鱼儿一样自由地游……王老师看见孩子们如此可爱、自由，备感欣慰。随后大家一起去爬山，因陆明的腿还没有完全康复，王老师一路扶着陆明往上爬，只为每一个孩子都不掉队。由于太累，王老师心脏病再一次复发，没有到终点，便永远地离开了。王老师走了，孩子们伤心极了，但值得欣慰的是孩子们在进步，在成长。

回到学校，孩子们自发给王老师开了追悼会，教室里满是蜡烛，烛光里似乎又看见了王老师，听见了王老师唱的那首《我怎样长大》，孩子们送上了最美的祝福，发自内心地叫王老师为"妈妈老师"。小朋更是舍不得像妈妈一样的王老师离开，大刘把小朋搂在怀里告诉他"以后咱们就是一家人"。王老师的执着和热情让丈夫大刘为之动容，为之付出，这种夫妻之爱已经升华到了对教育事业的爱，对所有孩子的爱。

孩子们茁壮成长，教师的功劳是伟大的。若没有对教育事业如此执着的王双铃老师，或许四（2）班的学生就没有明亮的未来。在王双铃老师的人生字典里没有差班和好班之分，她认为所有的孩子都应该得到老师的关注和爱护。王老师从一开始就是这么做的，她不骂班上的任何一个孩子，而是悉心引导他们走向正确的人生道路，把毕生的精力都投入到了教学当中。王老师因为有心脏病而没有自己的孩子，她把每一个学生都当成自己的亲生孩子一样关爱，倾注了一生的心血。

有关教育的电影我们看过很多，但像王双铃老师这样对教育投入这么多感情和时间的老师并不多。自己没有孩子，把每一个学生都当成自己的亲生孩子一样看待。学生们遇到像妈妈一样的老师是一生最大的满足。王老师几乎把自己的全部精力投入到了教育事业，当被医生告知要静养三个月的时候，她不但没有好好休息，反而又走向教育事业最前线，用自己不太充足的精力尽量挽回这些迷路在半途的"羔羊"。孩子们天性是善良的，只是没有好的老师去引导，一步错步步错。王老师特别的教学风格唤醒了一群贪玩的孩子，激起了他们的学习兴趣。教师对孩子的投入越多，孩子们对学习投入的时间就越多。王双铃老师的行为值得每一个老师学习。

（彭琰　执笔）

《小孩不笨》：给我阳光　我就灿烂

【片名】*I Not Stupid*（《小孩不笨》）

【导演】梁智强

【主演】梁智强/向云/黄柏儒/李创锐/洪赐健

【国家/地区】新加坡

【片长】105分钟

【发行时间】2002年

【语言】英语/汉语普通话/闽南语

剧情简介：

故事发生于"分数、文凭至上"的新加坡，影片的三位主人公分别是洪文福、刘国彬、Terry，他们都就读于无药可救的、没有回头路的EM3。

三个来自不同阶层的孩子，却有着共同的命运：因为成绩不好，被贴上了"笨小孩"的标签。时刻面临着老师的无视、同学的嘲笑、邻居的打击，让这三个孩子感受到学校只是一个残酷无情的监狱。此时，班上来了一位李素贞老师。李老师的耐心鼓励，让文福觉得李老师没有看不起EM3的学生，于是奋发图强，成绩明显提高。李老师挖掘国彬的绘画天赋，帮助他发现自己的优点和长处，国彬也因此获得出国留学深造的机会。Terry在文福、国彬以及李老师的帮助下，也找到了自己的定位，找回了自我，成为一名真正的男子汉。

《小孩不笨》是新加坡一部著名的教育电影，对家庭教育和学校教育都有特殊的意义。和我国相比，虽国情、文化各异，但影片中老师的恨铁不成钢、家长的望子成龙、社会的殷切期盼，无疑与我国教育现状一模一样，而其中暴露出的教育问题，也值得我们反思。

2004年之前，新加坡小学实行小四分流教育制度，成绩优秀的学生进入EM1，成绩中等的学生进入EM2，成绩最差的学生自然就进入EM3。影片中的三位主人公虽来自不同的背景，但都就读于EM3。

影片为我们展示的EM3和社会环境究竟是什么样的呢？

国彬的妈妈叹息："文凭虽然只是一张纸，但没有就是没有……国彬将来能不能够在只注重英文、数学的环境里面生存。"

文福的妈妈感慨："要是你不会读书，人家会看不起你的。"

林老师也传授经验给新晋老师："这些学生都无药可救了，你还是不要浪费你的时间了，凡是进入EM3的同学啊，都没有回头路！"

美发店的理发师感叹："我是ITE（工艺学院）毕业的……ITE就是It's the end……只有你会读书，才算是人才，所以大家都拼命去读死书！"

社会各界对 EM3 的漠视鄙夷，"万般皆下品，唯有读书高"的社会现实，就像一把无形的枷锁，困住了无助的孩子。难怪影片开头是透过铁丝网看学校，在 Terry 稚嫩童声的自诉中他这般形容学校："这是一间每个人都曾经坐过的监牢，不要看它外表友善，其实它的无情和残酷大家都领教过。"

平等——同一起跑线启程

新加坡的分流教育制度，各界褒贬不一。有的人认为将不同学习能力的学生分开教育，有利于对不同的学生进行针对性教学，因材施教。而更多的人则批评过早对学生分类，贴上优劣的标签，可能影响学生的自信心，对学生的身心健康、学习和将来的发展都会造成危害。学校是教育工作的最前线，学校承载着教书育人的责任，学校是国家未来的摇篮。因此，学校并不是一般的功利机构，不应成为政府的附庸，不应将"育人"的教育目标狭隘地理解为"育优秀的人"。一所具有教育良知的学校应该坚持"教育之为教育"的立场，创造宽松平等的学习环境，促进每个学生发挥自己最大的潜能。同时，教师是教育工作的实践者，教师是人类灵魂的工程师，教师是默默耕耘的园丁。这些令人心动的比喻，赋予了人们对教师的无限期待。可是影片中的老师对待 EM3 学生的态度着实令人寒心。一个具有教育良知的教师，应该坚持"教师之为教师"的立场，不应根据智愚程度将学生分为三六九等，而应尊重每个孩子公平受教育的权利。

期待——成就美好人生

皮格马利翁效应启示我们：期待、赞美和信任是一种正能量。当一个人获得对方的信任、赞美时，他便感到获得了支持和积极向上的动力，并努力达到对方的期待。影片中的李素贞老师并不认为就读 EM3 的学生都不会读书，而是相信他们还有读书的可能，并鼓舞学生努力打败学业上的困难。李老师的鼓励和信任打动了文福，他为李老师没有看不起他而感动，更不希望"一辈子给人看不起，所以想给自己一个机会"，于是他利用空余时间学习数学。

姑妈的嘲笑，表哥的高傲，老师的打击，都没有激起文福内心的动力。相反，李老师的鼓励和信任却给了文福莫大的支持和动力。在教育实践中，我们不难发现：不受老师关注的学生，往往自暴自弃，各方面表现都不尽如人意；而受到老师喜欢或关注的学生，学习或其他方面都会有很大进步。这就是皮格马利翁效应的巨大魔力。李老师对 EM3 的学生抱有美好的期望，她认为还有很多同学是可以读书的，其中文福数学进步最大，从最初的 45 分到"EM3 有史以来最高分 78"，再到 92 分，这样的进步的确振奋人心。相比之下，其他老师的做法真是让人不寒而栗。一个眼神、一个动作都在否定 EM3 学生的未来。苏霍姆林斯基认为："儿童学习困难，功课不及格，落后于别人，其原因都在于儿童在童年早期所受的教育和他周围的条件不够好。"正是在这样恶劣的环境里，EM3 的学生不仅学业落后，自信心更加不足。李老师的出现，给 EM3 带来了希望。其实，并没有笨小孩，只是他们的才能还没被挖掘出来。一个具有教育良知的教师不应漠视、无视，甚至冷暴力对待学生，而应尊重、关爱每一个学生的健康成长。

赏识——成才的钥匙

周弘老师提倡赏识教育，其本质在于尊重差异，促进孩子的最优发展；其特点是关注孩子的优点和长处，而不是将目光局限在孩子的弱点和短处，并无限扩大，以致扼杀了孩子的长处，摧残了孩子的自信心。影片中的刘国彬由于成绩不好，经常受到妈妈的"藤条教育"，他最擅长的绘画也被妈妈认为是荒废学业，老师也觉得他不努力读书，每天拿着画笔"什么鬼都画"。只有李老师善于发现学生的优点和长处，李老师在第一堂课就发现刘国彬善于画画，她鼓励刘国彬画一幅他认为最好看的画送给她。李老师将国彬的画投稿，在国际少儿绘画比赛少儿组获得了第二名。后来，国彬的绘画天赋受到绘画比赛主办方的欣赏，主办方邀请国彬赴美国深造。至此，笼罩在这个家庭"不会读书的雾霾"才渐渐散去。

霍华德·加德纳在《智力的结构》中提出多元智力理论。他认为每个人至少有语言智力、数学逻辑智力、视觉空间智力、身体运动智力、音乐智力、人际交往智力、内省智力、自然智力等几种智力。多元智力理论的实质是承认智力（能力）的差异性和多样性。智力的差异性并没有孰优孰劣之分，每个人可能拥有不同的智力组合。影片中的国彬就是数学逻辑智力相对薄弱，但是视觉空间智力发达。李老师发现了这匹"千里马"，并帮助国彬在绘画的道路上前进。现代社会是一个多元的社会，学习成绩并不是衡量学生的唯一标准。苏霍姆林斯基认为教师的崇高的使命就在于："要使我们的每一个学生选择这样一条生活道路和这样一种专业，它不仅是供给他一块够吃的面包，而且能给予他生活的欢乐，给予他一种自尊感。"李老师帮助国彬在绘画的道路上扬帆起航，找到了活下去的信心，也找到了学习之外的自尊感。国彬的故事告诉我们，如果只聚焦一个人的不幸，很有可能忽略他的潜能。一个具有教育良知的教师，应该拥有一双发现美的眼睛，善于发现学生的优点和长处，并加以引导，使其朝向正确的方向发展。一个具有教育良知的教师，不该只用一把尺子衡量学生，应该帮助学生正视天赋秉性的差异，找出学生的最佳智力构成，促进学生的个性发展。

故事进行到这里，皆大欢喜。文福在李老师的鼓励下学习进步，成绩提高；国彬的绘画天赋被李老师挖掘出来，得到大家的认可，前途无量；Terry在小伙伴以及李老师的帮助下，找回自我，成为真正的男子汉。三个"笨小孩"很好地诠释了"给我一点阳光，还你灿烂未来"。其实，没有"笨小孩"，他们只是缺少充足的阳光。多给"笨小孩"一点阳光，他们定会还你一个灿烂的未来。

（俞文琳　执笔）

《超脱》：教师内心深处那一抹瑰丽

【片名】Detachment（《超脱》）

【导演】托尼·凯耶

【主演】艾德里安·布洛迪/刘玉玲

【国家/地区】美国

【片长】95分钟

【发行时间】2012年

【语言】英语

【获奖情况】第24届东京国际电影节主竞赛单元最佳影片提名

剧情简介：

亨利·巴赫特是一位代课教师，他在与学生进行情感交流方面有着异乎常人的天赋，但是童年的阴影让他封闭自己并且隐藏他的天赋。为了避免与学生或同事产生某种"情感交流"，他选择成为一名代课老师。总是在一个地方短暂地待上一段时间便离开。不久之前，他接到一份新工作，去一所落魄的、成绩很差的公立学校任教。这里的老师们每个人都极具教育使命感，女校长面临被强迫退休的压力仍然努力工作；男教师家人轻视教师职业并且无视他，回到家只有面对作业时他才能有些许宽慰；心理咨询教师受到各色问题学生的挑衅几近崩溃；还有总是吃药的老教师运用幽默的个性使所有难题迎刃而解……虽然工作很压抑，但是他们仍然坚守着自己的职责。这里的学生骄纵跋扈、暴躁易怒，还时不时顶撞老师。亨利的第一节课便受到两名学生的挑衅，结果都让亨利巧妙地化解了，并且赢得了班里的胖女孩梅丽的刮目相看。在公车上，亨利偶遇误入歧途的少女，出于同情将其带回家中，并试图挽救她。学校的漂亮女教师善解人意，让亨利心生好感。这三人的相继出现，让亨利冰封的心逐渐融化，开始走向新的自我。

亨利是一名代课教师，他睿智、博学，且深谙学生的心理。由于童年的阴影，他抗拒与人密切地联系，但在教育理念方面，他是成功的。本着"治病救人"的教育理念，亨利试图让学生从内心喜欢上学习。对于"教书"的职责，他认真坚守着，他的学生都学到了真正的知识并且理解了学习的意义。而"育人"的职责，他同样实践得很好。在对学生的教育中，他坚守着教育良知，从道德及情感上履行着教师的职责。亨利所具备的教育良知，可以从"真""善""美"三个角度来认识。

粉碎假教育——追求至真至纯的教育

影片开始不久，便出现州教育管理部门的哈特博士和校长的对话。哈特让校长退休，原因是学校的升学率太差，招不到学生。校长冷冷答道，那是因为哈特把这个州最差的学生全"扔"到了这里。不久州教育管理部门派了一位"专家"来给教师开展讲座。该专家将教师们苦苦支撑着的学校比喻为"房地产二级市场"，这一言论激怒了所有的教师，大家愤怒指责之后几乎一哄而散，留下无奈的校长独自应对上级的"指示"。

该校的教师是优秀的，他们秉承着教书育人的职责，尽己所能地教育每个学生，不只是知识，还包括学习的方法及做人的道理。而所谓的上级部门的指示，只是打着发展教育的幌子在赚钱，其实不懂真正的教育，认为充足的生源就是好学校的评价标准，因为生源带来的直接利益是金钱的获得。现实生活中同样存在此种现象，为了所谓的"升学率"，片面发展学生的智育，忽略德育、体育、美育及劳动教育，最后把学生培养成了只会死读书的书呆子。真正的教育是"德、智、体、美、劳"全面发展的教育，培养的是五育并重的复合型人才，而非只会学习的机器。不功利、不浮躁、不唯利是图，怀着一颗慈爱之心和纯洁之心去教书育人，这，才能称得上是真正的"真"教育。

保持向善之心——不抛弃，不放弃

作为一名教师，善是重中之重。亨利有一颗向善之心，他对待学生宽容、大度、平和，并教会学生尊重他人，拒绝暴力和讽刺。亨利认为，如果不能教给孩子们他们认为有意义的事，他们又怎么会听你的？他的教育理念是通过教给学生有用的东西来赢得学生对自己的尊重，而非用权威去压制。这也是新时代的教师需要学习借鉴之处，当前的课堂中，许多教师总是用自己教师的身份来维护自己的"权威"，学生对于教师更多是"畏"而非"敬"，这种传统的师道尊严在当今的教育中开始变得有些不合时宜。亨利的教育理念值得我们深思，用自己渊博的学识、独到的见解和不俗的谈吐来赢得学生对教师的尊重，这该是教育界的一个巨大进步吧！当然，也是对当前教师权威的一个巨大挑战。

教师，是一个神圣的职业。因此，它所承担的责任也会更重。一名优秀教师还应该具备"善"的思想，真心对待每一位学生，在学生犯错之后要给他改正的机会。每一个孩子都会犯错，不能将他们一竿子打死。要本着"不抛弃、不放弃"的原则，不让任何一个孩子感觉到被孤立，这才称得上是一位"善"的教师。

性骚扰，学校教育备受争议的话题——学会审美

教师，要有一颗童心，因为童心是最纯洁、最美的。亨利具有这颗童心，

他了解学生的思想，也尊重学生的想法，因此获得了学生的尊重。亨利平时性格温顺，其中一次发火便是因为在安慰女学生梅丽时被女教师误会。男教师与女学生的话题本来就会让人浮想联翩，成人世界的偏好和虚荣总是丑化男教师对女学生的关心，伤害了学生的身心健康，甚至生命。就像电影中梅丽的结局，没有家庭关爱的梅丽，想要从她所尊敬的亨利老师那里得到关爱和肯定，却被世俗的眼光所伤害，她心中残存的最后一丝希望幻灭，最终自杀。她的死不仅有家庭的原因，亦是世俗的压迫所致。

当然，现实中也存在着一些卑劣的男教师，他们对女学生有各种不纯的目的和动机，并做出伤天害理之事，这些人是不配成为教师的，甚至不能称得上是"人"。教师在从教过程中，要有良知，要向善，要有朴实无华的思想，并用一颗童心去看待和对待学生，而非矫揉造作，用成人复杂的眼光来看待神圣的教育事业。

家长的道德良知不容忽视

影片中还出现了父母带着孩子去办公室公然咒骂甚至威胁教师的画面，以及家长在电话中斥责教师的无能，为自己的孩子脱罪等等，这些教师对于学生家长的种种行为已经习以为常，他们被骂完，转过身仍会再次露出微笑，和颜悦色地回去上课或者处理问题学生。这所学校的教师一直在坚持着自己的信仰，教书育人。无论学生的态度多么恶劣，自己受的委屈多么难以忍受，他们仍默默坚守着。然而一名教师面对数十名这样的学生时，显然是有心无力的。家长的"言传身教"，让太多的学生沾染上社会的不良习性；而家长对自身责任的推卸，又让学生随波逐流，甚至自甘堕落，因为不是每位学生都能够受到教师周到的关心及爱护。平时温文尔雅的帕克博士因不忍看到学生放弃学业、自暴自弃而痛心疾首，冲着这名学生大发雷霆，好像要把这么多年内心忍受的愤怒、痛心全部释放出来。家长会上，整个学校只有几个家长到场。这些教师坐在空荡荡的教室长廊里，神情漠然，他们发自内心地呐喊：在成为家长之前，家长们都应该去接受培训！

教育，光有教师的良知是不够的，还需要家长的良知，后者至关重要。

世界上有千千万万的青少年儿童因家庭教育的缺失而影响一生，过着悲惨的生活。因此学校中教师的教育良知，以及家庭中家长的良知都对人的一生意义重大。

故事的结尾是忧伤的，梅丽吃着自己制作的蛋糕自杀身亡，这所坚守着教育良知的学校亦命运未知。这是家庭教育缺失造成的，也是社会不良风气影响的。但是影片最后一幕给了我们希望：亨利来到艾瑞克所在的孤儿院接艾瑞克回家，两人的背影在阳光下熠熠生辉。这预示着新的希望的到来，问题都会解决的。经过梅丽的自杀事件，亨利明白了：要想拯救他人，一定要身处事件其中，亦要超脱世俗之外。他已经战胜了童年的阴影，不再刻意地回避他人。正如影片开头法国哲学家阿尔伯特·加缪所言：我从未这般深切地感觉到，我的灵魂与我之间的距离如此遥远，而我的存在却如此依赖于这个世界。

（任琳琳　执笔）

《苗苗》：你的坚持　点亮希望

【片名】《苗苗》（*The Young Teacher*）
【导演】王君正
【主演】李羚/王佳宁

【国家/地区】中国
【片长】90分钟
【发行时间】1980年

剧情简介：
立志当运动员的韩苗苗，却被街道办分配到一所学校当小学老师，她抱着"先去看看再说"的心态来到了学校。在热闹的操场上，她首先被做游戏的孩子们吸引住了，情不自禁地与他们一起跳绳、拔河。在向陈校长报到后，她先到三（2）班去听课。一次课上，班上几个顽皮孩子把课堂秩序搞得乱糟糟的，气走了班主任方玉老师，听课的苗苗不得不登上讲台。当她拉开讲台抽屉取黑板擦时，一只小花猫突然从抽屉里窜了出来，班里顿时乱成一团。苗苗极力克制自己的情绪，向学生介绍自己是他们的新班主任，希望成为他们的朋友。苗苗用自己的真心、爱心、关心，使三（2）班的班风有了很大转变。后来，由于受到培培妈妈和包司令员秘书的指责、冷遇，哥哥和方玉的劝退，她产生了调动工作的念头。但最终在全班同学，包括许培培、朱力福和包瑞的真诚挽留下，苗苗重新看到了希望，获得了克服困难、继续前进的力量。家长会上，家长们表达了对苗苗老师的谢意，包司令员也以一位普通家长的身份说出了自己的心里话，还庄重地向苗苗行了一个军礼。苗苗从家长们的亲切话语中感到温暖，她深情地说："我还很年轻，但是我有信心做好这个工作。我希望你们帮助我，因为孩子们是祖国的未来，是我们事业成功的希望。"

教育良知，主要是指教师个体或集体在教育实践中，对社会向教师提出的道德义务的自觉意识、对履行教育职责的道德责任感的价值认同和情感体认，以及对自我行为进行道德判断、道德调控和道德评价的能力。教师的一言一行，一举一动，清晰地印在每个学生的心里。这就要求教师真正走到学生当中去，多与学生进行沟通，倾听他们的心灵，促使他们的身心健康和谐发展。

以身作则，为人师表

孔子曾指出："其身正，不令而行；其身不正，虽令不从。""不能正其身，如正人何？"俄国哲学家车尔尼雪夫斯基认为："教师要把学生造就成什么人，自己就应当是这种人。"这些都说明教师只有严于律己，以身作则，用自己的实际行动对学生起示范作用，才能用自己高尚的人格影响学生，感化学生，成为学生心目中的典范。影片中苗苗接过班主任的工作，在面对混乱不堪的课堂秩序时，以一位教师该有的自律精神，微笑着向学生介绍自己是他们的新老师，并希望成为他们的好朋友。所以，在被班上几个调皮家伙捉弄引起课堂混乱，惹来陈校长查看的情况下，苗苗并没有告状或把他们训一顿，她平静地说："一只小猫不知道怎么跑到抽屉里……他们在帮我抓。"并让学生放学后帮小猫找妈妈。小家伙们和老师的距离一下子缩短了，苗苗老师在学生心目中和蔼亲切的形象便树立了起来。教育事业是一项铸造人类灵魂的伟大事业，只有心与心的碰撞，情与情的真正交融，才能完成育人使命。苗苗老师面对调皮、疏于管教的学生不是一味地打骂和指责，而是以一种高尚的道德情感去理解学生，用爱去感化他们、教育他们。当面对培培妈妈要求为代写作文加分的无理要求和蛮横时，苗苗不屑一顾。本着民主和平等的评判标准，坚持客观公正、实事求是的态度，公平对待和评价每一个学生，这样才能够激发学生积极思考、学习的态度，引领着孩子们不断前进。

心灵纯洁，有亲和力

教师是人类灵魂的工程师。而要塑造别人的灵魂必须首先净化自己的心灵。从事崇高的教师职业，教师必须首先具有纯洁、高尚的心灵，才能照亮学生前进的道路。片中在苗苗的哥哥向陈校长提出"退回"苗苗时，陈校长解释道，只有心灵纯洁的人才合适当老师，而苗苗就是这样的人，用自身行动完美地证明了这一点。只有心灵纯洁的人，才能折射出人性的真、善、美，才能以自身具有的高尚品格，投入到伟大的教育事业中去。而一个有着纯洁心灵的人，必然是对学生、家长、同事有着亲和力的，也才能真正与每个孩子接触，了解他们的想法，最终为孩子们接受。苗苗走上讲台做自我介绍时，面对眼前混乱不堪的场景和调皮捣蛋的孩子，她以一颗平和的心，微笑地对学生们说："从今天起我就是你们的老师，不过我还希望能成为你们的朋友。"给学生一张微笑的脸，才能够引导学生在学习科学文化知识的同时学会笑对人生。微笑着欣赏、鼓励学生，才能给予其足够的信心和成就感。因此，做个心灵纯洁，有亲和力的教师，平等地对待和尊重学生，民主、平等、和谐的师生关系才能建立，才能用一颗爱心投入教育这个伟大神圣的职业。

胸怀博爱之心，筑梦教育

冰心曾说过这样一句话："爱是教育的基础，是老师教育的源，有爱便有了一切。"教师首先要爱自己，只有爱自己才能更好地爱学生，爱自己的教育事业。影片中苗苗初到学校报到，就被孩子们在操场上的游戏所吸引，激情洋溢地加入孩子们的游戏。这是一个教师充满活力、热爱生活、热爱自己的表现。班上几个淘气包平时就爱嘲笑、欺负说话结巴的陶燕，使得陶燕缺乏自信。在苗苗的细心关照、鼓励下，陶燕逐渐找回了自信。三个淘气的小家伙打赌谁勇敢，谁敢从高高的岩石上跳下来，就推选他为"独立大队"的大队长。为了孩子们的安全，苗苗以身试险从岩石上跳了下来。苗苗的这种稚气，生动形象地刻画了她爱学生的心态，伤害了自己而保证了孩子们的安全。学生杨小亮因父母被人误认为"反革命分子"，内心充满怨恨和不满。苗苗老师发现了小亮的异常举动，及时与之进行沟通，并不断开导他、安慰他，让自卑敏感的小亮变得自信，步入了正轨。

教师的爱，也是博爱，爱满天下，一视同仁。这种博爱之心集中表现在对问题学生的态度上，对生理有缺陷、成绩差或不听话的学生，不能歧视，而要认真分析他们的问题所在，有针对性地加以指导。尽管这个过程困难重重，异常艰辛，可是怀着教育良知的教师，会以一颗爱孩子的心去对待每位学生，对待自己的教育事业。孩子们是祖国的未来，也是教师事业成功的希望。她希望得到大家的支持和帮助，以自己满腔的热血和爱投入到这份伟大的教育事业中去。

无私奉献，教育责任感

苏联教育家苏霍姆林斯基说："把整个心灵都奉献给孩子吧！他们是那样的天真、可爱，每一个都是可以成为有用之材的，你们的眼里、心里都要装着孩子……"毋庸置疑，奉献已经成为评价一名知识的传播者——教师的很重要的标准，只有具有这种崇高的奉献精神，才能让自己继往开来。苗苗以一颗爱孩子的真诚的心，鼓励因口吃而自卑的陶燕，让她自信勇敢起来；安慰关照被人嘲讽是"反革命分子"孩子的杨小亮，让他感受到温暖；到司令员家去反映包瑞的近况……在苗苗的悉心关照和爱护下，学生们有了很大的进步。影片的最后，在家长会上，苗苗表示，孩子们是祖国的未来，是自己事业成功的希望。她以一位教师该有的奉献精神和强烈的责任感，意识到自己作为教师不仅仅是教书，更是育人，自觉把自己的职业与国家的兴亡、民族的振兴、现代化建设的成败联系在一起。

总之，教师要想修养好自己的职业良知，就需要全方位地去塑造自己、提升自己。要注重陶冶、培养高雅的审美情趣，启迪学生热爱美，向往美和追求美，塑造他们的美好心灵；形成高尚的道德品质，养成良好的道德习惯，严于律己，以身作则，为人师表。在日常生活中，教师应加强学习，不断丰富充实自己的知识，提高自己的内在素养。只有不断地学习，不断追求，勤奋踏实地去工作，才能在平凡的岗位上做出不平凡的业绩，用自己的生命诠释教师的神圣与崇高，获得学生及世人的敬仰。

（邓利蓉　执笔）

《吾爱吾师》：为人师表　身正为范

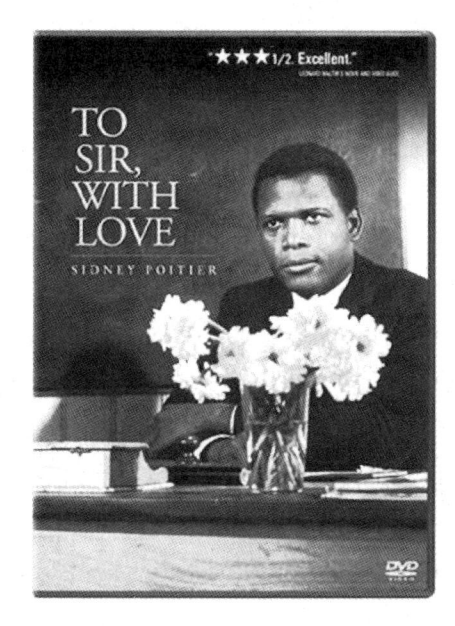

【片名】To Sir, With Love（《吾爱吾师》）
【导演】詹姆斯·克拉韦尔
【主演】西德尼·波埃特/杰弗里·拜尔顿/朱迪·吉森/安·贝尔
【国家/地区】美国
【片长】105 分钟
【发行时间】1967 年
【语言】英语

剧情简介：

这部电影制作于 1967 年，是奥斯卡历史上第一位黑人影帝西德尼·波埃特的名作之一。片中西德尼·波埃特扮演了一个启迪人心的经典教师形象。萨克雷为了生计，从工程师转行成为一名教师，接受了伦敦一所次级学校的教职。这所学校的学生大多来自其他学校，那里的老师早已经放弃了粗暴蛮横、不可救药的他们。萨克雷老师的教学工作一开始十分棘手，这些学生喜欢惹是生非，甚至有人当面向他挑战。在意识到学生需要学习重要的人生课程更甚于课本知识后，萨克雷老师抛开书本和课程大纲，决定开始教学生一些比书本知识更加重要的人生知识，在这个过程中他施展浑身解数去感化这群坏学生。他的付出与耐心最终感动了这些学生，给他们的人生带来了真正的影响，赢得了他们的信任与尊重。他自己也被这些学生所感动，学校其他老师也对他的表现称赞有加。

真、善、美是教育良知的题中之义。教师在教育中应具有"求真"精神。当另一名老师问他"为什么来这教学"时，萨克雷老师回答说："这是一件很好的工作，但我应该教他们什么可以让他们到达基础呢？"从中可以看出萨克雷老师是本着一颗真诚的心来做教育的，他希望自己作为一名教师能够真正对这些学生产生影响，改变他们，让他们学到真正有用的东西。当他意识到这些学生真正需要的是人生知识时，他毅然决然地抛开课程大纲和书本，决定给他们上真正有用的人生课程。这是一种比知识教育更高层次的道德教育，这种教育不是单纯地传授知识，而是教人学会怎样做人，是一种直达人性深处的真教育。在教学之初他一再地容忍这些学生对他的挑衅行为，终于有一天他被女生们所做的一件性质恶劣的事激怒了，对女生们大发雷霆，但即使是在这种情况下，他也没有对她们说脏话和咒骂她们。事后当其中一名女生回忆起这件事时，她向另一名女生说了这么一句话："我从来没有看到一个人像他这样，甚至当他大发雷霆时也不说脏话和咒骂。"萨克雷老师本着求真务实的精神以身作则，给学生们树立了很好的榜样，他做的是真正的教育。

教师在教育中应具有"向善"的品质。萨克雷老师在与吉莉安老师交谈时曾经说："我为他们感到非常难过，你知道吗？他们大多数无法阅读。"他不像别的老师那样厌恶这些顽劣的学生，而是发自内心地同情这些学生，即使了解到了他们的情况非常糟糕；也不像别的老师那样认为这些学生已经无药可救，放任他们，让他们自生自灭，而是想尽一名老师的职责尽力去帮助他们。他这么想，也是这么做的。在体育课上，体育老师波特故意强迫学生巴克利跳马，结果巴克利在跳马的过程中受伤了，其他同学为此感到愤愤不平，差点与波特老师发生身体冲突。事后萨克雷老师质问波特老师："你为什么一定要他跳？据我所知，巴克利是你的宠物替罪羊，是这样吗？"萨克雷老师是在真正地关心着他的学生，甚至冒着可能得罪同事的风险也在所不惜。他对教育中什么是善、什么是恶有着高度的认识，对任何"反教育行为"他都敢于站出来做斗争，以他善的良知呵护着学生作为人的价值和人的尊严。有一名叫维斯顿的男生对萨克雷老师始终不信服，经常挑衅他，在他的课堂上捣乱。有一次在体育课上，维斯顿向萨克雷老师提出了拳击挑战，老师迫于无奈只好接受。在挑战的过程中萨克雷老师只守不攻，这并不是因为他打不过学生，而是因为他根本不想伤害自己的学生，最后由于维斯顿的不断进攻，他被激怒了，一时没有控制好自己的情绪，回击了维斯顿一拳，仅这一拳就让维斯顿输了。事后维斯顿不理解老师在拳击的过程中为什么对他手下留情，因为一直以来他都觉得老师来到他们班级就是来教训他们的。萨克雷老师回答："打你不能解决多少问题，不是吗？"与此同时老师还热心地要帮助他找工作。维斯顿最终明白了老师的苦心，被老师的崇高人格所折服。萨克雷老师对他的学生给予了无限的宽容与爱心，具有博大的胸襟，不计较个人的得失，这是为人师表所不可缺少的品质。

教师在教育中应具有"审美"意识。萨克雷老师本身就是一个美的典范，他举止优雅，谈吐文明，他的美是由内而外的，最根本的在于他有一颗美的心灵。在萨克雷老师眼中，他的学生之前的言谈举止都是粗鲁和无礼的，于是他不仅注重自己的言谈举止要得体，也要求学生要仪表端庄，行为举止有礼貌。美不仅是外表或行为的美，更重要的是内心的美。他教会了学生知道什么是美什么是丑。他不认为这些学生的本性是恶劣的，他认为只是一直以来没有人教学生应该如何去做，以及怎样做是对的怎样做是错的，因此只要给予他们恰当的教育，他们是能够改变的。结果也确实如萨克雷老师所预料的，在老师的用心教育下，学生们渐渐变得有礼貌了，不仅外在的穿着打扮有了明显的变化，同时内心也产生了变化，他们变得更加宽容、善良和有爱心，懂得了自重和相互尊重。

教师还应具有"仁爱"之心和社会责任感。萨克雷老师尊重和关爱班级里所有的学生，将他们与自己放在同等的人格地位上，与他们平等地交流和沟通。他时时刻刻在为他的学生们着想，为学生们向校长申请更多的课外活动时间，让吉莉安老师教班里的女学生化妆等等。吉莉安老师问他："你正在为孩子们着想，不是吗？"他回答说："我只是想帮忙，这是工作，不是吗？"萨克雷认为自己所做的是本职工作，是身为一名教师应该做的。这是他崇高的职业道德感的充分体现。

影片中，萨克雷老师认为无论多么恶劣的学生都是能够教育好的，只要采取了正确的教育方法，这也是他的教育理想。对于一名教师而言，理想一旦上升为坚定的教育信念，一旦热爱上本职工作，自然会焕发出澎湃的教育激情。萨克雷老师刚来到这所学校时，校长向他介绍了这些学生的情况并问他是否能接受这份工作时，他毫不犹豫地接受了这个挑战。所谓教育激情，即对于教育的一种热爱、专注、投入、执着。它是一种活力、一种朝气，也是一种敢于挑战、自强不息的敬业精神。面对这些对其他老师来说是无可救药的学生，萨克雷老师接受了挑战，全身心地投入到改变这群学生的教育中。

教育是一项诗性的事业，也是一项理性的事业。要将教育理想转化为现实，不仅需要激情，还需要智慧。萨克雷老师在一开始采取了许多方法，但都没有奏效，在他快要绝望之时想到了一个方法。这群学生在未来几个星期内就要成年了，而他们现在的行为举止根本不是一个成年人该有的样子，即将步入成年的这群学生没有人愿意被认为还是一个举止粗鲁无礼的孩子，因此若是以成年人的标准来要求他们，让他们先从自尊和相互尊重开始学习人生课程将会是个好办法。之后他立刻就开始实施，果然取得了不错的效果。学生们都希望能够得到别人的尊重，因此他们也必须要尊重别人，依靠相互之间的约束力来规范自己的行为，一段时间后大家都变得很有礼貌了。他教导学生们就自己的爱好学习有用的东西和挖掘他们的爱好。他为了让学生了解衣着得体的重要性，排除万难带领学生去参观当地博物馆，了解衣着变化历史。这是萨克雷老师教育智慧的体现。

最后萨克雷老师以他的人格魅力赢得了学生们的尊敬。学生们邀请老师参加他们的毕业舞会，并且为老师献上了 *To Sir, with Love* 这首歌和一份礼物作为对老师的回报和感激。萨克雷老师也被学生所感动，最后将那封他一心希望得到的工程师聘书撕掉，决定继续留在这所学校教书。

（黄茜　执笔）

《老师你好》：真善美的回归

【片名】*My Teacher*（《老师你好》）
【导演】张圭成/朴秀俊
【主演】车胜元/边熙峰/成志娄
【国家/地区】韩国
【片长】117 分钟
【发行时间】2003 年
【语言】韩语

剧情简介：

影片讲述了一位贪得无厌的坏老师被一群天真善良的学生所感动，并最终"改邪归正"的故事。作为汉城（今韩国首尔）一所小学的教师，金奉斗一直以来无心教学：他喜欢喝酒，上课经常迟到，总是找时机暗示学生家长送他点小恩小惠，不然就给他们的孩子好看。虽遭校长屡次训斥，但他恶习不改，终于被学生家长告发。最后金奉斗被调到江原道一所偏远的乡村小学任教。该小学只有五名学生，而且家境都不好，除了水果和蔬菜，金奉斗从家长身上捞不到任何好处。习惯在城市生活的他，不甘心在这所乡村小学任教。为了改变现状,他动了歪念想。他开始对学生好,给学生讲述汉城的繁华和美好,希望借此让他们主动转学,最终使得这间乡村小学因没有生源而关闭。但天不遂人愿,在他以为快大功告成时,却又从汉城转来一位学生,而当他跟学生们提及转学到汉城时,学生们拒绝了。意识到自己离开不易后,他又开始破罐子破摔,对学生不理不睬。学生小锡认为老师是因为没有油水所以想离开这所学校,于是他就逃课跟大人们上山干活,希望能够用自己挣来的钱把老师留下。金奉斗知道详情后,回想起他走过的路,内心渐渐受到触动。

电影《老师你好》最大的特点就是颠覆经典模式,以教师职业的道德底线,即教育良知为主线贯穿整部电影。受"分数第一、升学至上"思想以及市场经济原则和功利性评价标准广泛推行的影响,在当前的教育领域中,各种失真、伪善、腐败现象时有发生,人们开始对教育品质和教师职业道德颇有微辞,甚至强烈谴责和愤怒。而这正是我们呼唤教育良知的根本原因所在。

真教育与假教育

追求教育之真,就是要做真教育,而非假教育。真教育是依靠真心做教育,而假教育是被官僚、商人掌控的教育,他们不懂教育,唯金钱和权力至上,只会谎报成果、编撰新闻,制造所谓的政绩、商机。在影片中金老师并不是真心投身教育事业,他喜欢让学生望眼欲穿等他来上课,喜欢收受贿赂,却唯独不喜欢认真教学。尤其是他被调到偏远乡村小学时,面对家境不好的学生,仍然希望能得到好处,他给每个学生都分发了一个信封,美其名曰"让父母一起,写一些想对老师说的话"。淳朴的学生们当然不理解他的用意,只有稍懂人情世故的南玉,第二天在信封里放了珍贵的药材。面对不理解他用意的学生们,金老师以自习和不理不睬等冷暴力来惩罚他们。而淳朴的家长为了让金老师关注自己的孩子,也各自在半夜带礼拜访。

小学生正处于身心发育的关键阶段,其思想品德的发育并不成熟,模仿力极强,判断力极差。面对金老师索礼的举动,这些小学生会认为:求人办事送礼是天经地义的事情，就会把这种人际之间的交换关系视为合法行为而仿效。反观我国，老师主动索礼的现象仍普遍存在。2014年备受关注的"黑龙江教师冯群超索礼收礼谩骂学生案"与影片中金老师的做法如出一辙。而金老师此时的索礼做法，也可以间接反映出教师工资待遇差。影片中为了让学校早点关闭，土地开发商送了一沓钱给金老师。这也说明市场交换法则、等价交换观念已经深入当时的社会。

在影片的结尾，金老师"改邪归正"，虽然他也无力改变小学被关闭的命运，但是他收获了学生和家长还有管理员的尊重，用自己的实际行动真正践行了真教育，远离了假教育。

善教育与恶教育

追求教育之善，就是要做善的教育，而非恶的教育。善的教育是依靠善心做教育，不抛弃、不放弃，尊重、宽容、同情、关爱每一个学生，而恶的教育则有意无意地使用冷漠、讥讽、体罚、暴力等方式摧残身心、奴化心灵。影片中的学校管理员崔新为了让孩子们始终保持着一颗善良的心，就骗他们说："繁华的汉城空气很糟糕，没有家乡这么清的小溪，那里有很多强盗，会抢光你的钱，最后再杀了你。"孩子们听后，任凭金老师怎么劝说，都死活不敢去汉城了。在影片中，恶的教育还是存在的。由于学生们不懂金老师的"良苦用心"，没有给老师送钱，因此他就以自习和不理不睬等冷暴力来惩罚学生，这显然是不尊重学生受教育权利的体现。尤其是在小锡与转校生打架后，他不问青红皂白，打了所有的学生。反观中国现代教育领域，青岛莱西小学教师变相体罚学生的新闻仍历历在目。

为了得到好处，金老师假装去家访，表面上是关爱学生，实质上还是暗示家长要给他点小恩小惠。但是他还是有好的一面，至少在家访中得知小锡的妈妈是精神病，还需要小锡照顾时，他顿时心软了，觉得小锡很可怜。在土地开发商找到金老师，请他帮忙让学校早点关闭时，他接受了开发商的钱但心里还是有纠结的，所以他用这个钱给所有学生买了礼物。这个细节证明他的思想已经慢慢转变，不再那么坚持自己的"恶"教育。学生发现了他的辞职信，小锡认为老师是因为没有油水所以想离开这所学校，因此他就逃课跟大人们上山干活，希望能够用自己挣来的钱把老师留下。金老师知道详情后，回想起他走过的路，内心渐渐受到触动。

在求善的道路上，金老师做得越来越好，学生和家长对他也是满怀尊重，村民们对金老师更是恋恋不舍。

美教育与丑教育

追求教育之美，就是要做美的教育，而非丑的教育。美的教育朴实自然，顺应学生的身心发展规律。丑的教育矫揉造作，满足的是成人世界的偏好和虚荣心。在影片中，虽然年龄不同，但五个学生都上同样的课程，这并没有顺应学生的身心发展规律，侧面也反映出主管部门的失职。美的教育既要顺应学生的身心发展规律，也要为学生们树立正面的榜样。影片中金老师索礼的行为为学生们树立了一个坏榜样，这种行为是需要被谴责的。

为了不让学校关闭，一位从这所学校毕业并在汉城定居的有钱人花钱安排学生转学进来，以维持该校的生源。这就是丑的教育的表现，因为它满足的只是转学学生父母对金钱的渴望，满足了他们的虚荣心，忽视了孩子自身的需求。反观我们当今的学校，每一次的中考结束后，各个高级中学的生源争夺大战就打响了。在战场上，高中校长大都是阴阳脸，阳脸向着中考高分学生（好生源），阴脸向着中考低分学生（差生源）。丑的教育在权力中心主义和物质功利主义理论支持下，矫揉造作，满足了成人世界的偏好和虚荣心。

在汉城小学时，很多老师因为怕苦，所以都拒绝到这所学校任教。这也可以看出大部分的教师缺乏教育理想和激情，虚荣心作祟，认为到这所偏远小学是没有前途的。他们只是口头上说为了教育事业而奋斗，到了关键时刻很少有人主动请缨。在影片的末尾，这所小学还是被关闭了，土地被开发商收购。这反映出主管部门考虑的还是利益问题，并没有从该地的实际情况出发，这无形中剥夺了孩子们上学的权利，他们有可能需要步行到更远的学校去接受教育。

这部影片前半部分朴实清新，人物设定和刻画典型但不流俗，对话平实中不乏小幽默,很有来自于生活的洗练。但后半段过于生活味儿,前后人物对比过于戏剧化,生生地破坏了整部影片的节奏,降低了整部影片的格局。但是,用胶卷拍出来的电影,很有时代的味道,剧情简单却很温馨。

整部影片应该是要对金老师前后的行为进行对比的,但很难看到金老师性格的转变点在哪里。乡镇学校作为非营利机构,最终还是被政府舍弃,这是赤裸裸的现实问题,该如何进行改变?本以为金老师会带着孩子们进行反抗,但是却没有出现这样的结局。为了教育的真善美,为了办好教育,这个问题也是教育主管部门需要深思的。

(王月茹　执笔)

《看上去很美》:其实是假、丑、恶的教育

【片名】《看上去很美》(*Little Red Flowers*)

【导演】张元

【主演】董博文/宁元元/陈曼媛/赵瑞

【国家/地区】中国/意大利

【片长】92分钟

【发行时间】2006年

【获奖情况】 第 56 届柏林国际电影节杰出艺术创新奖；第 43 届台湾电影金马奖

剧情简介：

3 岁男孩方枪枪，被当军人的爸爸丢进了幼儿园这个集体的环境中。生存的本能使他仔细观察这一新环境，并尽可能迅速地融入其中。慈眉善目的唐老师让他感到亲近，不苟言笑的李老师则让他感到恐惧。小朋友们一个人一个性格，方枪枪试图接近他们，了解他们，本能地寻找着自己的盟友。他很快和陈南燕、陈北燕两姐妹成了朋友。

幼儿园里的孩子们为了得到成年人的赞许和同龄人的羡慕、认同，都努力遵守着幼儿园的各种纪律，为自己争得更多的小红花。为此方枪枪使出了吃奶的力气，克服了各种"毛病"，但他总也得不到 5 朵小红花。后来汪若海父亲的到来让方枪枪莫名地得到了一朵小红花，方枪枪就开始变了，也对小红花失去了兴趣。他更愿意和比他稍大一点的陈北燕一块玩，两人一起篡改幼儿园的游戏和游戏规则。

日子一天一天过去，方枪枪变得有些平庸，但看起来他乐在其中。有天晚上他做了个怪梦，第二天醒来，他开始告诉别的小朋友李老师是一个吃人的大妖怪。每个人都相信了方枪枪，并把方枪枪当成了他们的英雄。方枪枪和陈北燕成了孩子头，他们在全班发起了一场制服"妖怪"——李老师的"英勇起义"。"起义"失败后，方枪枪侥幸逃脱惩罚，至此他的思想和行为发生了很大的变化。最后李老师和园长宣布禁止任何孩子与他交往，甚至他的好朋友陈南燕也在躲着他，他被孤立了。

夜晚他睡在了室外的一块石头旁边，任凭老师呼唤他的名字……

良知是每个人都应具备的对于真、善、美的正确判断能力。教育良知就是教师所应具备的对于真、善、美的教育的正确判断能力。这部影片演绎的并不是教育的真、善、美，而是一种假的教育、恶的教育、丑的教育。

查阅了资料发现这部影片被译为 *Little Red Flowers*，也就是小红花。笔者结合影片内容，认为"看上去很美"应该指的是小红花看上去是很美的，因为在孩子的眼里,它意味着老师的肯定和同学们的羡慕。"看上去很美"也就是说可能小红花实际上是不美的,原因在于小红花被赋予了制度的象征意义,小红花其实是幼儿园制度化管理的物质体现,为教师所用。

影片中有两名教师:李老师和唐老师。李老师严厉、不苟言笑;唐老师温柔、亲切。在幼儿园里,老师就是绝对的权威,利用小红花来控制孩子们。影片中孩子们吃饭、睡觉、洗手、上厕所……无一例外都在老师的指挥下统一进行,小红花作为孩子们努力配合的奖励。这不就是给孩子们灌输服从和"利诱"的观念?

假的教育

真教育是教育者付出真心的教育,是教育家管理的教育。假教育是被社会势力所控制的教育,是被金钱、权力所玩弄的教育。影片中的李老师没有用真心来对待班上的孩子们。要不然也不会出现方枪枪把她想像成"会吃人的妖怪"而发动全班制服她的滑稽一幕。还有影片中汪若海父亲来接汪若海的一幕,很好地揭示了李老师或是这个幼儿园所实行的教育其实是一种假的教育,是被官僚主义控制了的教育。汪若海父亲来接孩子,竟然惊动了园长陪同,老师、阿姨见势也来陪同,画面由父亲接孩子微妙地转变为领导视察。全园三四百个孩子的父亲,能有此殊荣的想必并不多。当园长向李老师郑重地介绍汪若海父亲是后勤部副部长时,李老师立刻笑容可掬,在场的唐老师和两个阿姨立刻围拢过来。汪领导查看小朋友们的红花榜,看到方枪枪没有小红花,随口提了一句"你们得多帮帮这个小朋友",老师们便立刻为其儿子和方枪枪各加上一朵小红花,并对两位小朋友表扬了一番。这次表扬是方枪枪第一次也是唯一一次得到老师表扬,竟如此轻易又来之不易。

从园长到老师、阿姨,这些教育管理者和教育者都被官僚主义蒙蔽了,那她们所进行的只能是一种假的教育。假的教育无处不见。

恶的教育

善的教育是充满善心的教育,是对每一个学生都寄予希望,用春风般的温暖滋养学生；而恶的教育则是充斥着负能量的教育，是用冷漠、讥讽、体罚、暴力等方式摧残、奴化学生的身心。影片中李老师的教育方式让人几乎感觉不到善，完全是一种恶的教育：剪方枪枪的小辫子；上课让方枪枪表演脱衣服；把做错事的方枪枪关禁闭并孤立起来。剪方枪枪的小辫：方枪枪第一天上幼儿园，兴许是为了整齐划一，李老师拿着一把锋利的大剪刀，发动全班小朋友把方枪枪的小辫剪了。特写下的大剪刀让人害怕，李老师的脸看起来有一丝狰狞。任凭方枪枪如何反抗，终究还是逃不过老师的剪刀。这不就是对方枪枪的反抗的冷漠吗？身体发肤受之父母，强行剪方枪枪的小辫，这不也是一种体罚吗？应该也能算是一种情感冷暴力吧。上课让方枪枪表演脱衣服：方枪枪是班里为数不多的几个不会穿衣服的小孩，李老师让他在小朋友面前学会脱衣服，还撂下一句："你就耗吧啊，没人帮你。"方枪枪是那么无助，换来的却是老师的冷漠、讥讽和同学们的嘲笑。不管换作谁，童年若有这样的回忆，会是他内心永远的痛。也许在这个时候就已经在方枪枪的脑海、心海埋下对教师、对学校的恐惧。方枪枪做错事被关禁闭并被孤立：因为欺负小朋友，不认错，最后还骂了老师一句"操你妈"，结果方枪枪被关禁闭了。那是一间堆放杂物的黑屋子，方枪枪被李老师独自一人关在里面反省。方枪枪害怕、无助、哭喊、求助，可是没人理他。即使是一个成年人被关在这样的黑屋子里也会感到害怕，何况是脑子里还幻想着可怕妖怪的方枪枪。关禁闭的目的是让孩子在安静的地方冷静下来，能认真反思自己的错误。可是地点绝不能选在这种让人产生恐惧的黑屋子里，否则只能让孩子因害怕而忘记去反思。这种变相的禁闭不是体罚又是什么？后来方枪枪又被院长下令孤立起来。可怜的方枪枪真的被班上的小朋友们孤立了，连最好的朋友都不理他了。这不是相当于一种冷暴力吗？不是无情地剥夺了他与同伴交往的正当权利吗？

这样的教育是恶的教育，是对幼儿心灵的摧残，让人不禁怀疑这与黑社会的以恶制恶如出一辙。这样的教育，还能称之为教育吗？

丑的教育

美的教育是用童心般质朴的心对待学生，是朴实自然，顺应学生的身心发展规律的教育。丑的教育是被成人世界的偏好和虚荣心所操控的教育。换句话说，美的教育意味着教育者需要保持一颗童心，要用适合学生的方式促进学生的成长；丑的教育就是忽视学生的身心发展特点，从成人的角度要求学生，塑造学生。影片中的教育就是一种丑的教育：后勤部副部长视察幼儿园；幼儿园整齐划一的管理。后勤部副部长视察幼儿园，这一幕根本就是成年人的一场虚伪、虚荣的"完美演绎"：汪若海父亲十足的领导架子；园长、老师们的阿谀奉承。这样的场景就在天真的孩子们面前"生动"地上演了，也许不只一次。幼儿园整齐划一的管理：小红花是幼儿园管理的唯一奖励机制，听话就是标准，所有的事情都在老师的管理下有序地进行着。这样"严密"、有序的管理究竟是为了孩子好，还是为了管理的方便？影片中虽然有不少孩子们天真笑容和可爱举动的镜头，但也不乏孩子们低垂着头、面无表情、步调迟缓的画面。每每看到这些画面，不禁让人内心有所震动。这里幼儿园的管理总让人不自觉地和监狱里的管理联系起来，有序但缺乏生气。另外，影片中方枪枪给南燕打针被李老师狠狠批评的片段让人印象深刻。本来只是小孩子办家家玩打针游戏，李老师却戴着成人的有色眼镜来看待这一切，将两个孩子不问青红皂白地一通大骂。这样的处理方式真的好吗？会起到什么作用？

这里的幼儿园是被成人丑恶的心理所统治的丑的教育。小红花是教育"绑架"幼儿的"法宝"。

教育之真、善、美的能力，是教师职业的根基，但现实却是大多数教师还不能完全具备这些能力。影片所揭露的就是教育的假、丑、恶，作为教育者应该引以为戒。

（黄美芳　执笔）

《十三棵泡桐》：光鲜外表下的腐朽

【片名】《十三棵泡桐》（13 Princess Trees）
【导演】吕乐
【主演】刘雅瑟/赵梦桥/段博文/王静
【国家/地区】中国
【片长】100 分钟
【发行时间】2006 年
【获奖情况】第 19 届东京国际电影节最佳影片提名

剧情简介：

　　故事发生在泡桐中学高二（1）班。宋小豆到高二（1）班当班主任前，一切都风平浪静，陶陶是班上的领袖，和风子是一对青涩的恋人，看起来很幸福。宋小豆的到来，带来了包京生和金贵，带来了巨大的变化。包京生一来就挑战陶陶的地位，不久就夺走了陶陶的领袖地位，夺走了风子，也夺走了高二（1）班的平静。接连遭受打击的陶陶转向与宋小豆"结盟"，也许是为了寻求可靠的保障。此时两人关系变得很暧昧，一场师生恋在忽明忽暗中进行着。宋小豆很好地利用陶陶，合力将包京生这个不良学生赶出了学校。走投无路的包京生终于兵行险招，选择挟持阿利，走上了犯罪道路，在那之后再也没出现过。不久后，风子选择在留校察看的日子还没结束前，放弃了自己。她也许是带着失望，离开了她的青春，离开了学校。最后伊娃和陶陶考上了大学，阿利成了父亲的接班人，珠珠去了新疆学习。

良知，是一个人对于真、善、美的正确判断能力。教育良知，是教师对于教育之真、善、美的正确判断能力。良知是每个人都必有的，但其拥有的程度却并不相同，存在高低的差别。教育良知是教师的职业良知，可以说是教师的职业道德，这同样存在程度的差别。于是就为出现教育之假、教育之恶、教育之丑埋下了可能。

完整版的《十三棵泡桐》里有十三棵泡桐，是指十三个人物，所以影片名才叫《十三棵泡桐》。但具体是哪十三个人物，笔者也无从考证了。该片的导演说过："泡桐，表皮光滑洁净，而内心是空的……虽然不能成材，但最可贵之处也许是它们还在生长……"这泡桐就是泡桐中学学生们的真实写照。他们表面上年少，充满青春的气息，可是几乎每一个人都生活在一个不健全的家庭里，内心都是空虚的。这泡桐更是对泡桐中学教育的一种讽刺，更是对那个时代教育状态的一种揭示。

影片中，让人印象最深刻的是泡桐中学教师宋小豆。宋小豆是高二（1）班的班主任，她外表美丽，但常常是一副义正辞严的样子。她背地里也不过是一个道貌岸然的"伪君子"。她与陶陶之间有超出伦常的师生恋关系，并利用陶陶来赶走包京生，维护她所谓的班级安宁。她的虚伪在影片结束的时候更是展露无遗：得知包京生挟持阿利，却并没有赶到挟持现场。难道事情发展到这一步，作为班主任的她没有责任吗？这不禁让人想问，她有教育良知吗？下面笔者将从以下三个方面对影片中的教师教育良知作进一步的分析。

教育之假

真教育之真表现在教育者对受教育者付出了真心。假教育之假在于教育被外在势力所遮蔽、干扰。相对于真教育的真心，假教育除了是被外在势力控制的教育，也是虚伪的教育，即没有对教育付出自己的真心，而更多的是虚情假意，是为了维护其自身的利益。

影片中宋小豆刚上任时在班上说的几句话让人印象很深："我没说你们都

是弱智，我只是希望高二（1）班也能出一两个阿甘。这位同学你笑什么，你以为你自己比弱智、瘸子好很多是吗？"她的这些话其实是明里暗里说高二（1）班的学生都是弱智，俨然就是在给学生泼冷水，让人看起来、听起来都很不舒服。试问如果宋小豆是真心对自己的学生，她能说出这一番话吗？她当然不是真心，而是虚伪的。她甚至与陶陶产生了师生恋，并利用陶陶管理班级。在包京生挟持阿利这件事上，宋小豆得知后，并没有赶到现场，反而是一直与包京生敌对的陶陶向现场狂奔而去，这是多么讽刺。她在学生面前只会端架子，一副权威者的姿态，只会泼学生冷水，揭学生的短。她只有虚伪的表情，虚伪的话语。试问倘若你是高二（1）班的学生，你对宋小豆的所作所为该作何感想？

在实际的学校教育中这样的教师也不少，宋小豆只是一个缩影。从两三年前被媒体多次曝光的教师强奸幼童到这一两年大学教授强奸或是调戏女大学生的案件中，不都表现出了教师的虚伪吗？在课堂上，他们都为人师表，可亲可敬，可是谁能想到这些只是他们虚伪的面具？

教育之恶

善的教育之善，在于教育者充满善心，在于教育者对受教育者毫不吝惜的希冀。而恶的教育之恶，在于教育者将"恶"带到了教育中，用冷漠、讥讽、体罚、暴力等方式摧残、奴化受教育者的身心。也就是说善的教育是爱护并相信每一个学生，恶的教育则是对学生的伤害。宋小豆刚接手高二（1）班时在班上的一顿训话，明确表达出她觉得她的这些学生都是弱智，或者比弱智好不了多少。这不就是对学生赤裸裸的讥讽吗？每个人都不希望被别人指出自己的缺点，这是人之常情，可是作为班主任的她却不讲常情。她的所为会带来两种结果：一是使某些仍有上进心的学生感到自尊受到伤害；二是使那些已被教师放弃了很久的学生更加灰心，更加自我强化，最终被淘汰。另外在包京生的两次违纪事件上，他受到的第一次教育是被学校老师狠狠打了一顿，第二次就直接被开除。他受到的第一次教育是一种无情的暴力，也是学校以暴制暴行为的最好说明。第二次教育则是对他教育权利的剥夺，是对他最严重的冷暴力,是对他的放弃。在包京生犯错的时候,并没有得到教师的引导,有的只是落井下石的责骂和无情的"宣判"。如果有教师能够好好地引导他,让他明白自己的处境,他也许不会走上犯罪道路。正是觉得周围的一切都抛弃他了,他才会铤而走险,挟持阿利。

大家熟知的初中和高中里的政教处,就是对问题学生进行教育的地方,时有听闻政教处把打架斗殴的不良学生关在一个屋子里暴打。这是学校处理不良学生的一个方法,但这好吗?除了给学生带来身体上的疼痛,不也教会了学生以暴制暴的处事方式吗?

教育之丑

美的教育,美在教育者以纯粹的心对待受教育者,以顺应教育者的身心发展规律的方式进行教育活动。丑的教育,丑在从满足成人世界的偏好和虚荣心的角度出发来进行教育活动。美的教育是因自然、纯朴而美。丑的教育因人为扭曲而丑。教育本该是美的,可是由于教育者的虚荣和偏好而变丑了。影片中宋小豆对端着花示好,想进入教室开家长会的包京生说了这样一句话:"难道你真的想强行闯入?"包京生回答:"学生进教室天经地义,强行闯入?你说是学校混球还是学生混球?"连包京生都知道学生进教室是天经地义的事,宋小豆难道不知道吗?为什么包京生想进教室,想继续留在学校的意愿,换来的只是宋小豆和保安的无情驱赶?这次包京生做错了吗?错的是宋小豆,她为了袒护陶陶,为了维护自己的权威,而牺牲了包京生。包京生就是泡桐中学丑的教育的牺牲品。倘若包京生去了别所学校,遇到了一位好老师,也许他的人生就大不相同了。

人生没有如果,有的只是做好当下。如果您也是一位教师,请您把美的教育奉为自己的目标,即使不能完全达到,至少也不会离得太远。教师之所以容易被自己的虚荣所牵制,扭曲自己的教育行为,在于童心的丧失。只有保持一颗童心,才能不被社会的不良风气所牵引。

教育的真、假、善、恶、美、丑都在于教师的一念之差。教育良知属于意识形态,是形而上的,只能靠教师自己有意识地去保持它。就像做了不道德的事并不一定会受到惩罚,只有触犯法律才会受到公众关注并受到处罚,教师的教育良知也是一样的。但教师的教育良知比人的道德具有更重要的地位,因为它对祖国的未来有深远的影响。每一位教师都请守护好自己的教育良知,那将是你获得教师职业成就感和肯定自我价值的地方。

(黄美芳 执笔)

《赵氏孤儿》:教之善 教之恶

【片名】《赵氏孤儿》(*Sacrifice*)

【导演】陈凯歌

【主演】葛优/王学圻/黄晓明/范冰冰/海清

【国家/地区】中国

【片长】124 分钟

【发行时间】2010 年

剧情简介:

电影《赵氏孤儿》改编自中国古典戏曲《赵氏孤儿》,主要讲述了一位民间大夫因机缘巧合而卷入了权贵之争,阴错阳差地搭上了亲生儿子的性命,于是忍辱负重抚养赵氏遗孤从此走上了复仇之路。故事发生在春秋时期，晋国国君昏庸无能，政权由赵盾和他儿子赵硕把持，大奸臣屠岸贾对此相当不满，并且想方设法谋害国君，陷害赵氏一门，最后赵家三百多口人无一幸免。只是此时，赵硕之妻庄姬夫人身怀六甲即将临盆，迫不得已庄姬夫人用自己的生命换取腹中孩子的活路，让接生的大夫程婴用药箱带走。无奈计谋被屠岸贾识破，下令全城搜捕赵孤。生性多疑的屠岸贾根本不信程婴的妻子交出的是赵氏孤儿，在他眼里，程婴刚出生不久的孩子才是自己要追杀的赵氏遗孤。不得已程婴只好将错就错，将自己的亲儿交出，看着妻儿、好友在自己面前被杀害。虽然庄姬夫人临死嘱托不要告诉赵孤真相，让他以一个平凡的身份活下去。可是此时面对屠岸贾杀妻害子之仇，程婴决定要把赵孤养大成人，报仇雪恨。随后他做了一个大胆的决定，带着赵孤投奔屠岸贾，并且让屠岸贾收赵氏孤儿为义子。十五年之后，赵孤与其生父赵硕越来越像，不禁让屠岸贾起了疑心。而此时战事又起，随军的赵孤深陷危险，屠岸贾处在永绝后患和十五年的养育之情的挣扎中，最后他还是选择救了自己的义子，而自己却身受重伤，赵孤以死相逼，要程婴救他的义父。屠岸贾和赵孤之间的情谊，让程婴感到不安，于是他决定告诉赵孤真相。得知真相后，赵孤找屠岸贾复仇，在屠岸贾杀死养父程婴之时将屠岸贾杀死。

"夜读程婴存赵事，一回惆怅一沾巾。"南宋英雄文天祥在读到程婴救孤这一举动之时，写下如此感慨。今天，我们依然能够感受到有着英雄气概的文天祥，当时因惆怅而沾巾的震撼了。

如果说人之初，性本善，那么生命原本就是属善的，而且也应当是善的。可是当教育被当成某种手段而不是目的，那么教育的结果是产品而不是人。自古以来，我们就说子承父业、父债子偿等，教育具有工具性，但不应该成为达到某种目的、取得某种利益的工具。都说父母是孩子的启蒙老师，父母总是不希望孩子走弯路，受自己受过的苦，不断地告诫孩子什么该做，什么不该做。可是如果不尝试，不碰壁，不头破血流，孩子永远不能体会父母的语重心长。为了不让孩子走自己的老路，为了让孩子赢在起跑线上，有多少父母将自己的意愿强加给了孩子？太多的时候，父母打着"都是为了你好"

的旗帜,压制了孩子的天性。父母总说,"我们不希望你受我们受过的苦,希望你能享我们现在所享之福"。这些"希望"又是否真的有利于孩子的发展呢?

电影中,有次赵孤问屠岸贾:"义父,你有敌人么?"屠岸贾说:"你不把敌人当作敌人了,就没有敌人了。"新国君问屠岸贾怎样做一个好皇帝时,屠岸贾说"做一个好人"。这都与他曾经的好斗好杀的性情格格不入。但无论他是口是心非说的漂亮话,还是人到暮年对人生的一种大彻大悟,他对这两个孩子的引导是没有错的,一个教的是大度宽容,一个教的是与人为善。虽然电影中他是个杀人不心软的大恶魔,可他对下一代的引导却让许多人望尘莫及。庄姬夫人临死前嘱托程婴:"不要告诉孩子他的身世,不要告诉他仇人是谁,就让他过老百姓的生活。"庄姬夫人死于仇恨中,但她却没有想让自己的孩子走上冤冤相报的不归路,这是电影改编中的点睛之笔。如果赵孤是在庄姬夫人嘱托的环境下成长,他是否会有一个快乐的童年,一个温馨而普通的家?然而程婴并没有这么做,他不让赵孤念书,时刻形影不离地看着这个孩子,最后在赵孤与仇人屠岸贾有着深厚父子情谊的时候,告诉赵孤真相,最后赵孤如他所愿杀了屠岸贾,可是赵孤今后的生活真的会因为报仇雪恨了而有一丝快感么?程婴对赵孤的所有教育,都是为了有一天可以报私恨,在这一点上他或许还不及屠岸贾。为善之人的教导未必是善,作恶之人的教导也未必属恶。同样的,存善心的人教出的不一定都是善良的人。

对于一个孩子来说,赵氏灭门的仇恨本不应由他一人背负,如果程婴的妻儿健在,赵孤的命运必将改写。电影最后的结局可以说只成就了程婴和韩厥,他们本身的出发点就不是为了赵家三百多口报仇,而是把自己的私恨强加在了赵孤身上,并且这种行为有着很冠冕堂皇的"借口",即便违背了孩子生母的临终嘱托。最终看似是赵氏孤儿报了家仇,可实际上却是程婴报复的终结,赵孤却成为了感情的受害者,他面对的是突如其来的家仇,为了报仇他要舍弃十五年的感情,这些感情都是真实存在的。屠岸贾对赵家所做的一切对赵孤来说都是曾经的沧海与桑田,十五年里他感受到的屠岸贾的关心与爱护,不亚于程婴所给予的。最后义父和养父都一并失去了,对于赵孤来说是无尽的伤害。如果程婴隐瞒事实,让他一辈子平凡地过着平淡的生活;又或者早点告诉他事实,没有认贼作父,过一个平常老百姓的日子,或者做一个单纯的复仇者,也许那样会更好。

电影中由于赵盾的目中无人以及赵硕的居功自傲,最后导致赵氏灭门的结局也让人感慨万千。除了有屠岸贾的原因,这对父子自身恐怕也存在很多问题。如果赵盾是一个谦虚之人,并以此来教养后代;如果赵硕是个懂得功成身退的人,或许结局会大不一样。现实生活中,我们都知道家长修养好,孩子也较为文明;家长粗俗张扬的,孩子在学校的"麻烦"也多。即使在今天,望子成龙的事情也屡见不鲜,由此就产生了"虎妈""鹰爸"这样的新词。

教育者,无论是家长还是老师,请将"我们希望,我们觉得"诸如此类的词抛开,而更多地关注孩子们能做的和孩子们喜欢的。在教育孩子和学生的过程中,除了要做一个为善的人,在教导过程中也要存善心。这两者就像三角形底端两个点,这两个点所支撑起的也是教育最终的目的,就是"善果"。这与裴斯泰洛齐的"教育是培养完整的人"有异曲同工之妙。成长的道路上只有亲身经历过的,才能永久地雕刻在人生的里程碑上。痛彻心扉之后方能走得更长久,靠他人拼凑的人生又怎会完整呢。在徘徊和孤单中才能更加坚强。如果把这一些都扫除了,那么黎明曙光的美丽就将成为永远的传说了。

很多家长都会觉得孩子交给了学校,就完全由学校负责。可是他们可能并没有意识到家庭教育很多时候要胜过学校教育,教育理念更应落实到每位孩子的家里,父母有爱并不足以让孩子健全、快乐地成长,让理性和科学携手走进你我的家中,才能给孩子一个更加温暖的成长生活环境。

(杨洁 执笔)

后 记

在我的童年时代，没见过电视也没见过电脑。相比于杂耍、花灯、评书、图画书，乃至于广播、收音机、乡间故事和教科书等，电影算是最高档最难得的精神食粮了。

今天回想起来，小学、中学那些阶段所看的电影还是非常有限的。就我个人而言，看电影比较过瘾的应该是在读师范期间，尤其是在毕业后开始工作的那些日子。接下来，等到电视和网络普及之后，电影则成了家常便饭。

我一直喜欢观赏电影，电影在相当程度上塑造了我的精神世界，同时也打开了我探索中外教育思想的一扇窗口。20多年来，无论是在中学教书，还是在大学任教，包括参与各类教育培训的时候，我经常会引介一些自己喜欢的优秀电影。老师喜欢的东西，学生自然也会喜欢，电影常常成为我和学生课内外交流的一个有趣的话题。

"中外教育电影赏析"是我在福建师大开设的一门公共选修课。多年来，这门课一直没有理想的教材。每次开课，我一般只给同学们提供一份教学大纲和一份《中外教育电影名录（60部）》，之后就是组织同学们以各种形式观看电影、讨论电影、撰写影评。尽管教学效果良好，但我一直想突破这种"述而不作"的教学方式，把我个人和同学们对这60部电影的看法形成文字，并以"导学案"的形式出版，让更多师生受益。但种种原因，一直没能如愿。

难得的是，2014—2015学年度上半学期，在"当代教育理论专题"这门课上，2013级教育学专业研究生知道了我的想法后，提议要协助我来完成这项计划。对此，我非常感动，于是把手边多年积累的课程资料分发给了大家，请他们根据个人兴趣和我的建议完成1—2篇影评。但为了保证质量，我提出了三点要求：第一，影评必须能够把握重点，比较全面地阐释电影的核心思想，特别是其教育学意义；第二，由"张三说李四说"到"我认为"，影评要尽量包容已有的评论，但绝不能重复别人，要有自己的独特见解，力求有深度有创意；第三，主题明确，思路清晰，语言流畅，追求"诗歌一样的语言和铁板一样的逻辑"，可以理论探讨，也可以是叙事或随笔，但行文不要太理论，也不要太个性。从2014年9月到2015年9月，大大小小的书稿讨论会开了近20次，经过反复修改，最终拿出了这个版本。

在开设"中外教育电影赏析"这门课的过程中，福建师范大学图书馆刘艳老师在资料收集分类方面，传播学院博士生张旭耀老师在课堂教学改革方面，给予了大力支持。在本书编辑成稿的过程中，福建师大教育学院硕士生严玉梅做了许多组织协调和文字编辑工作，徐容容、徐龙静、吕依玲、陈雅春、王玲玲、孙进等，做了大量书稿校对方面的工作。本书出版得到了福建教育出版社黄旭社长的关心和帮助，得到了教育理论编辑部成知辛主任和林云鹏老师的鼎力支持。在书稿付梓之际，敬爱的导师朱永新先生，于百忙之中审阅书稿，画龙点睛，并欣然作序。我对以上所有帮助感激不尽，谨此一并致谢。

或许，这一切帮助之中蕴含着一种基本共识，那就是大家都看到了教师教育电影课程开发的重要意义。但需要说明的是，他们中的任何人都无需对书中的任何问题负责，一切缺点错误都由我个人承担和解释。欢迎读者朋友批评指正，不吝赐教，您可以通过zhrongwei88@163.com与我本人直接取得联系。

张荣伟

2015年9月6日于福州怡景书斋